教育部　财政部中等职业学校教师素质提高计划成果
金融事务专业师资培训包开发项目(LBZD058)

证券代理咨询业务与服务

Zhengquan Daili Zixun Yewu Yu Fuwu

教育部　财政部　组编
朱孟楠　主编
陈善昂　陈爱华　执行主编

中国财政经济出版社

图书在版编目（CIP）数据

证券代理咨询业务与服务/朱孟楠主编．—北京：中国财政经济出版社，2011.9
教育部、财政部中等职业学校教师素质提高计划成果　金融事务专业师资培训包开发项目．LBZD058
ISBN 978－7－5095－3063－4

Ⅰ.①证…　Ⅱ.①朱…　Ⅲ.①证券交易－代理（经济）－中等专业学校－师资培训－教材　②证券交易－咨询－中等专业学校－师资培训－教材　Ⅳ.①F830.91

中国版本图书馆 CIP 数据核字（2011）第 171226 号

责任编辑：付克华　　　　　　　　责任校对：黄亚青
封面设计：陈　瑶　　　　　　　　版式设计：董生萍

内容提要

本书是教育部和财政部“中等职业学校教师素质提高计划”中“金融事务专业师资培训包开发项目（LBZD058）”的成果之一，汇编了证券开户业务、证券委托业务以及证券咨询业务的相关内容。主要介绍了证券的种类、证券交易程序和机制、证券委托代理业务以及证券投资分析。围绕证券代理咨询业务，给出相关业务的处理方法。

本书可用于中等职业学校金融事务专业教师提高证券代理咨询业务与服务业务教学水平的培训指导用书，也可以作为各级证券代理咨询业务与服务专业教师培训的指导与参考用书。

中国财政经济出版社出版

URL：http：//www.cfeph.cn

E－mail：cfeph @ cfeph.cn

社址：北京市海淀区阜成路甲 28 号　　邮政编码：100142

营销中心电话：88190406　北京财经书店电话：64033436　84041336

北京牛山世兴印刷厂印刷　各地新华书店经销

787×1092 毫米　16 开　13.75 印张　324 000 字

2011 年 12 月第 1 版　2011 年 12 月北京第 1 次印刷

定价：32.00 元

ISBN 978-7-5095-3063-4/F·2597

（图书出现印装问题，本社负责调换）

本社质量投诉电话：010-88190744

教育部　财政部中等职业学校教师素质提高计划成果
系列丛书

编写委员会

专家指导委员会

教育部　财政部中等职业学校教师素质提高计划成果
系列丛书

金融事务专业师资培训包开发项目
(LBZD058)

项目牵头单位　厦门大学
项 目 负 责 人　朱孟楠

出版说明

根据2005年全国职业教育工作会议精神和《国务院关于大力发展职业教育的决定》（国发［2005］35号），教育部、财政部2006年12月印发了《关于实施中等职业学校教师素质提高计划的意见》（教职成［2006］13号），决定“十一五”期间中央财政投入5亿元用于实施中等职业学校师资队伍建设相关项目。其中，安排4 000万元，支持39个培训工作基础好、相关学科优势明显的全国重点建设职教师资培养培训基地牵头，联合有关高等学校、职业学校、行业企业，共同开发中等职业学校重点专业师资培训方案、课程和教材（以下简称“培训包项目”）。

经过四年多的努力，培训包项目取得了丰富成果。一是开发了中等职业学校70个专业的教师培训包，内容包括专业教师的教学能力标准、培训方案、专业核心课程教材、专业教学法教材和培训质量评价指标体系5方面成果。二是开发了中等职业学校校长资格培训、提高培训和高级研修3个校长培训包，内容包括校长岗位职责和能力标准、培训方案、培训教材、培训质量评价指标体系4方面成果。三是取得了7项职教师资公共基础研究成果，内容包括中等职业学校德育课教师、职业指导和心理健康教育教师培训方案、培训教材，教师培训项目体系、教师资格制度、教师培训教育类公共课程、职业教育教学法和现代教育技术、教师培训网站建设等课程教材、政策研究、制度设计和信息平台等。上述成果，共整理汇编出300多本正式出版物。

培训包项目的实施具有如下特点：一是系统设计框架。项目成果涵盖了从标准、方案到教材、评价的一整套内容，成果之间紧密衔接。同时，针对职教师资队伍建设的基础性问题，设计了专门的公共基础研究课题。二是坚持调研先行。项目承担单位进行了3 000多次调研，深度访谈2 000多次，发放问卷200多万份，调研范围覆盖了70多个行业和全国所有省（区、市），收集了大量翔实的一手数据和材料，为提高成果的科学性奠定了坚实基础。三是多方广泛参与。在39个项目牵头单位组织下，另有110多所国内外高等学校和科研机构、260多个行业企业、36个政府管理部门、277所职业院校参加了开发工作，参与研发人员2 100多人，形成了政府、学校、行业、企业和科研机构共同参与的研发模式。四是突出职教特色。项目成果打破学科体系，根据职业学校教学特点，结合产业发展实际，将行动导向、工作过程系统化、任务驱动等理念应用到项目开发中，体现了职教师资培训内容和方式方法的特殊性。五是研究实践并进。几年来，项目承担单位在职业学校进行了1 000多次成果试验。阶段性成果形成后，在中等职业学校专业骨干教师国家级培训、省级培训、企业实践等活动中先行试用，不断总结经验、修改完善，提高了项目成果的针对性、应用性。六是严格过程管理。两部成立了专家指导委员会和项目管理办公室，在项目实施过程中先后组织研讨、培训和推进会近30次，来自职业教育办学、研究和管理一线的数十位领导、专家和实践工作者对成果进行了严格把关，确保了项目开发的正确方向。

作为"十一五"期间教育部、财政部实施的中等职业学校教师素质提高计划的重要内容，培训包项目的实施及所取得的成果，对于进一步完善职业教育师资培养培训体系，推动职教师资培训工作的科学化、规范化具有基础性和开创性意义。这一系列成果，既是职教师资培养培训机构开展教师培训活动的专门教材，也是职业学校教师在职自学的重要读物，同时也将为各级职业教育管理部门加强和改进职教教师管理和培训工作提供有益借鉴。希望各级教育行政部门、职教师资培训机构和职业学校要充分利用好这些成果。

为了高质量完成项目开发任务，全体项目承担单位和项目开发人员付出了巨大努力，中等职业学校教师素质提高计划专家指导委员会、项目管理办公室及相关方面的专家和同志投入了大量心血，承担出版任务的11家出版社开展了富有成效的工作。在此，我们一并表示衷心的感谢！

编写委员会

2011年10月

前言

中职学校金融事务专业师资培训包开发项目，由厦门大学经济学院金融系组织申报，通过有关专家评选后得到了教育部、财政部专项资金资助。项目于2007年11月底开始立项，由厦门大学经济学院副院长、博士生导师朱孟楠教授担任项目课题组组长，原厦门大学经济学院金融系主任杜朝运教授（现为泉州经贸职业技术学院院长）、金融系副主任陈善昂副教授担任副组长。课题组成立后，组建了研究团队，展开了广泛的调研，在此基础上进行了为期三年的研究，并通过了项目专家组的中期和终期论证，最终保质保量地完成了以下主要研究成果：

（1）教材《金融事务专业教师教学能力标准、培训方案和培训质量评价指标体系》。本书由朱孟楠教授担任主编，厦门大学经济学院金融系副教授喻海燕博士、金融系杜朝运教授担任执行主编。喻海燕副教授负责能力标准的制定，杜朝运教授负责培训质量评价指标体系的设计，宗彩云老师负责培训方案的设计。

（2）核心教材《商业银行综合柜员业务与服务》。由朱孟楠教授担任主编，由厦门大学经济学院金融系喻海燕副教授担任执行主编。参与本教材编写的骨干教师包括：上海经济管理学校杨静讲师、王峥讲师、许罗英讲师负责项目一和项目二的撰写；厦门大学经济学院金融系喻海燕副教授负责项目三的撰写；北京商贸学校何冯虚高级讲师、王宇讲师负责项目四的撰写；上海商业会计学校李小可高级讲师负责项目五的撰写；上海商业会计学校汪正干高级讲师负责项目六的撰写；广西银行学校许棣高级讲师负责项目七的撰写。

（3）核心教材《证券代理咨询业务与服务》。由朱孟楠教授担任主编，厦门大学经济学院金融系陈善昂副教授、厦门工商旅游学校陈爱华老师担任执行主编。项目一、项目二由陈爱华老师编写，项目三由广西银行学校廖玲玲等老师编写，项目四由国泰君安证券研究所王俊辉等编写。

（4）核心教材《保险代理业务与服务》。由朱孟楠教授任主编，厦门大学经济学院金融系杜朝运教授、赵正堂副教授担任执行主编。

（5）教材《金融事务专业教学法》。本书由朱孟楠教授担任主编，由厦门工商旅游学校宗彩云高级讲师担任执行主编。各章作者分别为：北京商贸学校何冯虚高级讲师（第1、5

章），宗彩云高级讲师（第2、3、4、6、10章），陕西银行学校熊湘辉讲师（第7章），北京商贸学校王宇讲师（第8章），厦门工商旅游学校陈雪松高级讲师（第9章）。

在项目开发与研究的过程中，教育部有关部门与领导予以了大力支持与指导。华东师范大学职业教育与成人教育研究所所长石伟平教授、教育部职业技术教育中心研究所主任邓泽民教授、上海经济管理学校沈汉达校长、同济大学职教学院师慧丽博士、同济大学职教学院王奕俊副教授等专家组成员，对本项目研究给予了大力支持，感谢他们的指导意见和宝贵建议。同济大学项目办、厦门大学继续教育与职业教育学院、厦门大学经济学院金融系的各位领导与老师，在项目的实施与研究过程中，也予以了大力帮助，在此一并表示衷心的感谢。本项目组调研过程中，得到了北京商贸学校、北京现代职业学校、北京商务管理学校、北京市经济管理学校、上海商业会计学校、上海市逸夫职业学校、上海市震旦中等职业学校、上海市南湖职业学校、上海市经济管理学校、武汉市财贸学校、武汉市财政学校、武汉市财经学校、青岛华夏职教中心学校、陕西银行学校、沈阳市金融学校、广西银行学校、厦门工商旅游学校、福建金融管理干部学院等中高职学校及教师的大力支持，在此表示衷心的感谢。

本项目研究与中期成果论证过程中，还得到厦门大学副校长邬大光教授、职业教育与继续教育学院王传金副院长、教育研究院副院长史秋衡教授、中国建设银行厦门分行生柳荣副行长、人事部总经理林瑜高级经济师，中国农业银行湖北省分行谭志河高级经济师、厦门证券郑学军高级经济师、招商银行厦门分行章英男总经理、中国人民财产保险股份有限公司连锦泉、中国太平洋保险（集团）股份有限公司王奕渲、爱建证券厦门湖滨一里营业部罗小萍经理、民生证券南京雨花西路证券营业部邢华秀总经理、杨卫东先生和中英人寿厦门分公司人力资源部廖燕红主任等国内职教行业专家及行业技术专家的指导。在此，谨向所有真诚帮助过我们的专家和领导表示衷心的谢意！还应该说明的是，在教材编写过程中，我们参考了国内外很多优秀教改教材和文献，从中得到了不少启示和帮助，在此表示衷心的感谢。

厦门大学经济学院金融系2008级博士生吴惠平，2007级硕士研究生朱丹、郑荫立、张雪鹿、王韦湛、宋君、谭曙娟、丁琳、高婧、刘文华等同学在课题调研中付出了大量时间与努力，陈飞燕、黄荔、赖尚伟、彭博、黄振、段润华、史金月、魏琳、李志伟、黄敏大等同学在资料收集及调研工作方面也付出了劳动，在此表示真诚的感谢。

当然，由于水平有限，加之时间仓促，本项目研究成果及系列核心教材在撰写过程中难免存在不足和疏漏，恳请广大读者批评指正。

编　者

2011年12月于厦门大学

目 录

项目1

认知证券代理咨询服务

随着证券市场在我国日益兴旺发达，证券代理与咨询服务越来越显出其重要性。本项目主要通过对证券代理与咨询相关岗位的介绍，较为详细地对证券代理行业相关法律法规和行业服务规范进行阐述，使受训的中职教师不仅能够将证券代理服务的基本操作步骤及流程传授给学生，而且还要能够训练学生作为一名合格的证券代理行业人员所应知应会的服务礼仪等基本常识。

模块一 证券代理咨询从业准备

本模块通过介绍证券和证券市场的基础知识，包括证券的概念、种类，证券市场的性质和作用，熟练掌握证券交易程序并了解交易机制；同时要求熟悉证券行情与交易系统的安装和使用，理解交易行情系统中各项指标的含义和交易的基本原则，从而完成上岗前的知识和技能准备。

学习目标

1. 了解证券的概念和种类
2. 熟悉证券交易程序和机制
3. 熟悉证券行情与交易系统的安装和使用
4. 熟悉行情系统中各指标的含义
5. 熟悉证券交易的基本原则

学习准备

1. 证券行情与交易系统软件
2. 证券从业考试相关书籍

任务一　证券代理与咨询从业人员岗前技能准备

【任务描述】

中职教师陈老师到证券公司进行调研的过程中，对一个问题比较感兴趣：那就是中职学生要成为一名合格的证券从业人员，在为客户提供服务的过程中，必须掌握哪些最基本的技能？罗经理说：作为一名证券服务从业人员，需要掌握股票网上交易系统的使用和安装，能够向客户介绍如何使用交易系统软件，并解释证券交易的基本程序和交易规则。

【业务流程】

股票网上交易系统的使用和安装业务流程如图 1－1 所示。

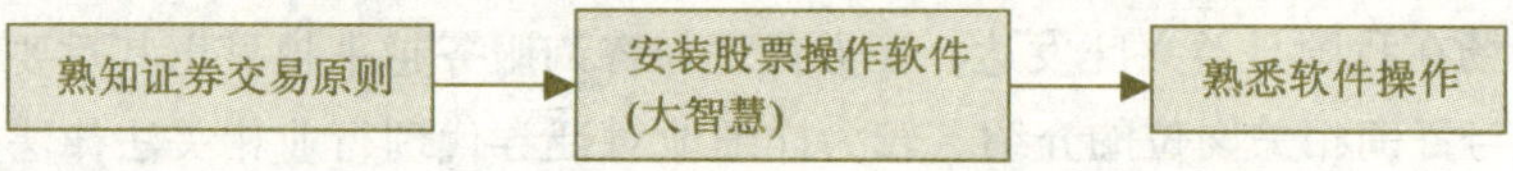

图 1－1　股票网上交易系统的使用和安装

【操作要点】

1. 熟知证券交易的基本原则

为了保证证券交易的流畅、公平，尽量避免股票盗卖等违法行为，证券交易还必须遵守一定的交易原则。因此，在了解证券交易的程序之后，我们还需要熟悉证券交易的基本原则，其中，最重要的是价格优先原则和时间优先原则。

（1）价格优先的基本原则。价格优先原则是证券交易的基本原则，也是为了保障股民交易权的行使我们必须遵循的原则。它以出价最高者优先购买股票和要价最低者优先卖出股票的原则。在竞价的时候，最高买进申报价与最低卖出申报价的价位相同者即成交，该价位为成交价。

（2）时间优先的基本原则。时间优先原则同样是证券交易的基本原则，它的主要内容是：同价位申报、依照申报时序决定优先程序。其中口头申报定价，按中介经纪人听到的顺序排列；电脑申报竞价按计算机接受时间顺序排列；书面申报竞价，按中介经纪人接到的书面凭证顺序排列。

（3）数量优先的基本原则。若申报价格和申报时间都相同时，买卖数量大的给予优先成交。

（4）市价委托优先的基本原则（注：该种委托在实际工作中较少使用）。在其他条件相同的情况下，市价委托者比限价委托者给予优先成交。

（5）代理委托优先的基本原则。指证券商代理买卖证券优先于自营买卖成交。如果多位证券商情况相同、无法区别先后时，由中介人组织抽签决定谁享有优先成交权。

2. 熟悉成交价格的决定原则

（1）最高买入申报与最低卖出申报相同的价位。

（2）如买（卖）方申报价格高（低）于卖（买）方的申报价格，采用双方申报价格的平均价位。

(3) 如买卖双方只有市价申报而无限价申报，采用当日最近依次成交价的价位。申报竞价成交后，买卖即可成交。如因为特殊情况发生申报有误需作出调整时，可按有关规定申请办理非交易过户。

3. 熟悉大智慧软件的安装

能够熟练指导客户登录开户证券公司的网站，下载和安装大智慧股票分析软件（或其他股票分析软件）。

首先，到天空软件或华军软件园等网站下载大智慧软件，大智慧软件有多个版本，本文选取的是大智慧经典 6.0 版本。大智慧下载完成之后，就可以把它装在电脑上了，具体安装步骤如下所示。

(1) 双击 

，出现图 1－2 所示窗口。

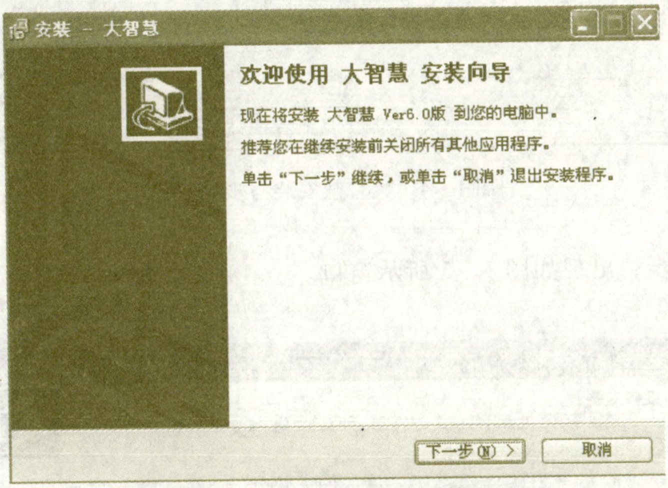

图 1－2　大智慧安装与步骤一

(2) 单击下一步，出现图 1－3 所示窗口。

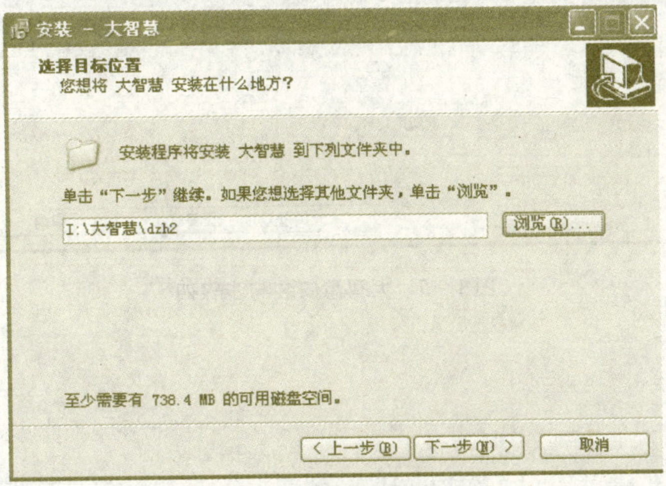

图 1－3　大智慧安装与步骤二

（3）默认安装地址为 c：\ dzh2，如果不想装在 c 盘，可以单击浏览，选择要安装的位置，选择完安装的位置之后，就可以单击下一步，出现如图 1－4 所示窗口。

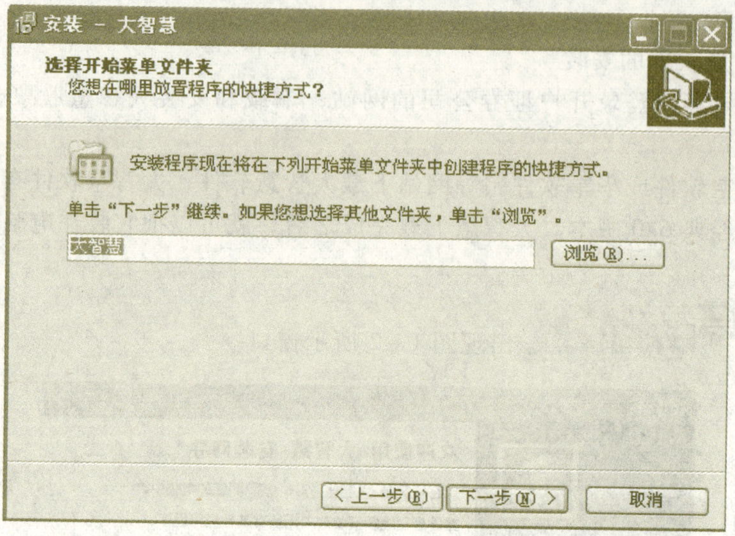

图 1－4　大智慧安装与步骤三

（4）单击下一步，出现如图 1－5 所示窗口。

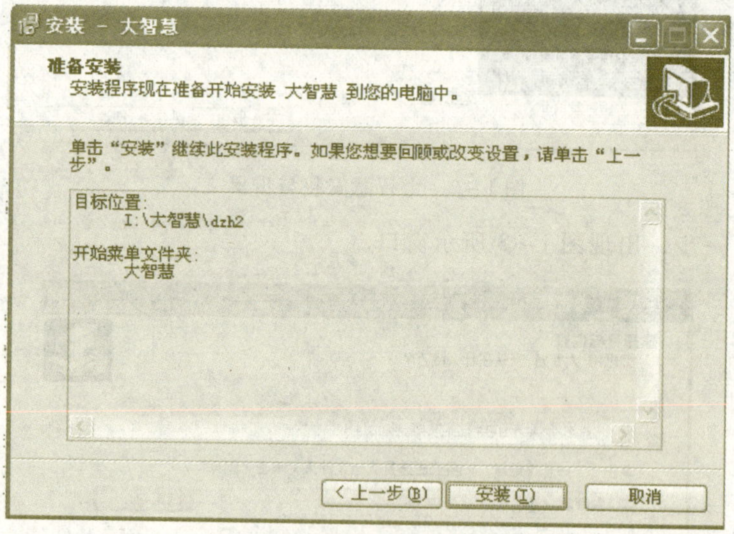

图 1－5　大智慧安装与步骤四

（5）单击安装，之后出现如图1－6所示窗口。

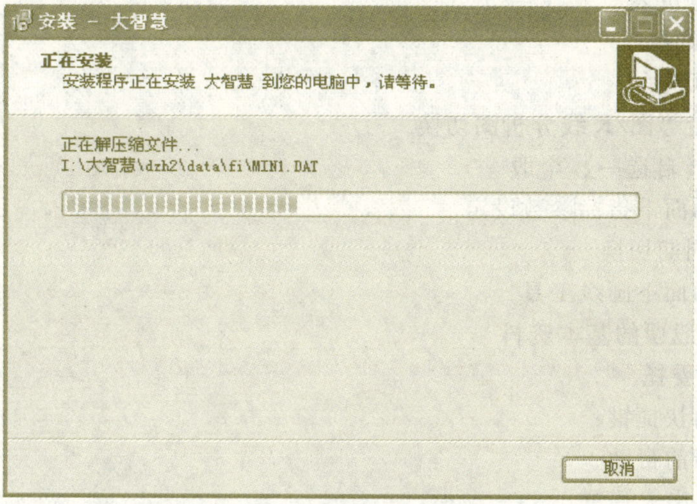

图1－6　大智慧安装与步骤五

（6）等到安装完成时，出现如图1－7所示窗口。

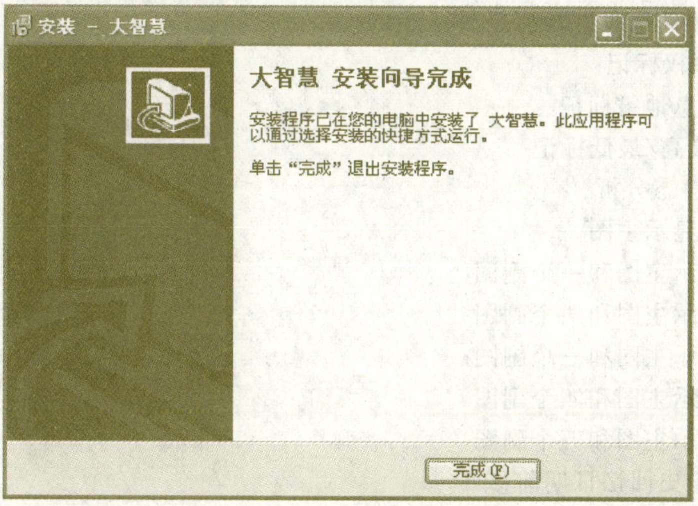

图1－7　大智慧安装完成

（7）点击完成，即完成了大智慧的安装。安装完之后桌面会出现一个

图标，单击它，就可以登录大智慧软件了。

4. 熟悉股票软件的操作（以大智慧软件为例）

（1）从业人员能够熟练掌握大智慧的快捷键操作。包括【Enter】、【PageUp】、【PageDown】、【F1】、【F2】、【F5】、【F8】、【F10】、【/】等。

大智慧的快捷键有很多，具体如下：

①全局快捷键：

〖F1〗：个股成交明细表
〖F2〗：个股分价表
〖F3〗：上证领先
〖F4〗：深证领先
〖F5〗：实时走势图/K 线分析图切换
〖F6〗：查看〖自选一〗个股
〖F7〗：k 线画面下指标参数设定
〖F8〗：分析周期切换
〖F9〗：k 线画面下画线工具
〖F10〗：显示股票的基本资料
〖F12〗：自助委托
②行情列表窗快捷键：
〖Alt + H〗：当前帮助
〖Alt + Q〗：退出大智慧
〖Alt + X〗：自选设定
〖Alt + Z〗：添加自选
〖Alt + F2〗：板块监测
〖Alt + F7〗：条件选股
〖Alt + D〗：除权标记
〖Alt + I〗：信息地雷标记
〖Alt + M〗：最高/最低标记
〖Alt + F5〗：静态分析
〖Alt + 1〗：只显示主图
〖Alt + 2〗：显示主图和一个副图
〖Alt + 3〗：显示主图和两个副图
〖Alt + 4〗：显示主图和三个副图
〖Alt + 5〗：显示主图和四个副图
〖Alt + 6〗：显示主图和五个副图
〖Alt + ←〗：历史回忆日期前移
〖Alt + →〗：历史回忆日期后移
〖Ctrl + D〗：清除画线
〖Ctrl + K〗：模拟 K 线
〖Ctrl + Q〗：移动成本分布
〖Ctrl + I〗：显示/不显示股票交易信息栏
〖Ctrl + X〗：画线工具
〖Crtl + M〗：启动/停止多图组合
〖Ctrl + N〗：普通坐标
〖Ctrl + P〗：百分比坐标
〖Ctrl + L〗：对数坐标

〖Ctrl + R〗：向前复权
〖Ctrl + T〗：向后复权
〖0 + ENTER〗：TICK 图
〖Ctrl + O〗：系统选项
〖Ctrl + A〗：预警系统
〖Ctrl + B〗：板块分析
〖Ctrl + F〗：公式管理
〖Ctrl + J〗：计算器
〖Ctrl + PgDn〗：启动/停止自动换页
〖Ctrl + Z〗：投资管理器
〖Ctrl + F4〗：关闭图形分析窗
〖Ctrl + F5〗：系统指示
〖Ctrl + F6〗：指标排序
〖Ctrl + F7〗：系统测试平台
〖Ctrl + F8〗：数据管理
〖Ctrl + F10〗：备忘录
〖Ctrl + ENTER〗：打开新窗口
〖1 + Enter〗：上证 A 股行情
〖2 + Enter〗：上证 B 股行情
〖3 + Enter〗：深证 A 股行情
〖4 + Enter〗：深证 B 股行情
〖5 + Enter〗：上证国债行情
〖6 + Enter〗：深证国债行情
〖7 + Enter〗：上证基金行情
〖8 + Enter〗：深证基金行情
〖9 + Enter〗：中小板块行情
〖10 + Enter〗：个股概况（个股 F10）
〖11 + Enter〗：涨幅排行
〖12 + Enter〗：震幅排行
〖13 + Enter〗：成交量排行
〖14 + Enter〗：现手排行
〖15 + Enter〗：量比排行
〖16 + Enter〗：资金流向排行
〖17 + Enter〗：委比排行
〖18 + Enter〗：换手率排行
〖19 + Enter〗：市盈率排行
〖20 + Enter〗：股价排行
〖21 + Enter〗：总市值排行
〖22 + Enter〗：流通市值排行

【23 + Enter】：信息地雷排行
【30 + Enter】：板块指数行情
【31 + Enter】：板块指数涨幅排名
【41 + Enter】：开放式基金行情
【42 + Enter】：LOF 基金行情
【43 + Enter】：ETF 基金行情
【51...58 + Enter】：切换至自选板块（1－8）
【59 + Enter】：实时解盘
【60 + Enter】：全部 A 股涨幅排名
【61 + Enter】：上证 A 股涨幅排行
【62 + Enter】：上证 B 股涨幅排行
【63 + Enter】：深证 A 股涨幅排行
【64 + Enter】：深证 B 股涨幅排行
【65 + Enter】：上证国债涨幅排行
【66 + Enter】：深证国债涨幅排行
【69 + Enter】：中小板块涨幅排行
【70 + Enter】：荐股擂台
【71 + Enter】：上交所公告
【72 + Enter】：深交所公告
【74 + Enter】：财经新闻
【79 + Enter】：高手追踪
【80 + Enter】：全部 A 股综合排名
【81 + ENTER】：上证 A 股综合排名
【82 + ENTER】：上证 B 股综合排名
【83 + ENTER】：深证 A 股综合排名
【84 + ENTER】：深证 B 股综合排名
【85 + ENTER】：上证国债综合排名
【86 + ENTER】：深证国债综合排名
【89 + ENTER】：中小板块综合排名
【2】：5 分钟线
【3】：15 分钟线
【4】：30 分钟线
【5】：60 分钟线
【6】：日线
【7】：周线
【8】：月线
【9】：多日线
【11】：季线
【12】：半年线

〖13〗：年线

〖→〗与〖←〗：启动并左右移动十字光标

〖SHIFT + ↓〗：打开多日分时走势

〖SHIFT + ↑〗：关闭多日分时走势

〖/〗与〖*〗：活动副图的内容在常用指标间切换

〖+〗：图形分析窗中小窗内容在成交明细、分价表、大盘分时线、个股分时线等之间切换

③大智慧技术指标快捷键：

〖110〗：MA 移动平均线

〖112〗：CHANNELS 通道线

〖114〗：主力成本

〖117〗：XS 薛氏通道

〖118〗：PBX 瀑布线

〖120〗：ROC 变动速率

〖121〗：MTM 动力指标

〖123〗：DMI 趋向指标

〖125〗：RSI 相对强弱指标

〖126〗：主力轨迹

〖128〗：DMA 平均离差

〖130〗：DPO 区间震荡线

〖132〗：MACD 指数平滑异同平均线

〖133〗：KDJ 随机指标

〖134〗：CCI 顺势指标

〖139〗：PSY 心理线

〖140〗：BIAS 乖离率

〖141〗：W&R 威廉指标

〖142〗：%B 布林极限

〖143〗：CR 能量指标

〖144〗：BRAR 人气意愿指标

〖148〗：TRIX 三重指数平滑平均数

〖149〗：ASI 振动升降指标

〖150〗：OBV 能量潮

〖151〗：主力进出

〖154〗：MFI 资金流量指标

〖155〗：PVI 正量指标

〖156〗：NVI 负量指标

〖157〗：VMACD 指数平滑异同平均线

〖158〗：VR 容量比率

〖161〗：WVAD 威廉变异离散量

〖163〗：EMV 简易波动指标
〖164〗：拉升在即
〖165〗：底部构成
〖166〗：主力买卖
〖170〗：MIKE 麦克指标
〖171〗：CDP 逆势操作
〖180〗：ADL 藤落指数
〖181〗：ADR 涨落比率
〖182〗：ABI 指标
〖183〗：STIX 指数平滑广量指标
〖187〗：EXPMA 平滑移动平均线
〖AD〗：AD 集散量、A/D 上涨家数比
〖ABI〗：ABI 指标
〖ACD〗：ACD 收集派发
〖ADL〗：ADL 藤落指数
〖ADR〗：ADR 涨落比率
〖ALF〗：ALF 过滤指标
〖ASI〗：ASI 振动升降指标
〖ASR〗：ASR 浮筹比例
〖ATR〗：ATR 真实波幅
〖AMOUNT〗：AMOUNT 成交额
〖ADTM〗：ADTM 动态买卖气指
〖B〗:%B 布林极限
〖BBI〗：BBI 多空指数
〖BTI〗：BTI 广量冲力指标
〖BIAS〗：BIAS 乖离率
〖BOLL〗：BOLL 布林线
〖BRAR〗：BRAR 人气意愿指标
〖B3621〗：B3621 三减六日乖离
〖BWIDTH〗：BWIDTH 布林极限宽
〖BBIBOLL〗：BBIBOLL 多空布林线
〖CD〗：CD 相对强度
〖CHAIKIN〗：CHAIKIN 佳庆线
〖CR〗：CR 能量指标
〖CCI〗：CCI 顺势指标
〖CDP〗：CDP 逆势操作
〖CHO〗：CHO 济坚指数
〖CYC〗：CYC 指南针成本均线
〖CYS〗：CYS 市场盈亏

〖CYW〗：CYW 主力控盘
〖CYQKL〗：CYQKL 指南针博弈 K 线长度 〖DDI〗：DDI 方向标准离差指数
〖DKX〗：DKX 多空线
〖DMA〗：DMA 平均离差
〖DMI〗：DMI 趋向指标
〖DMI－QL〗：DMI－QL 趋向指标（钱龙）
〖DPO〗：DPO 区间震荡线
〖DBCD〗：DBCD 异同离差乖离率
〖DBGC〗：DBGC 底部构成
〖DPTB〗：DPTB 大盘同步指标
〖EMV〗：EMV 简易波动指标
〖ENV〗：ENV 轨道线
〖EOM〗：EOM 活动能力
〖EXPMA〗：EXPMA 平滑移动平均线
〖GDS〗：股东数
〖GLZB〗：ALF 过滤指标
〖HDNL〗：EOM 活动能力
〖II〗：II 当日成交密度
〖JDQS〗：JDQS 阶段强势指标
〖JJZB〗：CHO 济坚指数
〖JEZF〗：江恩正方
〖KD〗：KD 随机指标
〖KDJ〗：KDJ 随机指标
〖KST〗：KST 完定指标
〖LFS〗：LFS 锁定因子
〖LWR〗：LW&RLWR 威廉指标
〖LJX〗：量价线
〖LJQS〗：VPT 量价趋势
〖LSZJ〗：LSZJ 拉升在即
〖M1〗：M1 移动平均线
〖MA〗：移动平均线
〖MI〗：MI 动量指标
〖MFI〗：MFI 资金流量指标
〖MJR〗：MJR 大众指标
〖MTM〗：MTM 动力指标
〖MACD〗：MACD 指数平滑异同平均线
〖MASS〗：MASS 重量指数
〖MICD〗：MICD 异同离差动力指数
〖MIKE〗：MIKE 麦克指标

〖NDB〗：NDB 脑电波
〖NVI〗：NVI 负量指标
〖NORVOL〗：NORVOL 标准化成交量
〖OX〗：OX 图
〖OBV〗：OBV 能量潮
〖OSC〗：OSC 震荡量
〖OBOS〗：OBOS 超买超卖
〖OLAL〗：OLAL 叠加线
〖PR〗：PR 穿透率
〖PBX〗：PBX 瀑布线
〖PSY〗：PSY 心理线
〖PVI〗：PVI 正量指标
〖PVT〗：PVT 价/量 趋势
〖PRICE〗：PRICE 价位线
〖PRICEOSC〗：PRICEOSC 指数震荡
〖QLCX〗：钱龙长线
〖QLDX〗：钱龙短线
〖QLZB〗：钱龙指标
〖QRSI〗：QRSI 量 RSI
〖QHLSR〗：QHLSR 阻力指标
〖RC〗：RC 变化率指数
〖RS〗：RS 相对强弱比
〖RMI〗：RMI 相对动量指标
〖ROC〗：ROC 变动速率
〖RSI〗：RSI 相对强弱指标
〖RCCD〗：RCCD 异同离差变化率指数
〖SP〗：SP 低点搜寻交易系统
〖SAR〗：SAR 抛物转向
〖SCR〗：SCR 筹码集中度
〖SMI〗：SMI 随机动量指标
〖SJKB〗：FASTKD 随机快步
〖SJPF〗：ACD 收集派发
〖SOBV〗：SOBV 能量潮
〖SRMI〗：SRMI MI 修正指标
〖STIX〗：STIX 指数平滑广量指标
〖SLOWKD〗：SLOWKD 慢速 KD
〖SDKJ〗：四度空间
〖TBR〗：TBR 新三价率
〖TDX〗：TDX 天地线

〖TDZS〗：CCI－4.0 通道指数

〖TRIX〗：TRIX 三重指数平滑平均数

〖TRIX40〗：TRIX－4.0 TRIX 趋向指标

〖UOS〗：UOS 终极指标

〖VB〗：VB 波幅通道

〖VR〗：VR 容量比率

〖VMA〗：VMA 成交量指标

〖VOL〗：VOL 成交量

〖VPT〗：VPT 量价趋势

〖VOSC〗：VOSC 成交量震荡

〖VSTD〗：VSTD 成交量标准差

〖VMACD〗：VMACD 指数平滑异同平均线

〖WR〗：W&R 威廉指标

〖WDZB〗：KST 完定指标

〖WLLD〗：威力雷达

〖WVAD〗：WVAD 威廉变异离散量

〖XS〗：XS 薛氏通道

〖XDT〗：XDT 心电图

〖ZIG〗：ZIG ZIG ZAG 之字转向

〖ZDZB〗：ZDZB 筑底指标

〖ZHPS〗：ZHPS 智慧判势

〖ZHSL〗：ZHSL 换手率

〖ZLGJ〗：ZLGJ 主力轨迹

〖ZLJC〗：ZLJC 主力进出

〖ZLMM〗：ZLMM 主力买卖

〖ZUPR〗：ZUPR 阶段涨幅

〖ZVOL〗：ZVOL 阶段总成交量

〖ZLCB〗：主力成本

〖ZAMOUNT〗：ZAMOUNT 阶段总成交额

〖FASTKD〗：FASTKD 随机快步

〖CCI40〗：CCI－4.0 通道指数

〖STOCKRSI〗：STOCKRSI

（2）从业人员能够熟练掌握对大盘指数的分析。我国股票指数主要有：上证指数、深圳综合股票指数、上证 180 指数、沪深 300 指数等。

相关知识

股票价格指数：是由证券交易所或金融服务机构编制的表明股票行市变动情况的价格平均数。投资者根据指数的升降，可以判断出股票价格的变动趋势。指数的单位是“点”。

上证指数：是由上海证券交易所编制的股票指数，1990 年 12 月 19 日正式开始发布。该股票指数的样本为所有在上海证券交易所挂牌上市的股票，其中新上市的股票在挂牌的第二天纳入股票指数的计算范围。该股票指数的权数为上市公司的总股本。上海证券交易所股票指数的发布几乎是与股票行情的变化同步的，它是我国股民和证券从业人员研判股票价格变化趋势必不可少的参考依据。

深圳综合股票指数：是由深圳证券交易所编制的股票指数，1991 年 4 月 3 日为基期。该股票指数的计算方法基本与上证指数相同，其样本为所有在深圳证券交易所挂牌上市的股票，权数为股票的总股本。由于以所有挂牌的上市公司为样本，其代表性非常广泛，而且它与深圳股市的行情同步发布，它是股民和证券从业人员研判深圳股市股票价格变化趋势必不可少的参考依据。

上证 180 指数：是上海证券交易所于 2002 年 7 月 1 日正式对外发布的上证 180（行情资讯）指数，是用以取代原来的上证 30 指数。新编制的上证 180 指数的样本数量扩大到 180 家，入选的个股均是一些规模大、流动性好、行业代表性强的股票。该指数不仅在编制方法的科学性、成分选择的代表性和成分的公开性上有所突破，同时，也恢复和提升了成分指数的市场代表性，从而能够更全面地反映股价的走势。

沪深 300 指数：是由上海证券交易所和深圳证券交易所联合编制，选取 300 只 A 股作为样本，其中沪市有 179 只，深市 121 只。该指数于 2005 年 4 月 8 日正式发布。它的推出丰富了市场现有的指数体系，增加了一项用于观察市场走势的指标，有利于投资者全面把握市场运行状况，也进一步为指数投资产品的创新和发展提供了基础条件。

中小板指数：2005 年 6 月 7 日，确定为中小板指数的基日，基日指数定为 1000 点，中小板指数将成为中小板投资者重要的参考工具。指数能够反映市场的总体波动特征，是市场的风向标。

创业板指数：也称为“加权平均指数”，就是以起始日为一个基准点，按照创业板所有股票的流通市值，一个一个地计算当天的股价，再加权平均，与开板之日的“基准点”比较。

（3）从业人员能够熟练掌握个股的基本面分析和技术分析；能够分析个股的财务数据、理解财务指标的含义、解读国家宏观经济政策；能够掌握各技术指标的含义，能够根据指标判断短期买卖操作（由于指标分析在“技术分析基础”中阐述，此处不重复讲解）。

【岗位实训】

能够独立安装大智慧软件，并能熟练使用该分析系统，掌握股票分析中各指标的含义。选择最近一天的股票交易行情，说出当天大盘指数，找出分时图与 K 线图。选择一只自己感兴趣的股票，运用各个指标分析该股票恰当的买入和卖出时点。

【岗位考核】

岗位考核评价如表 1－1 所示。

表 1－1　　岗位考核评价表

实训内容	5～4 分	4～3 分	3～1 分
专业技能：按要求熟练操作行情分析软件	非常熟悉	基本熟悉	不熟悉
专业知识：行情分析、分析指标解释、交易原则	正确	基本正确	错误
总　分	10 分		

教学研讨

在授课过程中，探讨如何利用行情分析软件将介绍基础知识和演示操作步骤有机地结合起来。然后，让学生到实验室进行操作并进行指导，课后交实验报告，从而找出大部分学生存在的问题，对症下药。

任务二　证券代理与咨询从业人员岗前知识准备

【任务描述】

了解了作为一名证券从业人员所应具备的基本技能之后，陈老师又提出了另一个问题：那就是中职学生要成为一名合格的从业人员，还需要具备哪些知识？罗经理就此向陈老师介绍：要成为一名合格的证券从业人员，首先要熟悉有关证券的基础知识，并熟练掌握证券交易程序和交易机制，熟悉证券行情与交易系统的安装和使用，能够理解交易行情系统中各项指标的含义和交易的基本原则，这样才能基本完成上岗前的知识和技能准备。

【业务流程】

根据规定，股票交易操作程序如图 1－8 所示。

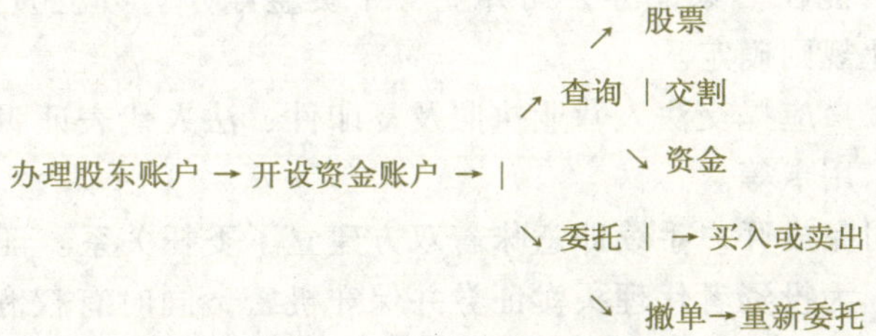

图 1－8　股票交易程序图

相关知识

证券的定义、种类和特征

证券是指用来证明持有人享有某种特定权益的凭证。如股票、债券、本票、汇票、支票、保险单、存款单、借据、提货单等各种票证单据都是证券。按其性质不同，证券可以分为有价证券和凭证证券两大类。

有价证券又可分为以下三种：

（1）资本证券，如股票、债券等。

（2）货币证券，包括银行券、票据、支票等。

（3）财物证券，如货运单、提单、栈单等。

有价证券的特征是：第一，证券的产权性。拥有证券就意味着财产的占有、使用、收益和处置的权利。第二，证券的收益性。证券的收益性是指持有证券本身可以获得一定数额的收益，这是投资者转让资本使用权的回报。第三，证券的流通性。又称变现性。证券的流通是通过承兑、贴现、交易实现的。第四，证券的风险性。是指证券持有者面临着预期投资收益不能实现，甚至使本金也受到损失的可能。

凭证证券则为无价证券，包括存款单、借据、收据等。

【操作要点】

证券交易程序

证券交易程序，是指证券交易市场买进或者卖出证券的具体步骤。由于证券交易有场内与场外之分，它们的交易程序并不完全相同。场内交易，即证券交易所条件下的证券交易，具有具体、严格的特点，其步骤主要分为开户、委托、成交、清算、交割、过户等步骤。

1. 开立证券交易账户

开立证券交易账户，是证券投资者在进行证券买卖前到证券公司开设证券账户和资金账户的行为。这是从事交易的前提。证券交易账户根据规定包括证券账户和资金账户。

证券账户是存储、管理投资者所持证券的特别账户，无论是买方还是卖方其买卖的证券都存在此账户上。在我国，证券不同，投资者开立账户时遵守的规定也不同。但都应当向设在当地的证券登记公司办理相关手续。证券账户有深圳、上海交易所之区别。

投资者开立证券账户后，就可以选择一家证券公司申请开立资金账户。根据现行“指定交易制度”投资者只能在一家证券公司开立一个资金账户。开立资金账户的最低资金限额由证券公司根据营业规则确定。

法人投资者开立账户应提交法人营业执照及复印件、法人代表证明书及身份证；个人投资者应提交身份证、信用卡等。

投资者在证券公司完成开户手续即意味着双方建立了委托关系。证券公司有义务执行投资者下达的委托指令，为投资者代理买卖证券并保守机密，同时有权利依法收取佣金。《中华人民共和国合同法》关于委托合同的规定是这种委托关系的法律依据。

2. 交易委托

交易委托是指投资者决定买卖证券时，通过委托单、电话等形式向证券商发出买卖指令的过程。由于投资者不能进入交易所直接交易，所有的买卖都是通过证券商来完成的。

投资者进行证券交易委托前，必须与证券公司签订委托协议。委托协议是一种格式合同，由中国证券业协会规定，主要有风险提示书、证券交易委托代理协议、授权委托书、网上委托协议书等。

交易委托指令，应当详细说明买卖方向、证券名称、买卖数量、证券代码及买卖价格等因素。委托方式目前已从早期单一的柜台委托发展为电话委托、磁卡委托、远程终端委托（网上委托）等。投资者的委托指令一经下达，即开始生效。在其委托未成交之前，如果反悔，可以进行撤单处理，撤单程序与买卖委托的过程基本相同。

3. 清算与交割

清算是指证券买卖双方在证券交易所进行的证券买卖成交以后，通过证券交易所将各证券商买卖证券的数量和金额分别予以抵消，计算应收、应付证券和应收、应付股款的差额的一种程序。交割是指投资者与证券商就已成交的买卖办理股款以及证券数量清算的手续。

清算交割的具体程序如下：证券公司营业部在委托成交后的第二个交易日（通俗称为T+1）将成交情况进行公告，投资者可以此公告为准，亦可通过证券商的行情系统自行查询，在确认自己的委托已成交后，可到证券商营业部的交割柜台办理交割，打印交割单。交割单的内容包括：成交际的证券名称、成交数量、成交时间、价格以及投资者成交前的资金余额、成交后资金余额和成交的清算金额等等。投资者应妥善保管交割单，以备查询使用。例行日交割是主要形式。A股、基金、债券采用T+1交割，B股采用T+3交割。

4. 登记过户

股票过户是办理股权变更的一种程序，投资者持有的股票只有在该公司的登记部门或代理机构办理了股东名册变更以后，才能成为该公司的股东，享有应有的股权。

过户有两种形式，即交易过户和非交易过户。交易过户是指投资者在证券市场上买卖股票而引起的过户，对此投资者不需要亲自去办理过户，而由证券登记结算公司通过电脑统一办理，过户与交易同步进行。非交易过户是指由于婚变、继承、赠送等原因形成，一般均需投资者亲自办理过户登记，各地证券登记结算公司是专门的办理机构。

相关知识

证券交易机制

证券交易机制涉及证券交易市场的微观结构，对证券市场的流动性、稳定性、有效性有很大影响。不同的证券市场往往有不同的交易机制，但总体来说，可从以下两个方面来进行划分（见表1-2）。

表1-2 证券交易机制的分类

分类依据	分类结果	基本特征
交易时间的连续性	（1）定期交易系统	批量指令可以提供价格的稳定性，指令执行和结算的成本相对比较低
	（2）连续交易系统	市场为投资者提供了交易的即时性，交易过程中可以提供更多的市场价格信息
交易价格的决定方式	（1）指令驱动系统	交易价格由买方和卖方的力量直接决定，投资者买卖证券的对手是其他投资者
	（2）报价驱动系统	交易价格的形成由做市商决定，投资者买卖证券都以做市商为对手

我国沪、深证券交易所交易系统是典型的连续交易系统和指令驱动系统；我国股份报价转让系统是典型的定期交易系统。而美国的纳斯达克（NASDAQ）交易市场是典型的报价驱动系统。

【岗位实训】

甲、乙两位同学合作，甲扮演投资者王先生，乙扮演证券公司的员工。某一天王先生手里有多余现金想进行证券投资，但是他对证券投资知识知之甚少，于是到证券公司咨询。乙作为证券从业人员接待王先生，向王先生解释什么是证券，证券分为哪几类，证券如何交易以及交易的机制等。然后角色互换，使两个同学都熟悉整个过程。

【岗位考核】

岗位考核评价如表 1－3 所示。

表 1－3　岗位考核评价表

实训内容	2～1.5 分	1.5～0.5 分	0.5～0 分
职业礼仪：接待客户服务表现	热情	一般	不理睬
专业技能：证券交易程序指导操作熟悉程度	正确	基本正确	错误
专业知识：证券知识、交易机制等知识	非常熟悉	基本熟悉	不熟悉
客户满意程度	满意	一般	不满意
总　分	8 分		

教学研讨

请老师们探讨在授课过程中，如何通过不同教学方式的应用，如在课堂上进行场景模拟或用角色扮演法等方法，使学生能够通过演练发现问题并自行解决问题，从而达到加深学习印象的目的。

模块二　证券代理咨询服务规范

本模块主要运用任务描述、情景设置等方法，介绍证券代理与咨询服务所涉及的主要业务内容、作为证券从业人员所必须遵守的职业道德和行为规范、证券公司客服部门的具体管理规范，以及证券从业人员所应达到的素质要求等等，要求受训者了解作为未来的证券从业人员所必备的职业素养。

学习目标

1. 了解证券代理与咨询服务的主要内容
2. 了解证券代理与咨询服务的职业道德和行为规范
3. 熟悉证券公司客服部门日常管理规范
4. 了解证券公司从业人员的素质要求

学习准备

1. 证券公司日常管理规范
2. 证券从业相关职业道德和行为规范

任务一　认知证券公司日常服务礼仪规范

【任务描述】

中职教师陈老师来到证券公司挂职锻炼，目的是了解中职学生在证券公司能够适应哪些岗位的工作，并希望进一步熟悉该岗位工作流程，以拉近课堂教学与实际工作需求之间的距离。证券公司营业部罗经理热情接待了陈老师，并告诉陈老师：作为一名合格的证券代理从业人员，仅仅了解各个工作岗位工作职责和流程远远不够，首先要对证券代理行业的日常管理规范、从业规范及服务礼仪非常熟悉，并做到一一遵守。陈老师认为，这方面平时教学不是很重视，就请罗经理给她详细地介绍相关内容，并准备运用到以后的教学当中。罗经理拿出相关资料，请陈老师自行查阅后再作进一步介绍。

【业务流程】

认知证券公司日常服务礼仪规范的流程如图1-9所示。

图1-9　认知证券公司日常服务礼仪规范的流程

1. 证券代理与咨询服务认知

证券公司的证券代理服务，实际上就是证券公司的经纪业务，它是指证券经纪人接受客户委托，在客户授权范围内代理买卖证券、收取佣金的行为。

证券公司的证券咨询服务，实际上就是证券公司的投资咨询业务，它是指证券公司及其相关人员运用各种有效信息，对证券市场或个别证券的未来走势进行分析预测，对投资证券的可行性进行分析评判；为投资者的投资决策提供分析、预测、建议等服务。

由以上可知，不论是证券代理还是证券咨询，总离不开与客户打交道。这样就要求我们从业人员应该把握与客户打交道时的礼仪和规范，即从业人员应熟知证券公司客服部门日常管理规范。

2. 证券公司日常管理规范首要原则——顾客服务的原则

顾客服务原则是证券公司为客户提供周到服务的第一原则。要提供周到的服务，首先要培训员工养成良好的服务礼仪规范。

相关知识

礼仪规范

礼仪不仅仅是礼节，它源自内心，去真心地关心别人，在意他人的自尊和感受，发自内心且表现在外的待人处事的行为和方式。

适当讲究礼仪，能让客户对自己的印象感觉良好，有助客户对公司和自己的认可与信任，有助于日常业务开拓。

（1）保证顾客满意。要做到客户满意，就必须常常换位思考：在同样的服务下自己能不能接受。

（2）超出顾客希望。作为服务行业，要无时无刻走在顾客的前面，想顾客想不到的，用新颖的服务为顾客创造价值。

3. 证券公司日常管理基本服务规范

根据证券公司本身的特点，适应越来越激烈的竞争形势，各大证券公司均对客服部门人员提出较为严格的服务规范和要求，总结起来主要体现在以下几个方面：

（1）基本服务规范——着装规范。

①工作时间、营业时间机构员工上岗必须穿着统一整洁、美观、大方的制服或正式职业装。

②员工着装必须干净平整，不得有异味（如汗渍、腋臭、男士喷洒气味怪异的香水等）。

③不得穿着未经熨烫而有明显褶皱的服装。

④男士按要求穿着西服，套衬衣，系领带，夏季单穿衬衣时，严格要求系领带，领带要束紧，领带的大箭头系到皮带扣处为标准。

⑤男士工作时间禁止穿拖鞋上岗或将凉鞋穿成拖鞋状。

⑥女士按要求穿着制服，夏季单穿衬衣时，严格要求穿着西装裙，且应穿不露腿的长袜或者不穿袜。

（2）基本服务规范——仪表规范。

①男性员工不留过耳长发，不染怪色头发，不作怪异发型、剃光头，不蓄胡须，不留长指甲。

②女性员工不染怪色头发，不作怪异发型，不涂过于艳丽的指甲油，不留长指甲；穿凉鞋而不穿袜时，脚趾甲可涂趾甲油，但不可妖艳。

（3）基本服务规范——佩带饰物规范。

①员工在工作时间内必须统一佩戴工号牌，或在作业台前放置工号牌。

②在工作时间及营业场所不得佩戴张扬的金银首饰。

③不得佩戴造型怪异的手表。

④不得在工作或营业场所佩戴墨镜。

⑤女性员工除正常样式的发卡、发绳外，不得佩戴其他怪异或张扬的特殊头饰物。

（4）基本服务规范——言行举止规范。

①工作和营业场所严禁吸烟，酗酒者严禁上班上岗。

②员工必须保持口腔清洁无异味，上班前不得吃葱、蒜等辛辣有异味的食物。

③上班时间不得吃零食，不得面对客户咀嚼口香糖，在工作和营业场所内严禁吸烟。

④柜台服务人员应端坐，不得在营业场所蹲坐或倚墙站立；不得在客户面前倚坐或表现得倦怠无神。

⑤工作和营业场所不大声喧哗或高声喊人，无极特殊情况，在营业场所不得奔跑；走路应姿势端庄，不左摇右摆，不含胸低头。

⑥员工站姿端正，不叉腰、不抱胸、不背靠他物；坐姿端正，不倚背，不伸腿，不能趴在工作台上休息。行走轻稳，双目平视，不得边走边大声谈笑喧哗。

⑦员工不得在客户面前交头接耳、谈笑风生，在客户面前不作怪异动作，不说粗俗话语，不哼歌曲。

⑧员工不得与客户抢占座位，在行路、打水、上下电梯等与客户冲突时，必须礼让客户。

⑨员工在向客户递送物品时必须站立起来躬送，不得抛甩。

⑩员工不得在客户面前掏鼻孔、剔牙、修指甲、擤鼻涕、脱鞋、趴桌子、翘腿、化妆等；客户面前如遇打哈欠或打喷嚏，必须转身背对客户，并以手掩口，转回身时向客户道歉。

⑪办公或营业场所物品摆放应整齐有序，不得乱扔杂物。

⑫欢迎和送别客户时都必须起立，面带微笑，并微曲腰身以示尊敬。

⑬接待客户要主动热情、耐心周到，要求来有迎声、问有答声、走有送声，声音温和，吐字清晰，条理清楚，彬彬有礼。

⑭为客户指示方向时，要站立，面带微笑，伸出右手掌，四指合拢，大拇指微曲，严禁只用食指示意。

⑮回答客户问题时要起立，面带微笑，双手自然下垂或下垂交握，严禁双手交臂或背后交握。

4. 证券公司日常管理基本业务规范

（1）基本业务规范——证券从业要求。

①具备证券从业人员资格和基本专业知识。

②熟练掌握公司各项业务制度和操作技能。

③要求熟练掌握普通话和分支机构门所在地的方言。

④要求书写工整、规范，不写错别字、潦草字、不规范的简化字和生造字。

⑤大、小写数字应按业务规程的具体规定书写。

⑥熟练掌握至少一种计算机汉字输入方法。

（2）基本业务规范——工作规范要求。

①每个工作日上岗前10分钟，柜台人员应将当日业务办理凭证和资料摆放整齐，保持

桌面整洁。

②柜台人员工每天上岗前应仔细阅读当天三大证券报，了解当天的主要内容和信息。

③工作桌面不得摆放与业务无关的物品和资料，办公场所的报刊、杂志等资料阅后应在指定位置存放，并定期清理，不得四处堆放。

④每个工作日结束前，分支机构员工都应对当天完成的业务资料进行整理归档，并根据当天工作情况记录“工作日志”。

⑤分支机构营运总监应每月组织员工进行至少两次业务培训或讨论会。

【岗位实训】

（1）将学员进行分组，假定自己是证券公司的一名客服经理，对照一下上述规定，讨论怎么做一个合格的客服人员？

（2）假定一位客户过来咨询证券交易的相关事项，请学员思考该怎么与客户交流？请老师们探讨交流如何训练学生熟悉并运用接待客户的礼仪，并怎样考核学生所掌握的程度？

（3）对上述讨论结果分组进行现场演示。

【岗位考核】

岗位考核评价如表 1－4 所示。

表 1－4　　岗位考核评价表

实训内容	2～1.5 分	1.5～0.5 分	0.5～0 分
职业礼仪：接待客户时的各种礼貌礼仪表现	很好	好	一般
专业技能：接待客户时随机应变的能力	很灵活	灵活	一般
专业知识：对各种礼貌礼仪知识掌握的熟悉程度	非常熟悉	基本熟悉	不熟悉
客户满意程度	满意	一般	不满意
总　分	8分		

任务二　认知证券代理咨询服务行为规范

【任务描述】

陈老师在了解了证券代理和咨询服务的相关内容之后，又去咨询罗经理：如果要进入证券公司工作，是不是对从业人员资格也有相关的规定，并且是不是还有一些关于证券代理和咨询服务的法律规定需要遵守呢？罗经理说：那是当然的，国家和行业协会都制定了很多相应的证券代理与咨询服务的职业道德和行为规范，这也是作为证券从业人员所应该遵守的最起码的准则。

【业务流程】

认知证券代理咨询服务行为规范的流程如图 1－10 所示。

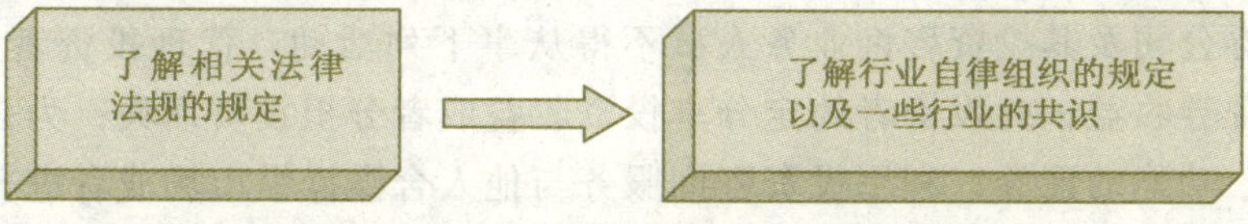

图1－10　认知证券代理咨询服务行为规范的流程

【操作要点】

（1）作为证券从业人员，首先应该熟悉相关法律法规，主要包括《证券法》、《证券公司监督管理条例》、《证券经纪人管理暂行规定》、《证券、期货投资咨询管理暂行办法》等。

（2）熟悉行业自律组织及行业共识，主要指的是中国证券业协会的一些相关规定，如《证券从业人员执业守则》等。

相关知识

证券从业人员执业操守（十六字）

遵纪守法勤勉尽责　廉洁自律文明服务

1. 证券从业人员的执业操守

第一，未经国务院证券监督管理机构批准，不得为客户提供融资融券服务。

第二，不得接受客户的全权委托而决定证券买卖、选择证券的种类、决定买卖数量或者买卖价格。

第三，不得向客户保证交易收益或者允诺赔偿客户的投资损失。

第四，妥善保管客户开户资料、委托记录、交易记录和内部管理、业务经营有关的各项资料，任何人不得隐匿、伪造、篡改或毁损。

第五，证券公司或从业人员不得在批准的营业场所之外，接受客户委托和进行清算交割。

第六，禁止证券公司及其从业人员从事下列损害客户利益的欺诈行为：违背委托人的指令买卖证券——未经客户委托，擅自为客户买卖证券，或者假借客户的名义买卖证券；挪用客户交易结算资金；为多获取佣金而诱导客户进行不必要的证券买卖；利用传播媒介或者通过其他方式提供、传播虚假或者误导投资者的信息；其他违背客户真实意思表示，损害客户利益的行为。

2. 证券咨询服务的职业道德和行为规范

第一，以行业公认的谨慎、诚实和勤勉尽责的态度提供咨询服务。

第二，应当完整、客观、准确地运用有关信息、资料，向投资人或者客户提供投资分析、预测和建议，不得断章取义地引用或者篡改有关信息、资料。

第三，引用有关的信息资料，应当注明出处和著作权人。

第四，不得以虚假信息、市场传闻或者内幕信息为依据，向投资人或者客户提供投资分析、预测和建议。

第五，从业人员在传播媒体上发表投资咨询文章、报告或者意见时，必须注明所在机构的名称和个人真实姓名，并对投资风险做出充分说明。

第六，证券公司及其投资咨询业务人员不得从事下列活动：代理投资者从事证券买卖；向投资人承诺证券收益；向投资者约定分享投资收益或者分担投资损失；为自己买卖股票及具有股票性质、功能的证券；利用投资咨询服务与他人合谋操纵市场或者进行内幕交易；法律法规所禁止的其他欺诈行为。

3. 证券从业人员的素质要求

第一，获得证券从业人员资格证书。

第二，大专以上学历。

第三，证券投资经验。

第四，人文和经济及知识基础，并且要善于应用。

第五，观察、总结和分析能力。

第六，沟通和营销能力。

第七，有耐性，心态好，有毅力。

4. 证券从业人员行为准则——“八要”

第一，要遵守国家法律、法规以及证券市场的有关规章制度。

第二，要热爱本职工作，努力钻研业务，不断提高业务水平和工作能力。

第三，要坚持“公平、公正、公开”原则，保护投资者的合法权益。

第四，要严格遵守操作规程，准确执行客户有效指令，保守客户秘密。

第五，要热情诚恳，文明礼貌，树立“客户至上”的职业道德风尚。

第六，要服从管理，规范服务，忠于职守，维持证券交易中的正常秩序。

第七，要团结同事，协调合作，妥善处理业务活动中出现的各种矛盾。

第八，要珍惜证券业职业荣誉，自觉维护本行业及本单位的声誉。

5. 证券从业人员行为准则——“十不准”

第一，不准向客户提供虚假及不负责任的信息，以诱导客户买卖证券。

第二，不准与客户、发行公司或相关人员约定获取不正当利益。

第三，不准为自己或亲属买卖股票。

第四，不准对客户的交易记录擅作更改。

第五，不准挪用客户的证券或资金、利用客户的名义或账户买卖证券。

第六，不准向他人泄露客户的委托事项及有关交易情况。

第七，不准接受客户的买卖证券的全权委托。

第八，不准为客户透支。

第九，不准因本人或本单位的利益而影响或试图影响客户的交易行为。

第十，不准有任何操纵市场行为。

【岗位实训】

把自己的情况和上面的内容对照一下，想想怎么样做一个合格的证券从业人员？

【岗位考核】

岗位考核评价如表 1－5 所示。

表1－5　岗位考核评价表

实训内容	2～1.5分	1.5～0.5分	0.5～0分
职业素养：对证券从业规范的理解和认识	很透彻	透彻	一般
法律规范：对证券从业规范的熟悉程度	很熟悉	基本熟悉	不熟悉
考核结果	好	一般	不好
总　分	6分		

教学研讨

（1）教师讨论在课堂教学中如何使学生通过灵活的形式掌握枯燥的理论知识，并讨论设计模拟接待客户的情景，让学生模拟练习，使其熟练、灵活地运用接待客户礼貌礼仪方式。

（2）活动建议：在教学过程中可以考虑让有条件的同学，在征得家长或监护人的同意后，到证券公司开户，亲历证券公司工作人员的服务，并与同学进行交流，找出其中不符合规定之处，并加以讨论和改进。

项目2

证券开户业务

证券开户业务是证券经纪行业中最基本的业务和服务。本项目主要涵盖证券开户、基金开户和创业板开户等各项业务。要求从业人员掌握证券开户的基本知识和技能；熟悉行业相关法律法规及行业服务规范，并通过各项具体的开户业务流程的介绍，训练中职教师掌握证券开户业务的流程及操作要点，熟悉开户业务的基本操作，能够熟练完成每一个工作环节，提高教学环节与实际工作需要的契合度。

模块一　证券账户的开立

本模块主要通过设置情景、任务内容的描述、任务操作和流程示意等方法，介绍证券公司相关从业人员为初次进入证券市场的新股民办理开户业务的具体步骤。要求在了解证券开户流程、步骤的基础上，能够熟练掌握开户业务的办理。

学习目标

1. 了解证券账户的概念和种类
2. 熟练掌握证券开户的流程和操作要点

学习准备

1. 证券模拟教学平台软件
2. 证券开户申请表等等相关开户资料（可以用复印的资料）

任务一 新股民开立证券账户

【任务描述】

陈老师在了解中职学生从事证券行业所应具备的基本素质和知识技能之后，又在罗经理的带领下来到证券公司营业部大厅。罗经理将陈老师介绍给大厅经理，请其带领陈老师了解各个工作岗位的流程。他们首先来到了新股民进入股市必经的第一个环节——开户岗，熟悉新股民要进行证券买卖所必须经过的第一个过程——开户的过程。

股民新开户流程图如图2-1所示。

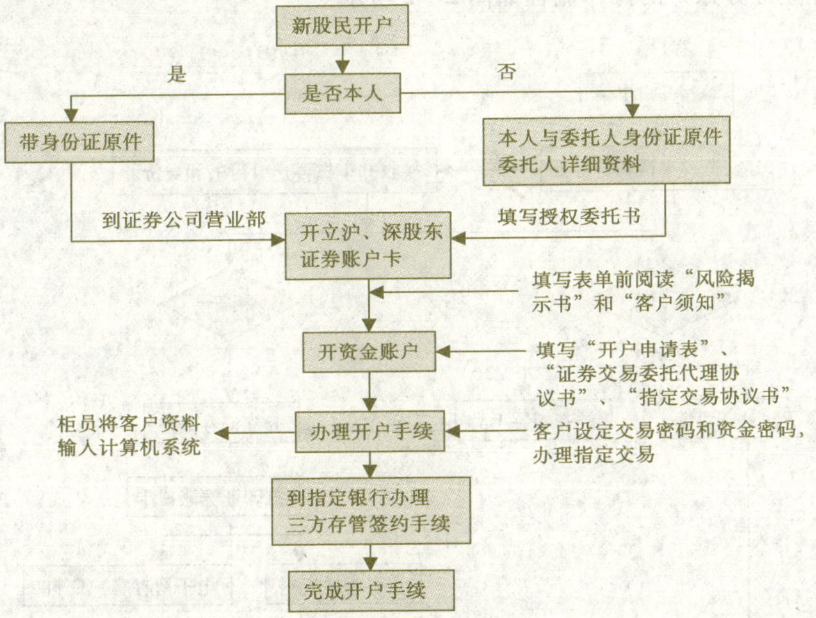

图2-1 新开户流程图

相关知识

开户岗职责

（1）负责沪、深证券账户实时开户、资料变更、换卡、挂失与补办，并建立台账。

（2）负责资金账户开户和销户、指定交易及撤销指定交易，复印有关客户资料、建立客户档案及账户资料的修改。

（3）资金账户清密及修改密码。

（4）负责开放式基金的账户开户、账户资料修改，转托管和特殊账户类业务。

（5）负责证券账户转入及转出。

（6）负责客户开通客户资金账户权限。

（7）做好柜台业务咨询服务工作。

（8）做好营业部实际工作需要，提高服务质量。

陈老师通过以上流程了解到：一位新股民要进入证券市场，必须先开立沪深股东账户，取得由中国证券登记结算有限责任公司发放的证券账户卡，再开立资金账户，同时开立第三方存管后，方可进行证券投资。新股民到证券公司开户可分为个人账户和法人账户。且新开户当天不能交易在上交所上市的股票。办理三方存管当天不能转账。

下面由证券公司工作人员带领陈老师来到证券开户岗柜台，了解新股民开立证券账户的具体步骤。

活动一　开立证券账户卡

【业务流程】

新股民开立证券账户的操作流程如图 2－2 所示：

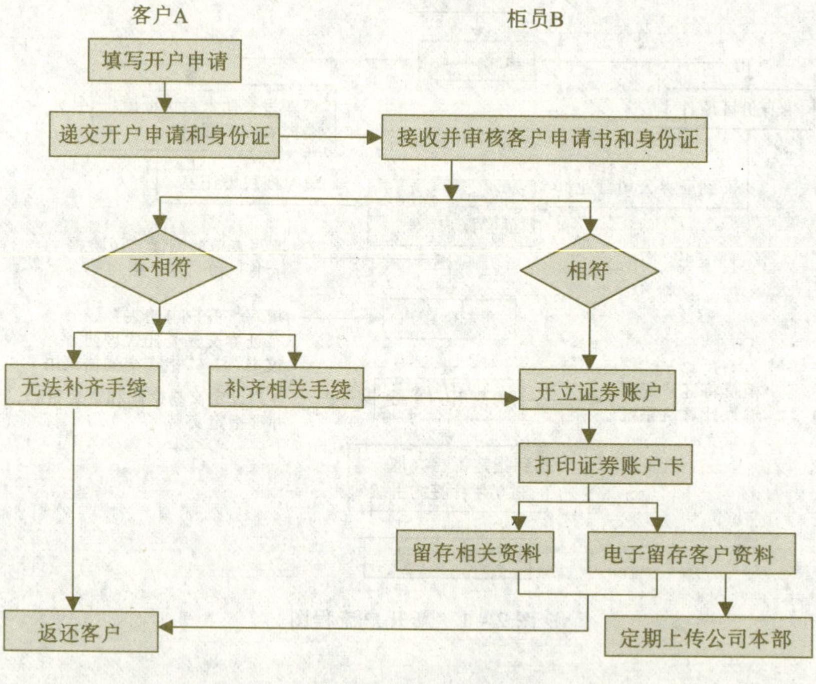

图 2－2　证券账户开户业务操作流程

【操作要点】

相关知识

证券账户及其分类

证券账户是指中国结算公司为申请人开出的记载其证券持有及变更的权利凭证。开立证券账户是投资者进行证券交易的先决条件。根据中国结算公司《证券账户管理规则》的规定，中国结算公司对证券账户实施统一管理，投资者证券账户由中国结算上海分公司、深圳分公司及中国结算公司委托的开户代理机构负责开立。这里的开户代理机构是指经中国结算公司委托代理证券账户开户业务的证券公司、商业银行及中国结算公司境外B股结算会员。投资者开户后，由开户机构发放证券账户卡。

在我国，证券账户的种类主要以两种方式划分：一是按交易场所划分；二是以账户用途划分。按交易场所划分，证券账户可认分为上海证券账户和深圳证券账户，分别用于记载在上海证交所和深圳证交所上市的证券及中国结算公司认可的其他证券。按用途划分，证券账户可分为人民币普通股票账户（即A股账户）、人民币特种股票账户（即B股账户）、证券投资基金账户和其他账户等等。

由于我国目前两个证券交易所的证券账户卡是不能通用的，因此，要想同时投资在深圳及上海证券交易所挂牌买卖的股票的投资者，一般都要注册两个股东卡。

1. 客户到证券公司新开立A股账户应分别提供下列有效证件及资料

（1）自然人申请证券账户开户，需提供以下资料：由客户本人亲临柜台办理，需提供本人居民身份证原件以及复印件（复印件要正、反面）；最后，交“自然人证券账户注册申请表”原件，如表2-1所示。

注意事项

（1）对于客户本人及委托人提供的身份证件要严格审核以下内容：

①严格审核申请人是否持本人身份证原件，且身份证是否在有效期内；注意年满18周岁的公民不得由他人代理开户。

②客户必须持二代身份证，且须严格放入读卡器，如不能读取信息，则不能开户。

③每100条身份证的读卡信息要另外备份保存。

（2）对于客户所填的开户资料的完整性和准确性要严格审核以下内容：

①填写“自然人证券账户注册申请表”，要求填写要素齐全，并确认本人签名。

②填写要素为：姓名、身份证及身份证有效期、联系地址、邮编、职业、学历等。

（2）机构客户申请证券账户开户，需提供以下有效资料：

①提交“机构证券账户注册申请表”原件，如表2-2所示。

②法人有效身份证明文件原件（营业执照副本）及加盖机构公章的复印件，如图2-3所示。

③法人代表证原件（或法人资格证明原件）及复印件，如图2-4所示。

④法人代表身份证原件及复印件（审核注意事项同自然人申请）。

⑤“税务登记证”原件及加盖机构公章的复印件。

⑥代理人居民身份证原件及加盖机构公章的复印件。

⑦有法律效力的法人授权委托书原件（营业部标准版本并加盖机构公章及法人代表印鉴）。

⑧预留法人银行账户及印鉴卡。

⑨上海、深圳的证券账户原件。

⑩填写的凭证：《开户协议书》。

表 2－1　　　　　　　　　　　**自然人证券账户注册申请表**

申请人填写	账户持有人姓名		国籍或地区	
	移动电话		固定电话	
	联系地址			
	电子邮件地址		邮政编码	
	有效身份证明文件类别	□ 身份证　□ 护照　□ 其他	身份证明文件有效期截止日期	□　年　月　日 □ 长期有效
	有效身份证明文件号码			
	职业	□ 党政机关工作人员　□ 企事业单位职工　□ 农民 □ 个体工商户　□ 学生　□ 证券从业人员　□ 无业　□ 其他		
	学位\学历	□ 博士　□ 硕士　□ 大本　□ 大专　□ 中专 □ 高中　□ 初中及以下		
	账户类型	□ 沪市 A 股账户　□ 沪市 B 股账户　□ 沪市基金账户　□ 沪市其他账户 □ 深市 A 股账户　□ 深市 B 股账户　□ 深市基金账户　□ 深市其他账户		
	是否直接开通网络服务功能	□ 是　□ 否	网络服务初始密码（六位数字或字母）	
	代办人		代办人电话	
	代办人有效身份证明文件类别	□ 身份证　□ 护照　□ 其他		
	代办人有效身份证明文件号码			
	郑重声明	本人已经了解并愿意遵守国家有关证券市场管理的法律、法规、规章及相关业务规则，认真阅读了《证券账户注册说明书》并接受说明书内容，承诺以上填写的内容真实准确。 申请人或代办人签名：　　　日期：　年　月　日		

开户代理机构填写	审核资料： □ 有效身份证明文件及复印件 □ 申请人或代办人是否已签名 □ 本表内容是否填写全面、正确		
	账户类别	上海市场	深圳市场
	A 股账户		
	B 股账户		
	基金账户		
	其他账户		
	经办人： 复核人： 传真：	开户代理机构盖章： 联系电话： 填表日期：	
备注			

说明：

1. 填写内容必须真实、准确、完整，字迹要清楚、整洁。

2. 开户申请人选择开通网络服务功能的，需填写自设的初始密码，从账户开立次日起，开户申请人可访问本公司网站（http：//www. chinaclear. cn），点击“投资者服务”项下“投资者登录”，选择“非证书用户登录”下的“按证券账户”登录方式，使用证券账户号码和初始密码登录，修改初始密码后即可办理证券查询，股东大会网络投票等网络服务。

表 2－2　　机构证券账户注册申请表

<table>
<tr><td rowspan="14">申请人填写</td><td>账户持有人全称</td><td></td><td>国籍或地区</td><td></td></tr>
<tr><td>注册地址</td><td></td><td>法定代表人</td><td></td></tr>
<tr><td>联系地址</td><td colspan="3"></td></tr>
<tr><td>联系人</td><td></td><td>联系电话</td><td></td></tr>
<tr><td>邮政编码</td><td></td><td>网址</td><td></td></tr>
<tr><td>有效身份证明文件号码</td><td></td><td>发证机关</td><td></td></tr>
<tr><td>有效身份证明文件类别</td><td colspan="3">□ 工商营业执照　□ 社团法人注册登记证书　□ 机关法人成立批文
□ 事业单位法人证书　□ 境外有效商业登记证明文件　□ 其他证书</td></tr>
<tr><td>法人性质（可选多项）打“√”</td><td colspan="3">□ 企业法人
□ 内资企业
□ 国有企业　□ 非国有企业
□ 上市公司　□ 非上市公司
□ 外资及港、澳、台资企业
□ 金融机构
□ 综合类证券公司　□ 经纪类证券公司　□ 银行　□ 信托投资公司　□ 封闭式证券投资基金　□ 开放式证券投资基金　□ 其他证券投资基金　□ 基金管理公司
□ 社保基金　□ 保险公司　□ 其他
□ 事业法人
□ 社团法人
□ 机关法人
□ 境外法人
□ 境外基金　□ 境外证券公司　□ 境外代理人　□ 境外一般机构</td></tr>
<tr><td>账户类别</td><td colspan="3">□ A 股账户　□ B 股账户　□ 基金账户　□ 其他账户</td></tr>
<tr><td>是否直接开通网络服务功能</td><td>□ 是　　□ 否</td><td>网络服务初始密码（六位数字或字母）</td><td>□□□□□□</td></tr>
<tr><td>经办人姓名</td><td></td><td>国籍或地区</td><td></td></tr>
<tr><td>经办人联系地址</td><td colspan="3"></td></tr>
<tr><td>经办人有效身份证明文件号码</td><td colspan="3">□□□□□□□□□□□□□□□□□□</td></tr>
<tr><td>郑重声明</td><td colspan="3">本人已经了解并愿意遵守国家有关证券市场管理的法律、法规、规章及相关业务规则，认真阅读了《证券账户注册说明书》并接受说明书内容，承诺以上填写的内容真实准确。
经办人签名：　　　　日期：　　年　　月　　日</td></tr>
</table>

续表

开户代理机构填写	审核资料： □ 法人有效身份证明文件及复印件或加盖发证机关确认章的复印件（在复印件上注明与原件一致） □ 经办人有效身份证明文件及复印件 □ 法定代表人证明书、法定代表人授权委托书（境内法人提供） □ 法定代表人有效身份证明文件复印件（境内法人提供） □ 经营证券业务许可证（境内证券公司提供） □ 境外法人董事会、董事或主要股东授权委托书，能够证明授权人有权授权的文件，以及授权人的有效身份证明文件复印件 □ 申请人是否已签名 □ 本表内容是否填写全面、正确 证券账户号：□□□□□□□□□□ 经办人： 负责人： 开户代理机构盖章： 联系电话： 传真： 填表日期：
备注	

说明：

1. 填写内容必须真实、准确、完整，字迹要清楚、整洁。

2. 开户申请人选择开通网络服务功能的，需填写自设的初始密码。从账户开立次日起，开户申请人可访问中国证券登记结算公司网站（http：//www. chinaclear. cn），点击“投资者服务”项下“投资者登录”，选择“非证书用户登录”下的“按证券账户”登录方式，使用证券账户号码和初始密码登录，修改初始密码后即可办理证券查询、股东大会网络投票等网络服务。详情可参阅中国证券登记结算公司有关业务规定。

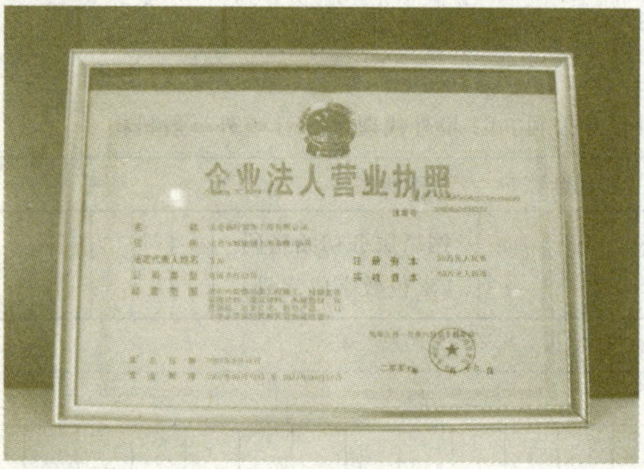

图 2－3 营业执照样本

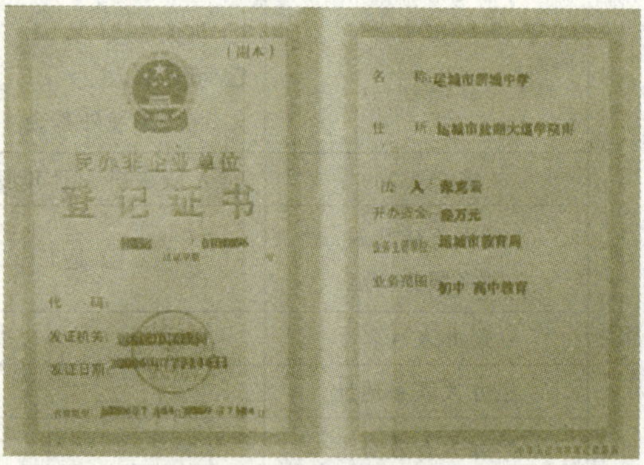

图 2－4 法人资格证明

注意事项

对于法人提供的材料要严格审查以下内容：

（1）法人提供《机构证券账户注册申请表》，需由公司经办人签名并加盖有效公章。

（2）有效身份证明原件及复印件，所提供的复印件须加盖有效公章并由公司经办人注明该复印件与原件一致及签名。

特别注意：有效身份证明文件为营业执照、法人代码证、税务登记证，并必须在年检的有效期内。

（3）法定代表人证明书，需加盖有效公章，法定代表人应提供有效身份证明原件及有其签名的复印件。

（4）法定代表人授权委托书（特别注意授权范围），需加盖有效公章，经办人需提供有效身份证明原件及有其签名的复印件。

（3）柜员严格审核上述资料无误后，可为客户办理开户手续，并应按规定，将客户的资料扫描、归档以及定期上传给公司总部。

注意事项

（1）对于成功办理开户的客户，营业部经办人应将客户的账户号码填入申请表，并打印出证券账户卡，同时在申请表加盖经办人员、复核人员私章及证券账户开户专用章，在证券账户卡加盖证券账户开户专用章。

（2）在操作过程中须做到营业部复核人及时对实物资料和录入内容进行复核。如发现资料录入不一致或其他操作失误，应要求经办人及时予以纠正，经复核无误后，方可确认提交。

（3）完成开户后，对于自然人客户营业部应留存客户的身份证及证券账户卡的复印件；对于法人客户营业部应留存除有效身份证明原件以外的所有申请材料及证券账户卡复印件。

相关知识

资料扫描有关要求

扫描时，必须将书面资料按文字方向整理整齐，并将申请表放置首页，同笔业务的申请表与身份证等附件必须分页扫描在同一文件里。

黑白色扫描的分辨率应当大于或等于200DPI，彩色、灰度扫描的分辨率应当大于或等于100DPI；分辨率作为检查图像清晰度的指标，调节分辨率时必须确保扫描图像清晰。

单页申请表扫描的图像文件大小必须小于40KB，多页的图像文件应小于40KB与页数的倍数。

所有资料都必须扫描，扫描时应当按实际比例扫描，扫描图像不得缩放、不得裁剪。特别注意：

- 开户申请表200DPI×100DPI（黑白）。
- 身份证100DPI×100DPI（灰度）且需发送总部，证券账户无须扫描。
- 修改申请表200DPI×100DPI（黑白）。
- 身份证100DPI×100DPI（灰度）。
- 证券账户200DPI×100DPI（黑白）。

（4）投资者如果要同时投资于上海和深圳交易所的证券，则应分别开立上海证券账户卡（A股）（见图2-5）和深圳证券账户卡（A股）（见图2-6）。

图 2－5　上海证券账户卡图例

图 2－6　深圳证券账户卡图例

①深圳证券账户卡（A 股）的办理。

自然人：可以通过所在地的证券营业部或证券登记机构办理，需提供本人有效身份证原件及复印件。

机构投资者：持营业执照副本原件（及复印件）、法人委托书、法人代表证明书和经办人身份证原件办理。

证券投资基金、保险公司：开设账户卡则需到深圳证券交易所直接办理。

开户费用：个人 50 元/每个账户；机构 500 元/每个账户。

②上海证券账户卡（A 股）的办理。

自然人：必须由客户本人到上海证券中央登记结算公司在各地的开户代理机构处，办理有关申请开立证券账户手续，必须带齐上述有效身份证件和复印件。

机构投资者：需提供法人营业执照副本原件或复印件，或民政部门、其他主管部门颁发的法人注册登记证书原件和复印件；法定代表人授权委托书以及经办人的有效身份证明及其复印件。

开户费用：个人纸卡 40 元，个人磁卡本地 40 元/每个账户，异地 70 元/每个账户；机构 400 元/每个账户。

相关知识

证券市场入市资格

按照我国现行的有关规定，证券公司有权拒绝下列人员开户：

（1）未满 18 周岁的成年人及未经法定代理人允许者。

（2）证券主管机关及证券交易所的职员与雇员。

（3）党政机关干部、现役军人。

（4）证券公司的职员。

（5）被宣布破产且未恢复者。

（6）未经证券主管机关或证券交易所允许者。

（7）法人委托开户未能提出该法人授权开户证明者。

（8）曾因违反证券交易的案件在查未满 3 年者。

注意事项

（1）柜员在操作过程中除核对客户资料的真实性以外，还应该对客户的开户资格进行确认：确认客户为市场准入者，并符合开户条件和开户数量的规定。

（2）代理人代办开户业务，代理人必须持委托人出具的具有法律效力的授权委托书原件。

（3）证券公司和基金管理公司等特殊法人机构开立证券账户，由中国结算公司直接受理。

这类特殊法人机构投资者需要前往中国证券中央登记结算公司上海分公司和深圳分公司现场办理开户手续。

2. 客户到证券公司新开立 B 股账户的注意事项

（1）B 股账户只适用于境内个人投资者，境外个人及法人投资者、境内法人不得开立。

①境内个人投资者，是指居住在本国境内，或虽居住在境外、但未获得境外所在国或者地区永久居留签证的中国公民。

②境外个人及法人投资者，是指外国的自然人、法人以及中国香港、澳门特别行政区和台湾地区的自然人、法人。

③持有中国护照并获得境外国家或者地区永久居留签证的中国公民，视同境外个人投资者。

（2）有效身份证明文件。

①境内个人的有效身份证明文件为中华人民共和国居民身份证。

②境外个人的有效身份证明文件，是指境外所在国或者地区护照或者身份证明；有境外其他国家、地区永久居留签证的中国护照；香港、澳门特别行政区居民身份证；台湾同胞台胞证等。

③境外法人的有效身份证明文件，是指境外所在国或者地区的有效商业注册证明文件、税号、与客户签订的协议文件等，相应证明文件的复印件须经所在国公证机构予以证明，并经中华人民共和国驻该国使领馆予以认证，或者履行中华人民共和国与该所在国订立的有关条约中规定的证明手续。

（3）B 股开户操作流程与提供文件的要求和 A 股一样，唯一不同的是客户同时要拿银行受理后有盖业务公章的进账单前来办理（即：先存款再开户，上海须存 1000 美元以上，港币须存等同 1000 美元，约 8000 港币以上）。

（4）收费标准。

①上海证券账户：

个人 B 股账户：19 美元/户。

法人 B 股账户：85 美元/户。

②深圳证券账户：

个人 B 股账户：120 港元/户。

法人 B 股账户：580 港元/户。

活动二 开立证券资金账户

【任务描述】

陈老师知道仅开立证券账户是不能够进行证券投资的，还需要开立资金账户，于是陈老师想进一步熟悉开立资金账户的过程。证券公司工作人员继续指导陈老师熟悉资金账户的开立流程，并为其讲解注意事项。

【业务流程】

投资者办理深、沪证券账户卡后，到证券营业部买卖证券前，还需在证券公司营业部营业柜台或指定银行代开户网点开立证券资金账户，才可以买卖证券。

其操作流程如图 2－7 所示。

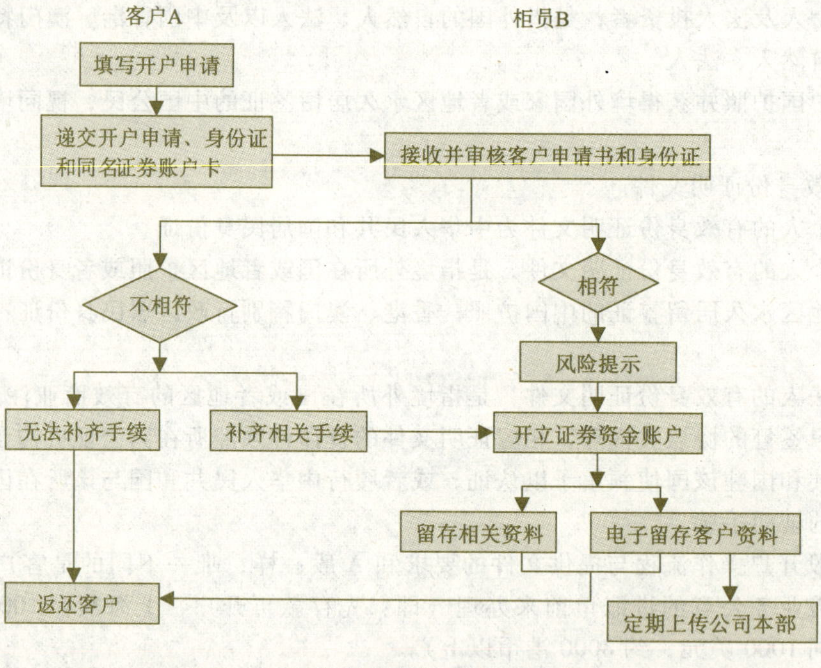

图 2－7 证券资金账户开户业务操作流程

【操作要点】

1. 自然人客户

自然人客户要携带以下资料办理证券资金账户：

（1）客户本人持身份证原件及复印件亲临现场。

（2）客户本人的上海、深圳证券账户原件。

（3）需填写的凭证有“开户协议书”、“投资者风险承受能力测试问卷”等。

2. 法人客户

法人客户要携带以下资料办理证券资金账户：

（1）法人有效身份证明文件原件（营业执照）及加盖机构公章的复印件。

（2）与法人身份证明文件相符的上海、深圳证券账户原件。

（3）“组织机构代码证”原件及加盖机构公章的复印件。

（4）“税务登记证”原件及加盖机构公章的复印件。

（5）“法人代表证明书”、法人代表身份证复印件均加盖机构公章及法人代表印鉴。

（6）“授权委托书”（营业部标准版本并加盖机构公章及法人代表印鉴）、代理人身份证原件及复印件加盖机构公章。

（7）银行预留收款账号。

（8）填写“开户协议书”等。

3. 证券资金账户开立流程与证券账户开立流程的差异

从以上流程可以看出，证券资金账户的开立流程与证券账户的开立流程大致相似，但有以下几点不同：

（1）自然人客户开立证券资金账户时除提供开立证券账户所需的有效证件及资料外，尚需提供与本人身份证一致的证券账户卡原件。

（2）机构客户申请证券资金账户开户时，除提供开立证券账户所需的有效证件及资料外，尚需提供与机构名称一致的证券账户卡原件。

（3）柜员应提醒并陪同客户填写“证券交易保证金账户开户协议书”综合文本，并由客户当面签名确认：综合文本中含“开户协议书”、“客户交易结算资金银行存管协议书”、“风险提示书”、“证券交易委托代理协议书”、“网上委托风险提示书”、“委托代理新股配售协议书”、“指定交易协议书”等。柜面人员应留存各类协议文本的正本。

（4）柜员按照《集中式证券交易综合业务平台操作手册》，将开户资料录入集中交易系统，开立证券交易账户，制作证券交易账户卡、提示客户设置密码（密码包括交易密码、取款密码、通讯密码等）。

（5）柜员提醒客户选择交易方式：投资者在开户的同时，需要对今后自己采用的交易手段、资金存取方式进行选择，并与证券营业部签订相应的开通手续及协议，如电话委托、网上交易、手机炒股、银证转账等。

（6）柜员应按规定将客户的重要开户资料扫描、归档以及定期上传给公司总部。

4. 具体业务处理流程

（1）营业部经办人对材料不全、不实或国家法律法规不准许开立账户的及身份证阅读器无法读取身份证信息的客户，应谢绝申请，并退还申请材料。

（2）点击进入客户管理→进入开户业务向导。

①输入客户基本资料（包括但不限于：客户姓名、全称、证件号码、邮编、地址、电话、学历、职业、省、城、区、E－mail）等。

②输入交易信息（包括但不限于：客户群组、客户类（指个人或机构）、风险级别（一般选“无”）、风险承受能力（根据测试问卷，一般分为低、中、高）、服务项目（现主要是权证开通）、委托方式、客户经理）等。

③输入客户附加信息。

个人客户：输入客户性别、身份证有效期；

机构客户：输入机构实际控制人、税务登记证、营业执照号码、营业执照有效期、组织机构代码证及组织机构代码证有效期；

④客户设置密码→生成客户号：

点击“下一步”→生成客户资金账号。

点击“下一步”→指定三方存管银行。

点击“下一步”→输入深、沪股东账号。

点击“下一步”→打印客户凭证，客户签名后，双方各留存一份（见图2－8至图2－10)。

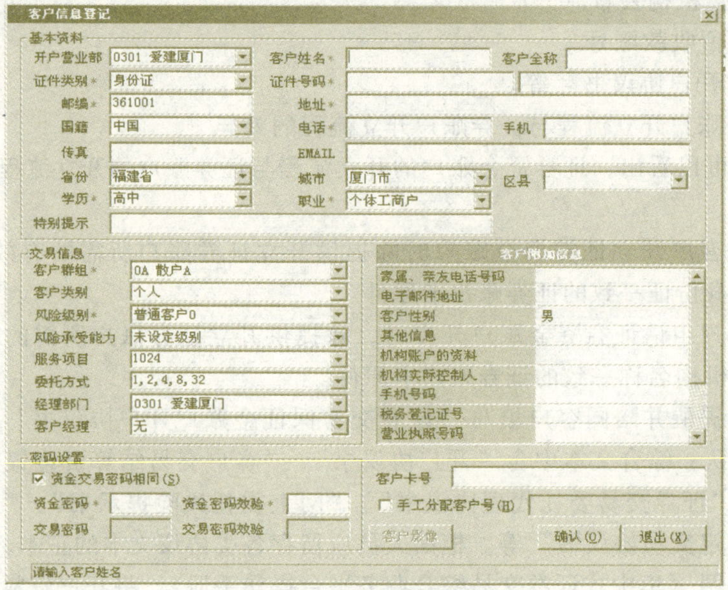

图2－8 客户信息登记操作界面

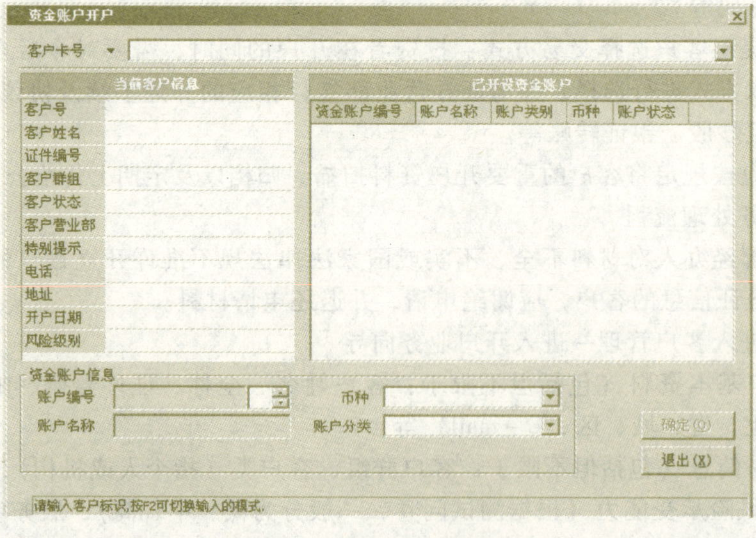

注：账户编号选择：01，币种选择：人民币

图2－9 客户资金账户开户操作界面

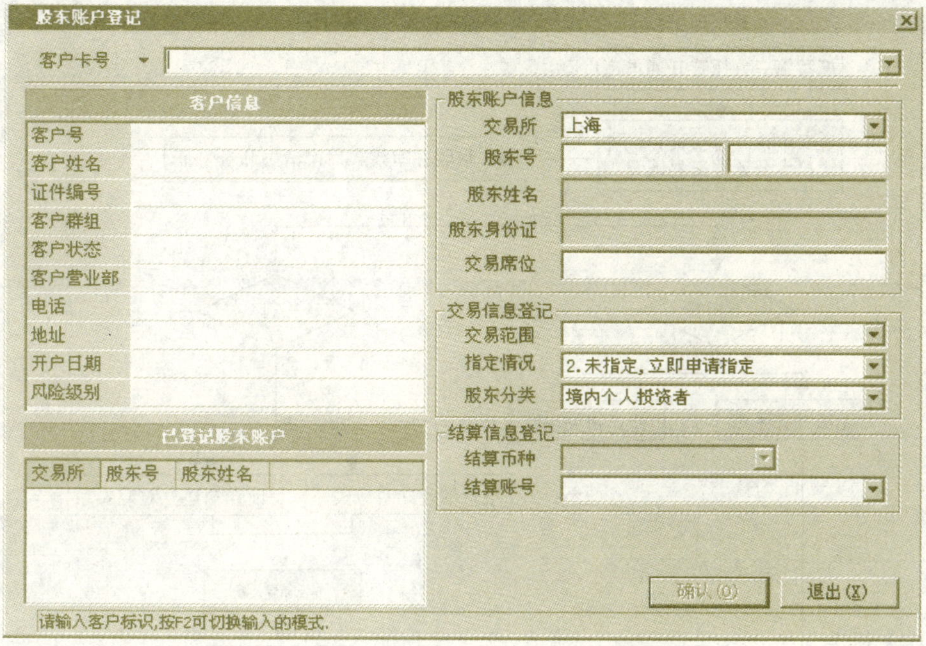

图2－10　客户股东账户登记操作界面

活动三　办理第三方存管

【任务描述】

开立证券账户和资金账户后，证券公司柜员说这样还是不能够进行证券投资。因为为了保证客户资金的安全，证券业引入了资金的第三方存管制度。因此，客户还应办理第三方存管，才能实现资金在银行和券商之间的划转。具体应该怎么办理呢？证券公司工作人员为陈老师进行了进一步的演示。

【业务流程】

下面以券商直接签约的方式来讲解一下“第三方存管”的办理流程。

其操作流程如图2－11所示。

【操作要点】

（1）申请办理时，客户需持申请人身份证原件及复印件、申请人的证券账户卡原件及复印件、申请人证券交易账户的原件及复印件、申请人在银行开立的同名银行卡。

（2）客户持上述证件并填写好“第三方存管协议书”临柜（证券公司或银行）亲自办理，并当面签名确认。

（3）客户、银行、券商分别在“第三方存管协议书”上签章确认，各执一份。银行端和证券端网络对接成功，即办理第三方存管成功（见图2－12）。

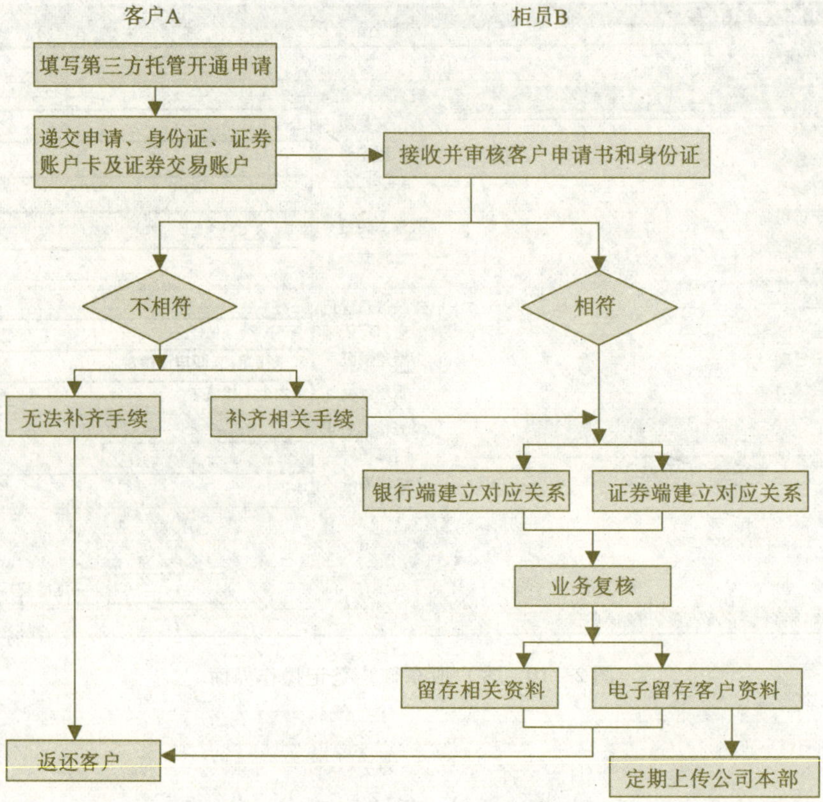

图 2－11　第三方存管业务操作流程

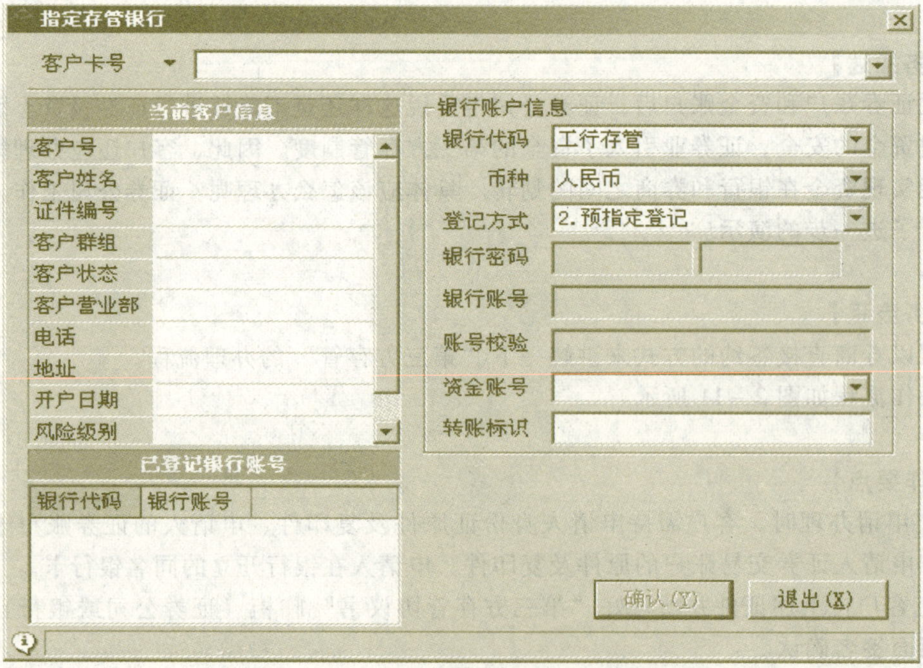

图 2－12　指定存管银行操作界面

（4）柜员应按规定将客户的重要开户资料扫描、归挡，定期上传公司本部。

相关知识

办理第三方存管的好处及签约模式

"第三方存管"是商业银行提供的一项业务，常见于证券、期货、房产等交易活动中。证券交易中的第三方存管，是指委托存管银行按照法律、法规的要求，负责客户资金的存取与资金交收，证券交易操作保持不变。证券公司客户证券交易结算资金交由银行存管。

实行保证金第三方存管制度之所以能确保客户保证金不被券商挪用，是因为该制度有效地在证券公司与所属客户交易结算资金之间建立隔离墙。具体而言，实施保证金第三方存管制度后，客户可以在存管银行网点或证券公司的营业网点办理开户业务，在存管银行的系统中生成客户保证金账号，在证券公司的系统中生成客户号。遵循"券商管证券，银行管资金"的原则，由证券公司负责客户证券交易、股份管理以及根据登记公司的交易结算数据，计算客户的交易买卖差数；由银行负责投资者保证金账户的转账、现金存取以及其他相关业务。

个人客户开通第三方存管有券商预指定＋银行签约、券商直接签约、银行直接签约三种模式。

注意事项

（1）客户只能用一张同名银行卡，选择一家银行建立第三方存管关系。

（2）客户重要信息（姓名、证件类型、证件号码）的修改不可以在存管银行办理，必须在证券营业部办理。办理完毕后是否需要去银行换卡、重新办理签约，视每个银行的具体规定办理；但客户的电话号码、通讯地址等信息资料可以在证券营业部或存管银行进行修改。

（3）客户只能在证券营业部办理撤销或变更存管银行。

（4）开通第三方存管后，投资者原先与其他银行建立的银证转账对应关系将立即中断。

（5）办理"第三方存管"投资者的资金账户和银行结算账户均必须实名。若存在问题，投资者必须分别到证券营业部和存管银行网点办理证券资金台账和银行结算账户的信息变更手续。

相关知识

办理第三方存管手续的六个注意事项

（1）投资者当天签约前不能进行资金类业务和交易类业务，即不能进行保证金的银证转账，也不能进行股票交易。

（2）证券方与银行方签约客户的重要信息必须保持一致，重要信息包括姓名、证件类型、证件号码。如客户原使用15位身份证开立了借记卡，现身份证已升位为18位，须先到银行网点办理借记卡升位手续后再进行签约。

(3) 已办理存管签约的客户，均不得再通过证券端进行资金存取。所有资金业务都需要至签约的银行端进行操作。

(4) 客户签约必须本人亲自临柜办理，并提交本人有效身份证件原件，沪深股东卡、本人银行借记卡。授权他人代办的，必须提供国家公证机关或我国驻外使领馆认证的授权委托书。

(5) 在同一时间，客户只能选择一家银行作为存管银行，不能同时选择多家银行作为存管银行。

(6) 签约成功当日，客户不能进行证转银操作，但可进行银转证操作。

【岗位实训】

客户刘先生到某证券公司办理开户手续，模拟证券公司从业人员指导其开立证券账户，并以模拟的方式进行全过程操作。

【实训要求】

(1) 熟悉开立证券账户、证券资金账户以及第三方存管的程序及相应规定。

(2) 准备开户过程中应配备的模拟资料：注册申请表、各类证件及证券账户卡。

(3) 模拟办理证券开户的全过程。

【岗位考核】

岗位考核评价如表 2-3 所示。

表 2-3　　岗位考核评价表

实训内容	2~1.5 分	1.5~0.5 分	0.5~0 分
职业礼仪：接待客户服务表现	热情	一般	不理睬
专业技能：开户流程、指导操作熟悉程度	正确	基本正确	错误
专业知识：证券账户的知识、开户要求、办理原则等知识	非常熟悉	基本熟悉	不熟悉
客户满意程度	满意	一般	不满意
总　分	8 分		

教学研讨

探讨实际教学中教师通过何种方式来进行开户的实训。

参考方法一：教师在授课环节中，可以带领学生到证券公司参观，现场观摩证券公司员工办理业务的流程，并请证券公司的相关人员进行讲解，最后利用课堂模拟的方式来模拟开户。

参考方法二：有条件的学校可直接利用模拟实训室进行开户场景模拟。由学生自己动手准备模拟用具和设计工作流程，学生自己分配角色扮演客户和柜员，全过程模拟，以达到对所学习内容加深印象的目的。

任务二　证券账户变更

【任务描述】

陈老师熟悉了证券开户业务之后，又想到了一个问题：如果客户不小心将证券账户的相关资料弄丢了，怎么办？证券公司的工作人员说，那就必须办理证券账户的变更业务。

活动一　变更证券账户

【业务流程】

证券账户的变更流程如图 2－13 所示。

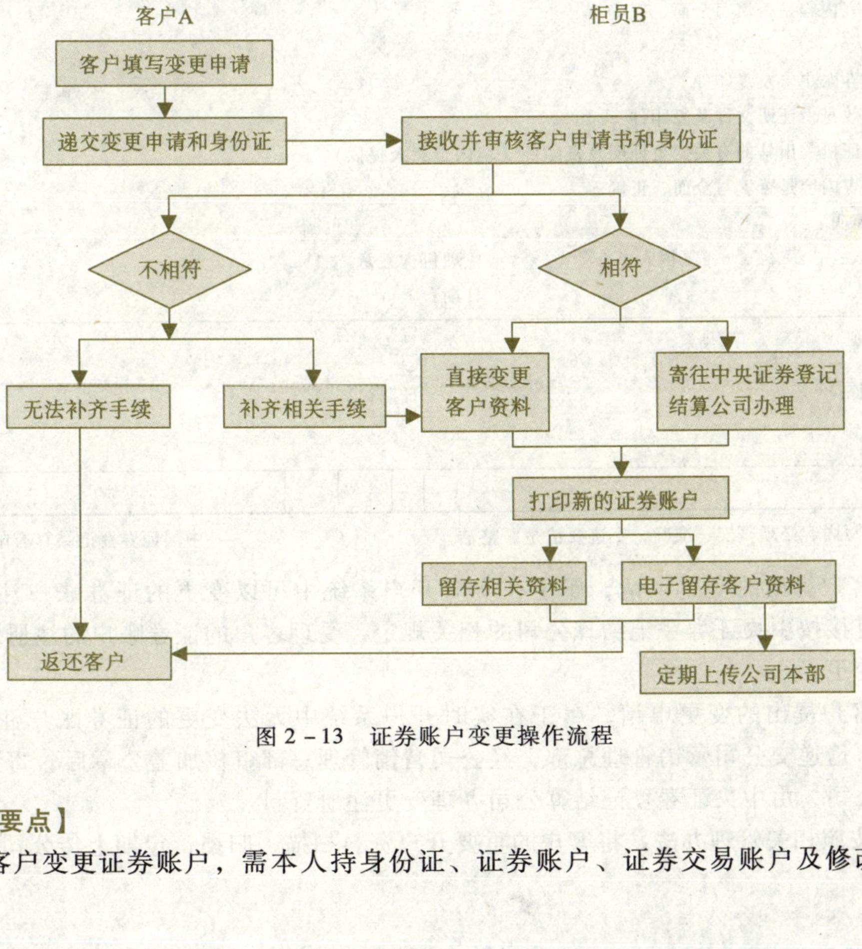

图 2－13　证券账户变更操作流程

【操作要点】

（1）客户变更证券账户，需本人持身份证、证券账户、证券交易账户及修改相应资料所需出具的具有法律效力的变更证明文件方可办理，同时须填写“证券账户注册资料变更登记表”（见表2－4），并临柜当面签名确认。

表2－4　　　　证券账户注册资料变更申请表

<table>
<tr><td rowspan="6">申请人填写</td><td colspan="3">证券账户号</td><td colspan="3"></td></tr>
<tr><td rowspan="3">变更前资料</td><td>账户持有人（姓名/全称）</td><td></td><td rowspan="3">变更后资料</td><td>账户持有人（姓名/全称）</td><td></td></tr>
<tr><td>有效身份证明文件号码</td><td></td><td>有效身份证明文件号码</td><td></td></tr>
<tr><td>其他</td><td></td><td>其他</td><td></td></tr>
<tr><td colspan="6">变更内容：□姓名/单位名称　□有效身份证明文件号码　□其他</td></tr>
<tr><td colspan="2">经办人签名</td><td></td><td colspan="2">联系电话或地址</td><td></td></tr>
<tr><td>代理机构审核栏</td><td colspan="6">审核资料：　　　　序号：
法人：
□ 证券账户卡及复印件
□ 法人有效身份证明文件及复印件或加盖发证机关确认章的复印件
□ 经办人有效身份证明文件及复印件
□ 发证机关出具的注册资料变更证明及复印件（境内法人提供）
□ 法定代表人证明书、法定代表人授权委托书（境内法人提供）
□ 法定代表人有效身份证明文件复印件（境内法人提供）
□ 境外法人董事会、董事或主要股东授权委托书及授权人的有效身份证明文件复印件
□ 本表内容是否填写全面、正确
自然人：
□ 证券账户卡及复印件
□ 有效身份证明文件及复印件
□ 发证机关出具的有关变更证明及复印件（境内自然人提供）
□ 本表内容是否填写全面、正确
处理意见：
经办人：　　　复核人：　　　代理机构盖章
负责人：　　　　　　　　　　日期：</td></tr>
<tr><td>处理结果</td><td colspan="6">签　名：　　　　　　　　日期：</td></tr>
<tr><td></td><td colspan="6"></td></tr>
</table>

说明：填写内容必须真实、准确，字迹要清楚、整洁。　　　　中国证券登记结算有限责任公司监制

（2）客户提出的变更申请，属于在实时开户系统中可以变更的证券账户注册资料的，柜面人员直接按中央证券登记结算公司的相关规定，受理客户的证券账户的注册资料变更申请并进行变更。

（3）客户提出的变更申请，属于在实时开户系统中无法变更的证券账户注册资料的，应将客户申请递交公司营销管理总部，经公司营销管理总部审核加盖公章后，寄至中央证券登记结算公司，由中央证券登记结算公司办理变更注册资料。

（4）按照相关管理办法，将客户的重要开户资料扫描、归挡，定期上传公司总部。

相关知识

什么情况下应该变更客户资料？

证券账户持有人姓名、机构名称或机构简称、有效身份证明文件号码、联系地址及联系电话等发生变化的，需及时变更账户注册资料。

证券账户开立时，因账户资料录入错误的，需及时变更账户注册资料。

申请人须提交的材料：身份证明材料与开户时相同；“客户信息变更申请表”。

相关知识

如何在营业部修改开户资料？

由于个人资料变更，投资者有时需要修改开户资料，办理修改开户资料的手续，证券营业部对投资者提出修改开户资料的业务流程为：

（1）投资者提供股东身份证、证券账户卡以及开户申请书投资者联。

（2）投资者须亲临柜台修改有关资料，如系代理，还需出具代理人的身份证件及授权委托书。

（3）投资者填写“证券账户注册资料变更申请表”。

（4）营业员审核无误后，输入股东代码修改。

（5）具体业务处理流程及示意图见图2－14至图2－16。

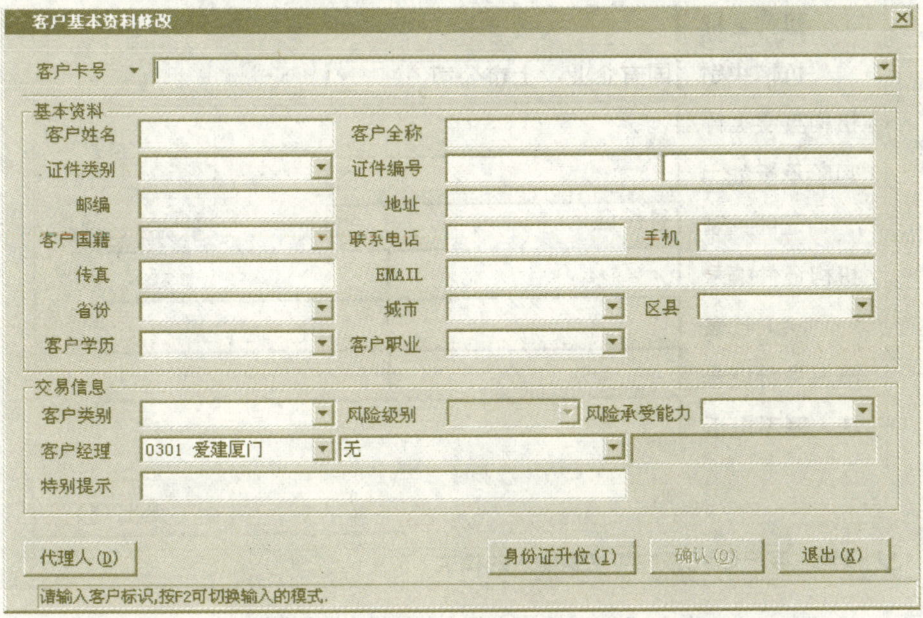

图2－14　自然人客户基本资料修改操作界面

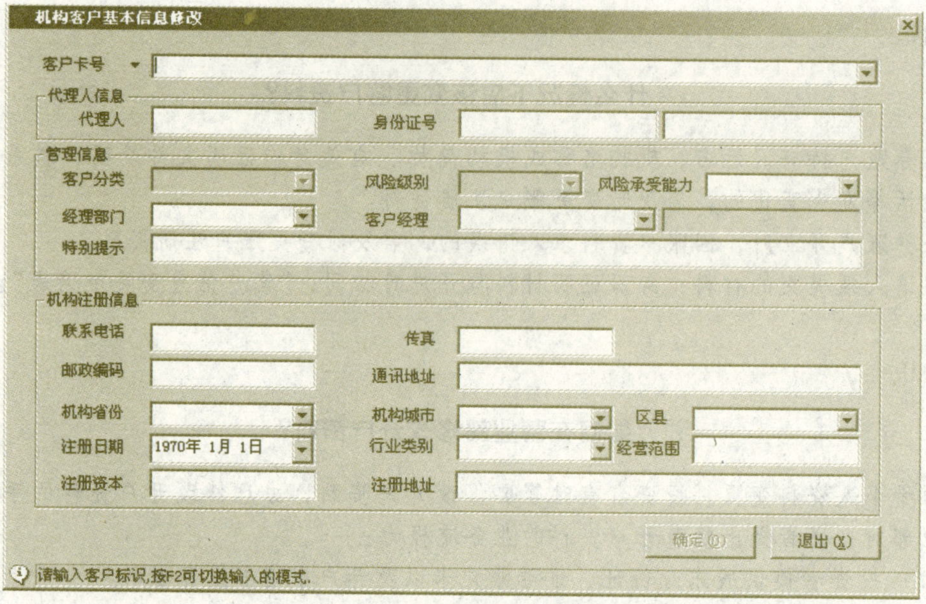

图 2－15　法人客户基本资料修改操作界面一

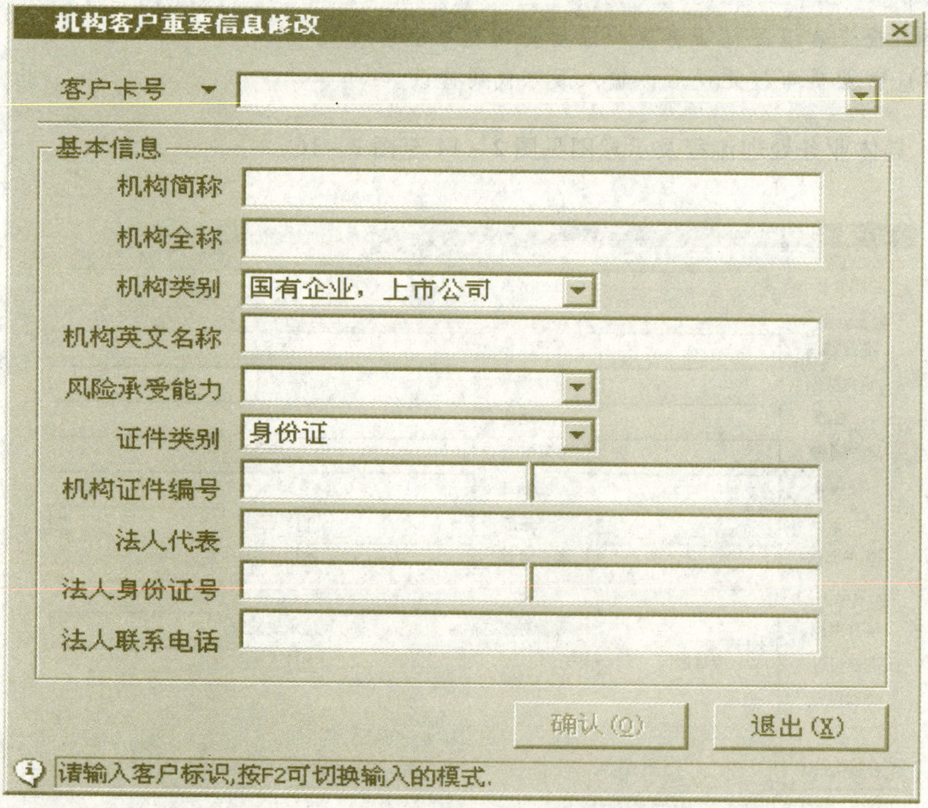

图 2－16　法人客户基本资料修改操作界面二

①自然人客户：

- 重要信息修改（指姓名和身份证修改）：点击进入”客户管理”→客户重要信息修改

→输入客户号→输入修改的内容→打印客户凭证，客户签名后，双方各留存一份。

• 基本信息修改（指联系地址、电话等）：点击进入”客户管理”→客户基本资料修改→输入客户号→输入修改的内容→打印客户凭证，客户签名后，双方各留存一份。

②法人客户。

• 重要信息修改（包括但不限于：机构简称、全称、法人代表、法人身份证号等）：点击进入“客户管理”→机构客户重要信息修改→输入客户号→输入修改的内容→打印客户凭证，客户签名后，双方各留存一份。

• 基本信息修改（包括但不限于：代理人信息、联系电话、地址、注册资本、经营范围、注册地址、注册日期等）：点击进入“客户管理”→机构客户基本资料修改→输入客户号→输入修改的内容→打印客户凭证，客户签名后，双方各留存一份。

注意事项

（1）客户资料变更时，凡影响授权事项的，则必须同时重新办理新的具有法律效力的授权手续，客户身份、资格的确认尤为重要。

①确认是客户本人办理业务，不得由他人代理；且必须是身份证阅读器能无误地阅读持二代身份证的客户方可办理。

②修改客户信息前与股东账户的信息核对是否一致，变更时，须同时办理证券账户的信息变更。

③个人姓名和身份证变更须有公安机关的变更证明，并加盖公安机关“户口专用章”。

④机构客户修改重要信息也要提供有权机关的有效证明。例如，营业执照号码变更须提供工商局的证明；单位公章变更须提供公安机关的证明等。

（2）不得随意变更客户资料。

（3）若因开户人员代理证券账户开户时资料输入错误而发生证券账户注册资料变更情况，应填写“差错修改申请单”，经相关负责人审批方可变更。

（4）柜员应在业务日志中详细记录客户资料变更情况。

（5）申请人如同时申请变更两项以上重要信息（如姓名、机构名称和有效身份证明号码），经办人受理后，需将所有经审核并确认无误后的材料（在复印件上注明“已审核，与原件一致”字样）加盖证券账户开户专用章，分别寄往中登公司上海分公司或深圳公司，由其办理账户资料变更手续，申请表上应注明本公司结算编号（上海：JS312、深圳：302200）以及营业部联系人、联系电话。

（6）结算公司收到申请材料后，于5个工作日内办理账户资料变更，并返回确认结果。营业部经办人根据变更后的账户注册资料打印新的证券账户卡，加盖证券账户开户专用章。

（6）收费标准。

上海证券账户：个人账户：10元/户；法人账户：100元/户。

深圳证券账户：个人账户：10元/户；法人账户：100元/户。

活动二 变更资金账户

【业务流程】

资金账户变更的流程如图 2－17 所示。

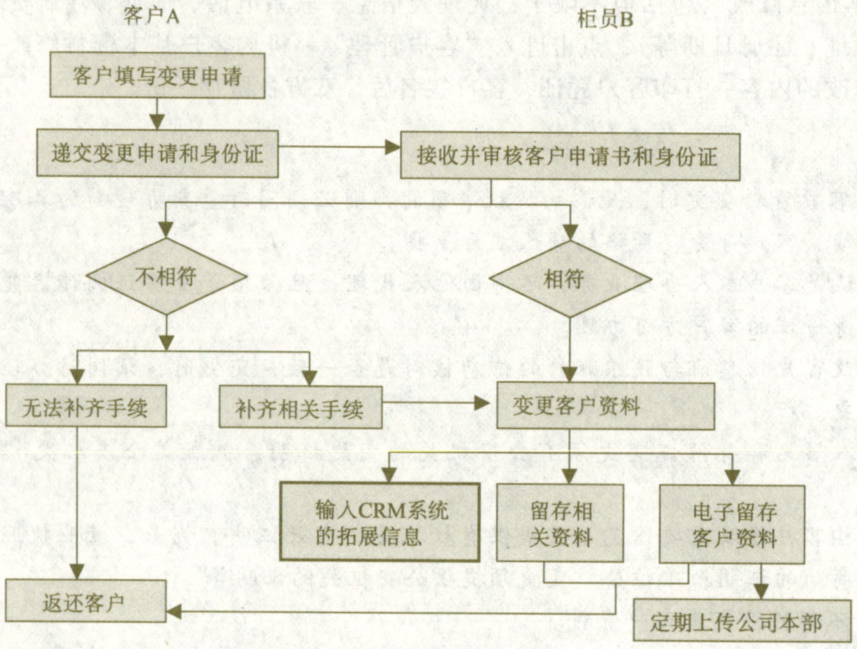

图 2－17 资金账户变更操作流程

【操作要点】

（1）客户变更证券资金账户资料，需提供以下资料：

①自然人客户需提供："证券账户注册资料变更申请表"；本人的证券账户卡及复印件；本人有效身份证明文件及复印件；若修改重要信息，还需提供发证机关出具的有关变更证明及复印件，重要信息主要指姓名及身份证号码。

②机构客户需提供："证券账户注册资料变更申请表"；证券账户卡及复印件；发证机关出具的有关变更证明及复印件，发证机关出具的变更证明中应注明变更前后的身份证明文件号码或名称；如变更证明中未注明原身份证明文件号码或名称，须提供原身份证明文件及复印件。

其他资料与开户时须携带的资料相同，且客户须临柜当面签名确认。

（2）客户证券资金账户资料修改、变更包括：重要信息修改、普通信息修改、账户限制信息修改等方面。

①重要信息修改：客户类型、身份证号、客户姓名、国籍等。

若是投资者因自身原因修改账户重要信息，个人投资者应出具发证机关的有关变更证明及复印件、新身份证及复印件、新护照（长期居住证）及复印件。

若是机构投资者，应提供机构投资者法人有效身份证明，授权委托书及办理人身份证的复印件，发证机关出具的注册资料变更的证明及复印件。

②普通信息修改：联系电话，地址等。

③客户账户分类信息修改：客户类别、资产属性等（投资者资产属性变化，如“散户”转为“大户”，应有相关负责人签字方可修改）。

④账户限制信息修改：此功能多用于内部与客户达成某种协议或被抵押等情况。

⑤若是由于柜员输入造成的错误，应由柜员填写“差错修改申请单”，经相关负责人签字后方可修改。

⑥“集中交易系统”中变更客户资料内容，应按照《集中式证券交易综合业务平台操作手册》的业务步骤输入集中交易系统，不得随意录入特殊业务事项。

(3) 按照有关规定，将客户的重要开户资料扫描、归挡、定期上传。

(4) 执行《营业部客户资料管理暂行办法》，留存“客户资料变更登记表”、证明文件以及变更后新的证件资料等。

(5) 进一步做好客户工作的客户资料，有关客户扩展信息有如客户的生日，客户职业、客户的投资习性、客户电邮等，应输入 CRM 系统的拓展信息中。

活动三　重置证券账户密码

【业务流程】

证券账户密码重置的流程如图 2－18 所示。

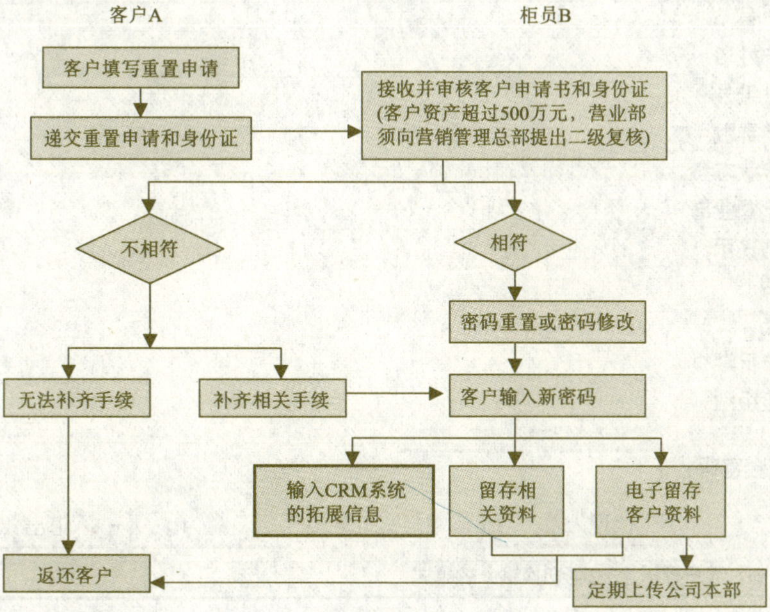

图 2－18　证券账户密码重置操作流程

【操作要点】

（1）客户本人持“三证”，填写“重置资金/交易密码申请书”，方可办理。

授权代理人办理资金（交易）密码重置业务的，须提供经公证的授权委托书。授权委托书必须明确代理人有权代理授权人办理资金密码（交易）重置业务。

客户若密码修改，也可以按照营业部提供的操作说明通过自助方式（磁卡、热键、电话委托、远程等方式）自行修改密码即可，不需要临柜当面办理任何手续。

（2）客户资产超过500万元向营业部申请办理密码重置业务的，营业部须向营销管理总部申请，业务受理过程中，营销管理总部应对其进行要素审核和集中业务系统二级业务复核。

（3）柜员应执行《客户资料影像扫描管理暂行办法》，将客户的重要资料扫描、归挡、定期上传。

（4）客户临柜进行密码重置业务，根据《客户账户风险分类管理办法》的规定，对于密码重置账户应输入集中交易系统、CRM 系统，进行一周的风险账户跟踪工作。

（5）执行《营业部客户资料管理暂行办法》，受理客户密码重置业务，须留存申请书、证明文件以及相关证件资料等。

（6）业务流程示意：点击进入“客户管理”→“客户资金密码清空”或“客户交易密码清空”（见图 2－19）→客户输入新密码即可→打印客户凭证，客户签名后，双方各留存一份

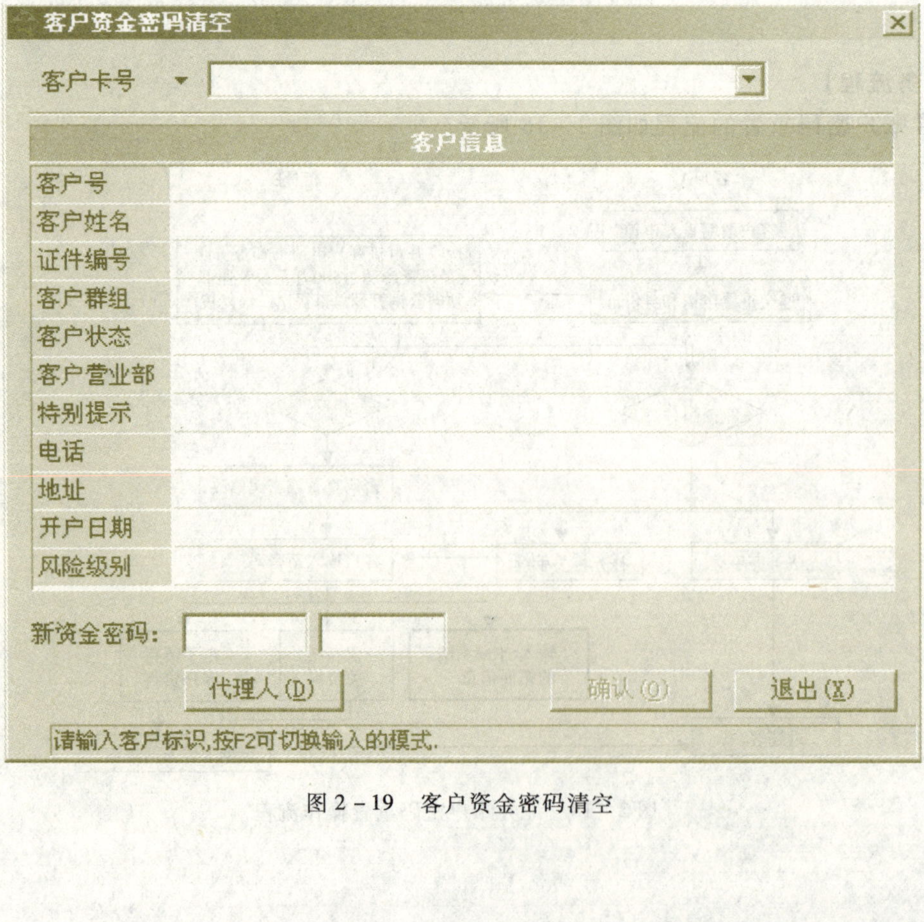

图 2－19　客户资金密码清空

注意事项

（1）临柜当面办理时，客户须带齐证件、资料。证件资料不符合要求或遗失未补办好时，不得临柜当面办理密码变更，客户身份、资格的验证尤为重要。

（2）不得擅自变更客户密码。

（3）此业务办理时，须经业务复核。人民币资产在500万元以上的重要客户必须经公司营销管理总部审核和二级业务复核。

【岗位实训】

假设客户刘先生到某证券公司办理证券账户资料等的变更手续，模拟证券公司从业人员为其办理变更业务，并以模拟的方式进行全过程的操作。

实训要求：

（1）熟悉证券账户等相关资料变更的程序及相应规定。

（2）准备变更过程中应配备的模拟资料：变更申请表、各类证件。

（3）模拟办理证券账户资料变更的全过程。

【岗位考核】

岗位考核评价如表2－5所示。

表2－5　岗位考核评价表

实训内容	2～1.5分	1.5～0.5分	0.5～0分
职业礼仪：接待客户服务表现	热情	一般	不理睬
专业技能：客户开户资料及密码等的变更业务办理	正确	基本正确	错误
专业知识：资料变更的要求及注意事项	非常熟悉	基本熟悉	不熟悉
客户满意程度	满意	一般	不满意
总　分	8分		

教学研讨

教师讨论应通过何种方式使学生掌握证券账户资料变更过程中的注意事项，提供实际模拟的方式让学生进行模拟练习，以巩固课堂知识。

模块二　基金账户的开立

本模块主要通过设置情景、任务内容的描述、任务操作和流程示意等方法，介绍证券公司相关从业人员为需要办理开放式基金业务的客户进行开户的具体步骤。要求在了解基金开户流程、步骤的基础上，能够熟练掌握基金开户业务的办理。

学习目标

1. 了解开放式基金的概念和种类
2. 熟练掌握基金开户的流程及操作要点

学习准备

1. 证券模拟教学平台软件
2. 基金开户申请表等等相关开户资料

任务一　开放式基金账户开户业务

【任务描述】

陈老师了解了证券账户的开户流程之后，进一步向工作人员询问关于开放式基金业务的开户业务该如何操作？其是否和证券账户的开户业务一样呢？得到的回答是否定的。证券公司工作人员告诉陈老师说，虽然各项业务的开户程序大致相似，但由于风险程度和收益能力的不同，它们有各自的程序和要求。

于是，陈老师首先向他们了解基金的开户流程（见图 2－20），然后准备进行进一步的操作观摩。

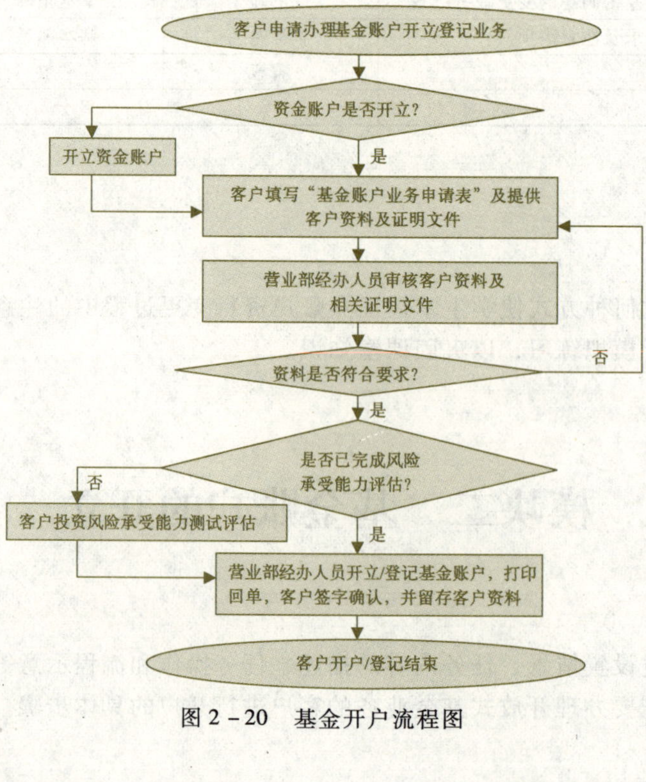

图 2－20　基金开户流程图

活动一　基金账户的开立与注销

【业务流程】

陈老师想进行基金投资，首先需要开立一个基金账户。开立基金账户的具体流程分为哪些步骤？客户需要携带哪些有效证件？填写开立账户有关的表格时又有哪些事项需要注意？下面由柜台服务人员对陈老师进行详细的介绍。

以证券公司办理基金代销业务为例，投资者到柜台开户的操作流程如图2－21所示。

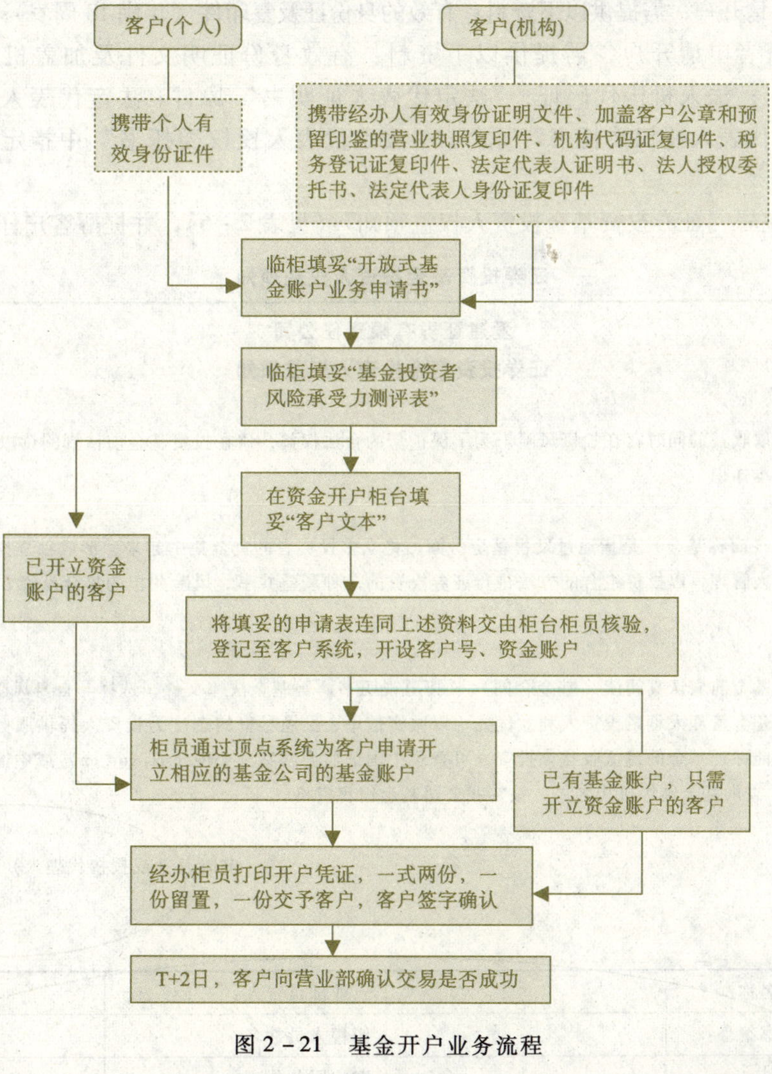

图2－21　基金开户业务流程

（1）客户签署“证券投资基金投资人权益须知”，并提醒客户仔细阅读理解。

（2）客户凭“三证”填写“客户投资风险承受能力测试问卷”及“开放式基金账户业务申请表”。

（3）经办、复核人员审核客户资料及相关证明文件，对客户风险承受能力进行评估，并在“开放式基金账户业务申请表”签字，加盖业务章。

（4）进入“开放式基金销售系统—基金账户管理—基金账户开户或登记”菜单操作。

（5）打印电脑回单，由客户签字确认。

（6）承受能力评估结果在柜台系统中录入，相关资料及证明文件归入客户档案。

（7）经办人员严格审核客户相关证件后，为其办理账户撤单业务。若该账户当日有交易申请，则无法进行账户撤单。

【操作要点】

（1）客户开立基金账户应分别提供下列有效证件及资料：

①自然人申请开户，需提供以下资料：有效的身份证及复印件（年满18周岁）；资金账户卡。

②机构投资者申请开户，需提供以下资料：有效身份证明文件及加盖机构公章的复印件；资金账户卡；法人机构代码证；“法定代表人证明书”原件；法定代表人有效身份证件复印件；“法定代表人授权委托书”原件；“法定代表人授权委托书”中指定代理人的有效身份证件原件。

（2）客户签署“证券投资基金投资人权益须知”（见表2－6），并提醒客户仔细阅读理解。

表2－6　　证券投资基金投资人权益须知

爱建证券有限责任公司

证券投资基金投资人权益须知

尊敬的基金投资人：

基金投资在获取收益的同时存在投资风险。为了保护您的合法权益，请在投资基金前认真阅读以下内容：

一、基金的基本知识

（一）什么是基金

证券投资基金（简称基金）是指通过发售基金份额，将众多投资者的资金集中起来，形成独立财产，由基金托管人托管，基金管理人管理，以投资组合的方法进行证券投资的一种利益共享、风险共担的集合投资方式。

……

投资者在投资基金前应认真阅读《基金合同》、《招募说明书》等基金法律文件，选择与自身风险承受能力相适应的基金。我公司和基金管理人承诺投资人利益优先，以诚实信用、勤勉尽责的态度为投资人提供服务，但不能保证基金一定盈利，也不能保证基金的最低收益。投资人可登录中国证监会网站（www. csrc. gov. cn）或中国证券业协会网站（www. sac. net. cn）查询基金销售机构名录，核实我公司基金销售资格。

申请人（或授权代理人）签章：

年　　月　　日

基金销售营业部名称：		营业部负责人：	
销售人员从业证书编号：		销售人员姓名：	
客户服务电话：		客户服务传真：	
营业部地址：		邮政编码：	

本须知一式二份，客户、营业部各持一份。

（3）客户凭"三证"填写"客户投资风险承受能力测试问卷"（见表2-7）及"开放式基金账户业务申请表"（见表2-8）。

表2-7　　基金投资者风险特征测试表

资金账号：　　　　　　　　　　　　　　　　　　　　　　　客户姓名：

自然属性	年龄	25岁以下	26~35岁	36~50岁	50~65岁	66岁以上
		2	4	6	4	2
	健康状况	良好	一般	差		
		6	2	0		
	文化程度	研究生以上	本科	大专	中专	高中/其他
		8	6	4	2	1
职业情况	单位类别	机关事业	国营企业	集体企业	个体经营户	其他
		6	4	3	2	1
	月收入	10000元以上	8000~10000元	5000~8000元	3000~5000元	3000元以下
		10	8	6	4	2
交易情况	交易年限	0~1年	1~3年	3~5年	5~10年	10年以上
		0	2	4	6	8
	资产规模	5万元以下	5万~50万元	50万~100万元	100万~500万元	500万元以上
		0	2	4	6	8
	资金来源	自有	借贷			
		10	0			
	投资目的	投机	投资			
		2	4			
	预期投资时间	短	中	长		
		2	4	6		
	投资操作偏好	积极进取	稳健投资	两者兼顾		
		2	8	6		
	投资品种偏好	股票	基金	债券	其他	
		2	4	6	4	

总分：	
分值区间	风险承受能力
10~20	低（保守型）
20~50	中（稳健型）
50~80	高（积极型）

投资者签字：　　　　　　　　　　　　　　　　　　　　　　　年　　月　　日

表 2-8　　客户投资风险承受能力测试问卷结果

客户姓名：________　客户号：________　日期：______年______月______日

请在空格内填入您选择的答案：

题目	1	2	3	4	5	6	7	8	9	10	11	12	13	14
答案														

分值表：

答案/题目	1	2	3	4	5	6	7	8	9	10	11	12	13	14
A	5	4	1	1	1	5	1	1	1	1	1	1	1	1
B	3	3	2	2	2	4	2	2	2	5	2	2	2	3
C	1	2	3	3	3	3	3	4	5	3	3	3	4	4
D		1	4	4	4	2	5	5		2	5	4	5	5
E			5			1						5		

此次测试得分：________分

得分对照表：

得分	风险承受能力
51—67	高风险型 □
33—50	中风险型 □
14—32	低风险型 □

客户意见：

□ 我同意风险承受能力测试结果。　　客户签字：

□ 我同意风险承受能力测试结果，但我要求投资超越我风险承受能力的金融产品并已知晓相关风险。　　客户签字：

经办人员：　　审核人员：　　日期：

尊敬的投资者，经过我们的测试，您的：

□ 风险承受能力高，投资期望收益高。（属于高风险型）

□ 风险承受能力中，投资期望收益中等。（属于中风险型）

□ 风险承受能力低，投资期望收益较低。（属于低风险型）

爱建证券提示：

以上测试旨在帮助您了解自己的投资风险承受能力，从而有助于您选择合适的产品投资。

（4）经办、复核人员审核客户资料及相关证明文件，对客户风险承受能力进行评估，并在“开放式基金账户业务申请表”（见表 2-9）签字，加盖业务章。

（5）进入“开放式基金销售系统—基金账户管理—基金账户开户或登记”菜单操作。

①开户操作（见图 2-22）。

②登记操作（见图 2-23）。

（6）打印电脑回单，由客户签字确认。

（7）承受能力评估结果在柜台系统中录入，相关资料及证明文件归入客户档案。

（8）如果客户需要撤单的，经办人员在严格审核客户相关证件后，为其办理账户撤单业务（见图 2-24）。若该账户当日有交易申请，则无法进行账户撤单。

表 2-9　　开放式基金账户业务申请表

业务申请类型：☐ 基金账户开户　☐ 基金账户销户　☐ 基金账户登记　☐ 基金账户取消登记　☐ 基金账户卡补办 ☐ 基金账户查询　☐ 基金账户资料变更　☐ 基金账户冻结　☐ 基金账户解冻
投资人信息
申请人类型：☐ 个人　☐ 机构 个人姓名或机构名称：________　客户号：________
申请开立以下基金管理公司的基金账户：1. ________ 2. ________ 3. ________
（新开户免填） 基金公司：　基金账户：☐☐☐☐☐☐☐☐☐☐☐☐ 基金公司：________　基金账户：☐☐☐☐☐☐☐☐☐☐☐☐
证件类型：个人投资者→☐ 身份证　☐ 军人证　☐ 护照　☐ 其他________ 证件编号：☐☐☐☐☐☐☐☐☐☐☐ 机构投资者→☐ 营业执照　☐ 注册登记证　☐ 其他________ 证件编号：☐☐☐☐☐☐☐☐☐☐☐☐
授权代理人信息：代理人姓名：________　代理人联系电话：________ 代理人身份证件类型：　代理人证件号码： 法定代表人姓名：________证件类型：________证件号码：________
联系方式：地址：________省（市）________收件人姓名：________ 办公电话：　住宅电话：　手机： 传真电话：　邮政编码：　邮寄方式：
基金账户资料变更：变更项目：________变更前内容：________变更后内容：________ 变更项目：________变更前内容：________变更后内容：________
投资人签章（机构投资者加盖公章，个人投资者/代理人签字）
声明：1. 本人已经了解国家有关基金的法律、法规和相关政策，已经仔细阅读过本次交易所涉及的基金合同、招募说明书和业务规则以及本申请书的背面条款，保证所提供的资料真实、准确、完整，并自愿遵守相关条款，履行基金投资者的各项义务，自行承担基金投资风险，签章以示承诺及申请意愿。 2. 个人投资者特别声明：本人愿承担认购/申购超出本人风险承受能力的基金产品所带来的风险。 3. 机构投资者特别声明：本机构授权本表中授权代理人负责本机构开放式基金账户相关事宜。 4. 本申请需经相关注册登记机构确认，本单仅代表您的申请已被爱建证券受理，并不代表您的申请最终确认成功。
个人投资者（或授权代理人）签字： 机构投资者盖章：　机构法人代表签章：　日期：　年　月　日
营业部填写
营业部经办：　营业部复核：　营业部业务章：

市场有风险　入市须谨慎

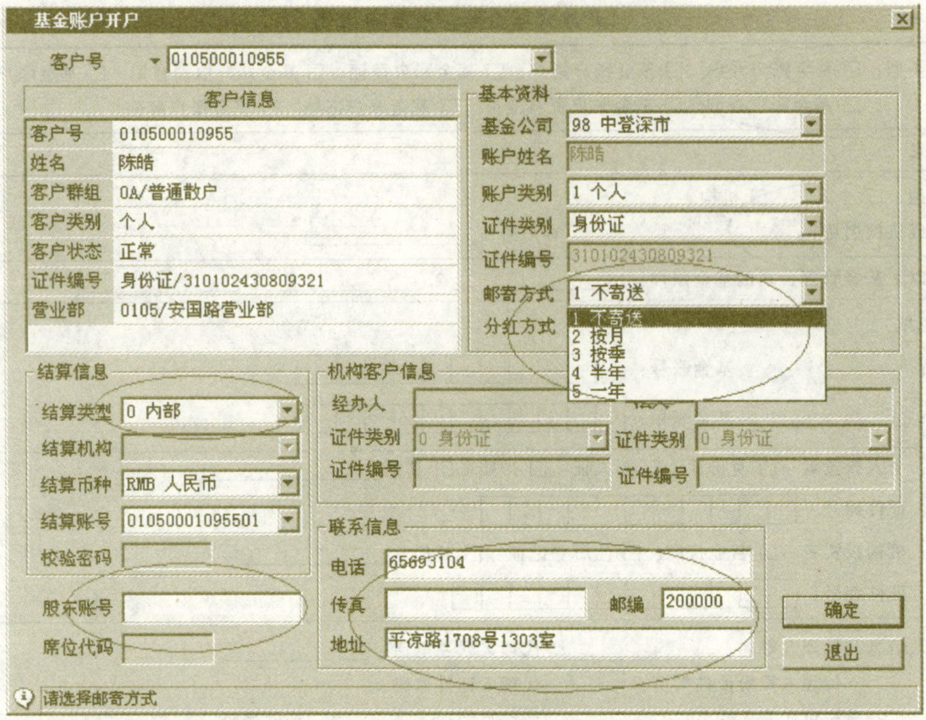

图 2－22　基金账户开户操作界面

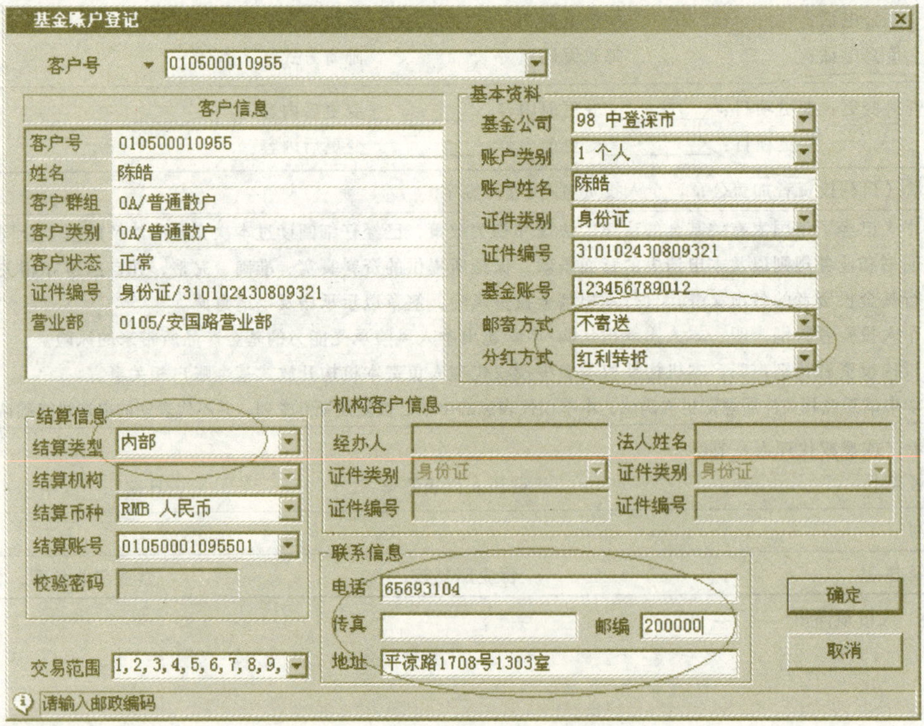

图 2－23　基金账户登记操作界面

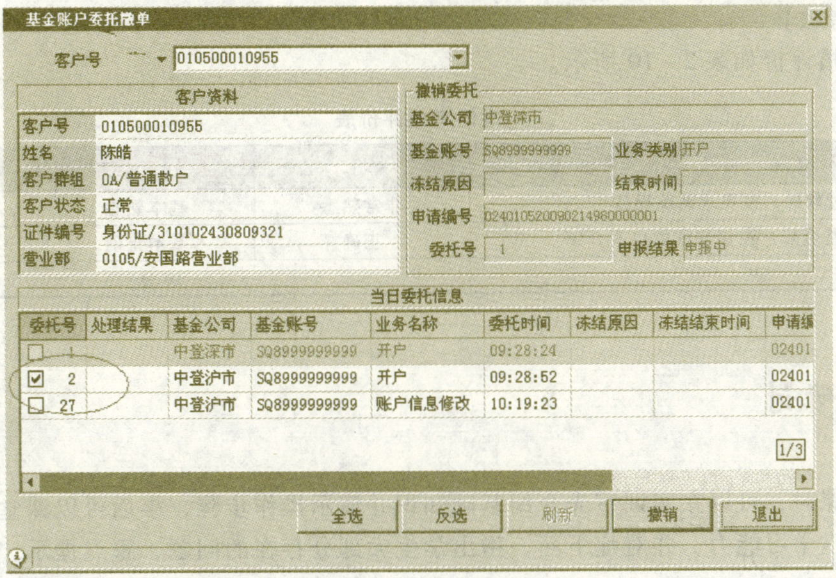

图2-24 基金账户委托撤单操作界面

注意事项

（1）开放式基金注册登记机构（TA）一般由基金管理公司担任，或者由基金管理公司委托中登公司担任。

（2）个人客户基金账户开户/登记须本人亲自前来办理。

（3）若客户已在其他代销机构处开立了该基金公司的账户，则在营业部只需办理“基金账户登记”业务。

（4）T日开立/登记基金账户，客户当日可以认购/申购，T+2日确认是否成功。

（5）当客户开立TA为中登公司的基金账户时，必须提供对应市场的基础证券账户。

（6）若客户在开立资金账户时已经完成了《客户投资风险承受能力测试问卷》评级，则办理基金账户开户/登记时无需重新进行评测。

（7）若开户确认失败，则营业部须告知客户此前的认购或申购无效。

【岗位实训】

分别由两个学生进行角色扮演，一个扮演基金开户投资者，另一个扮演柜台服务人员，通过模拟软件对开户流程进行演练。

（1）实训场所：证券公司营业厅的实训室。

（2）扮演角色：投资者小杨、证券公司柜员张明。

（3）实训内容：

①柜员张明向小杨介绍基金开户的主要流程。

②小杨在证券公司营业柜台开立基金账户，张明指导小杨填写“开放式基金账户业务申请表”和“基金投资者风险特征测试表”。

【岗位考核】

岗位考核评价如表 2－10 所示。

表 2－10　　岗位考核评价表

实训内容	5～4 分	4～3 分	3～1 分
专业技能：通过软件，按要求熟练操作	非常熟悉	基本熟悉	不熟悉
专业知识：对基金账户注销流程的口头介绍	正确	基本正确	错误
总　分	10 分		

教学研讨

教师授课时，可以在实训室先介绍基础知识并演示操作步骤，事后可以课堂抽查的方式考核学生课堂学习能力，并对症下药，指出学生大部分存在的问题，重点提示。

活动二　注销基金账户

【业务流程】

（1）客户凭“三证”及填写“开放式基金账户业务申请表”。

（2）经办、复核人员审核客户资料及相关证明文件，并在“开放式基金账户业务申请表”签字，加盖业务章。

（3）进入“开放式基金销售系统—基金账户管理—基金账户注销或取消登记”菜单操作。

①基金账户注销操作（见图 2－25）。

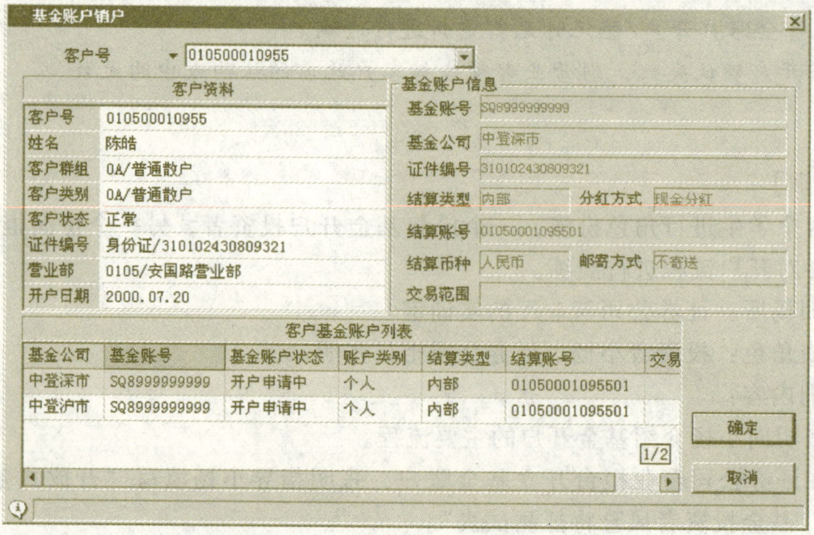

图 2－25　基金账户注销操作界面

②基金账户取消登记操作图示（图 2－26）。

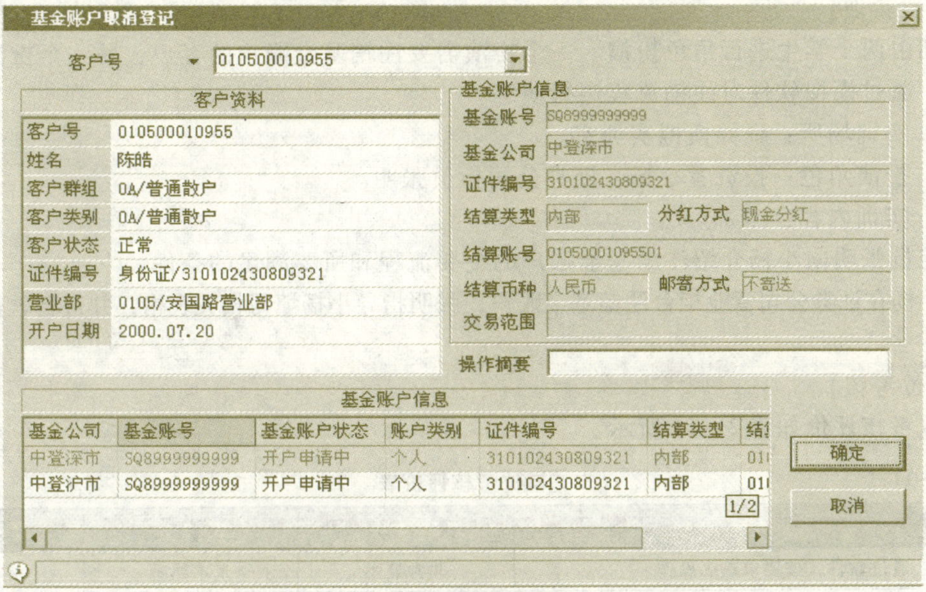

图 2－26　基金账户取消登记操作界面

（4）打印电脑回单，由客户签字确认。

（5）相关资料及证明文件归入客户档案。

相关知识

（1）办理基金账户取消登记业务条件：

- 无基金余额或基金权益；
- 当日无开户或无交易申请；
- 无申请变更证件号码、证件类型等资料的申请；
- 基金账户状态正常。

（2）办理基金账户注销业务条件：

- 无未完成的交易和未到达的权益；
- 基金账户状态正常且无基金份额；
- 在其他代销机构处无登记该基金账户；
- 基金契约规定的其他条件。

注意事项

（1）个人客户基金账户注销/取消登记须本人亲自前来办理。

（2）客户 T 日办理基金账户注销/取消登记，TA 于 T+1 日予以确认。如不能确认，营业部应及时向客户说明原因。

（3）TA 为中登公司的基金账户，基金账户注销必须在原注册基金账户机构处办理。

（4）在资金账户销户前，必须先注销（或取消登记）基金账户，T+2 日确认成功后，再行资金账户销户。

【岗位实训】

分别由两个学生进行角色扮演，一个扮演需要注销基金账户的客户，另一个扮演柜台服务人员，通过模拟软件对注销流程进行演练。

（1）实训场所：证券模拟实训室。

（2）扮演角色：投资者小杨，证券公司柜员张明。

（3）实训内容：

①柜员张明向小杨介绍注销基金账户的主要流程和所要满足的条件。

②小杨在证券公司营业柜台注销基金账户，张明指导小杨填写相关表格，并进行软件操作。

【岗位考核】

岗位考核评价如表2－11所示。

表2－11　岗位考核评价表

实训内容	5～4分	3～2分	2～0分
专业技能：通过软件，按要求熟练操作	非常熟悉	基本熟悉	不熟悉
专业知识：对基金注销流程的口头介绍	正确	基本正确	错误
总　分	10分		

教学研讨

教师进行授课时，可以让学生在课堂上进行场景模拟、分角色扮演，过程中可设置问题让学生解决，模拟之后进行点评，从而加深学习印象。

任务二　开放式基金账户变更业务

【任务描述】

陈老师了解基金账户的开户流程之后，想进一步了解开放式基金账户资料变更业务，以及客户如何向证券公司或基金管理公司查询基金交易明细和资金状况等信息。

活动一　基金账户的变更

【业务流程】

（1）客户凭“三证”及填写“开放式基金账户业务申请表”。

（2）经办、复核人员审核客户资料，并在“开放式基金账户业务申请表”签字，加盖业务章。

（3）进入“开放式基金销售系统—基金账户管理—基金账户信息修改”菜单操作（见图2－27）。

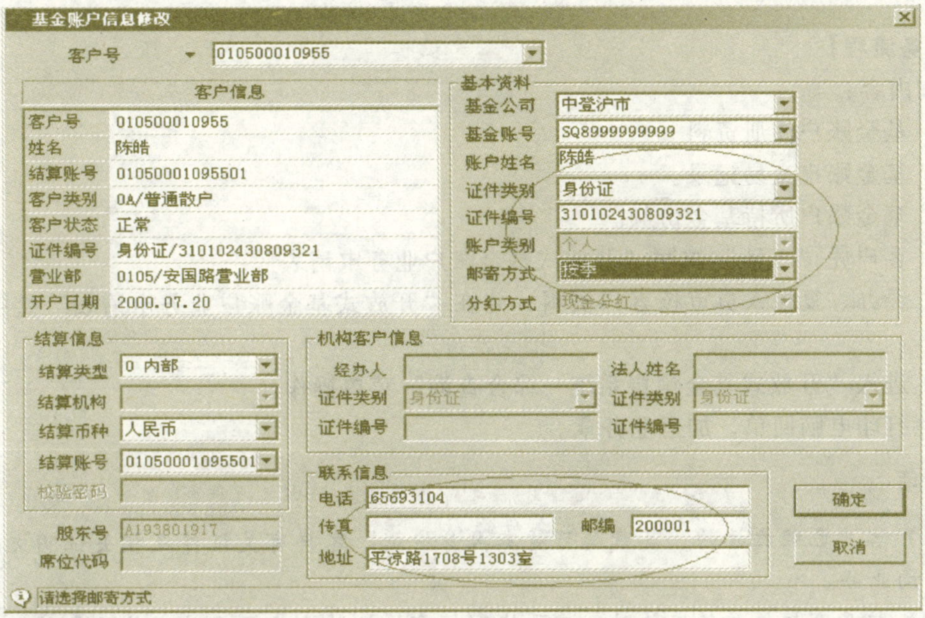

图2－27 基金账户信息修改操作界面

（4）打印电脑回单，由客户签字确认。

（5）相关资料及证明文件归入客户档案。

注意事项

（1）TA为基金管理公司的基金账户，如客户名称、证件类型或号码变更，必须到原基金账户开立机构申请办理。

（2）TA为中登公司的基金账户，如客户名称、证件类型或号码变更，营业部应同时办理客户基础证券账户的注册资料变更手续。

（3）机构客户账户若变更法定代表人，还须出具变更证明文件及授权代理人的相关证明文件。

（4）基金账户重要资料变更时，必须保证资金账户、基础证券账户、三方存管信息与基金账户资料的一致性。

（5）客户T日办理的账户资料变更信息，TA于T+1日予以确认，T+2日客户可到营业部办理查询。

（6）基金账户资料变更业务确认前，不受理该账户的其他交易申请；反之，发生交易申请后，当日将无法进行账户关键资料的变更。

活动二 基金账户的查询

【业务流程】

查询内容：

（1）基金账户注册资料。

（2）基金账户交易记录。

（3）基金账户所持基金份额。

（4）客户凭“三证”填写“开放式基金账户业务申请表”。

（5）经办、复核人员审核客户资料，并在“开放式基金账户业务申请表”签字，加盖业务章。

（6）进入“开放式基金销售系统—综合查询”菜单操作。

（7）打印电脑回单，加盖业务章。

注意事项

（1）客户已经亡故的，其亲属可凭本人身份证、客户有关证件及相关证明文件申请办理查询业务。

（2）接受有权机关的查询时，应严格审核有权机关出具的法律文件及相关证明，并及时上报经纪业务总部，经核准后，方可办理。

活动三 基金账户的补办

【业务流程】

（1）基金账户补打，是指为客户打印含有客户信息及基金账户信息的业务凭条。

（2）客户凭“三证”填写“开放式基金账户业务申请表”。

（3）经办、复核人员审核客户资料，并在“开放式基金账户业务申请表”签字，加盖业务章。

（4）进入“开放式基金销售系统—基金账户管理—基金账户卡制作”菜单操作（见图2－28）。

（5）打印基金账户信息业务凭条，加盖业务章。

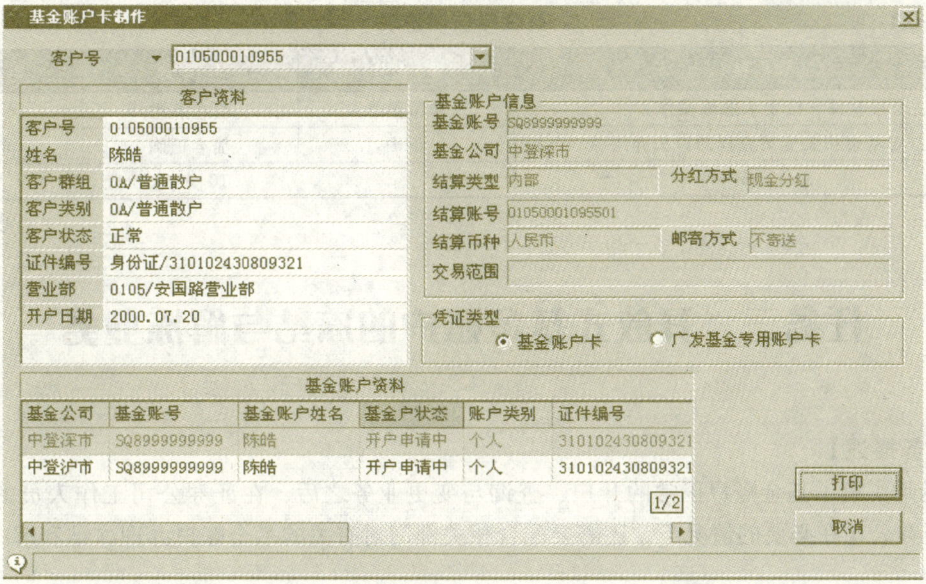

图 2－28 基金账户卡制作操作界面

注意事项

（1）若 TA 为基金管理公司的基金账户，客户可在代销机构或基金管理公司办理基金账户补办。

（2）TA 为中登公司的基金账户：

①客户补办原基础证券账号的，以该账户注册的基金账户仍可以继续使用。

②客户挂失补办新证券账号的，需将原账户对应的基金账户注销后，方可重新申请注册新的基金账户。

③基金账户的挂失补办，即为已注册基金账户的基础证券账户卡的挂失补办，应严格按照“证券账户代理开户业务操作规程”的有关规定办理证券账户挂失补办业务。

【岗位实训】

分别由两个学生进行角色扮演，一个扮演需要变更基金账户的客户，另一个扮演柜台服务人员，通过模拟软件对基金账户的查询、补办等业务流程进行演练。

（1）实训场所：证券模拟实训室。

（2）扮演角色：投资者小杨、证券公司柜员张明。

（3）实训内容：

①柜员张明向小杨介绍查询、补办基金账户的主要流程和所要满足的条件。

②小杨在证券公司营业柜台查询或补办基金账户，张明指导小杨填写相关表格，并进行软件操作。

【岗位考核】

岗位考核评价如表 2－12 所示。

表 2－12　　岗位考核评价表

实训内容	5～4 分	3～2 分	2～0 分
专业技能：通过软件，按要求熟练操作	非常熟悉	基本熟悉	不熟悉
专业知识：对基金相关变更流程的口头介绍	正确	基本正确	错误
总　　分	10 分		

任务三　开放式基金账户的冻结与解冻业务

【任务描述】

陈老师了解了基金账户正常的开户、查询与变更业务之后，在证券公司工作人员的介绍下，了解到证券公司在必要的情况下，还需要配合相关部门对有关的基金账户办理冻结和解冻业务。

活动一　基金账户的冻结与解冻

【业务流程】

（1）一般情况下，基金账户的冻结与解冻由 TA 统一受理，且只受理有权机关的冻结、解冻业务。

（2）若办理须及时联系经纪业务总部，并根据各基金公司的规定办理有关手续。

（3）若总部同意办理，则上报“特殊业务审批表”及相关资料，由总部联系 TA，营业部进行操作，并在 T＋5 日内资料原件快递至 TA。

①基金账户的冻结如图 2－29 所示。

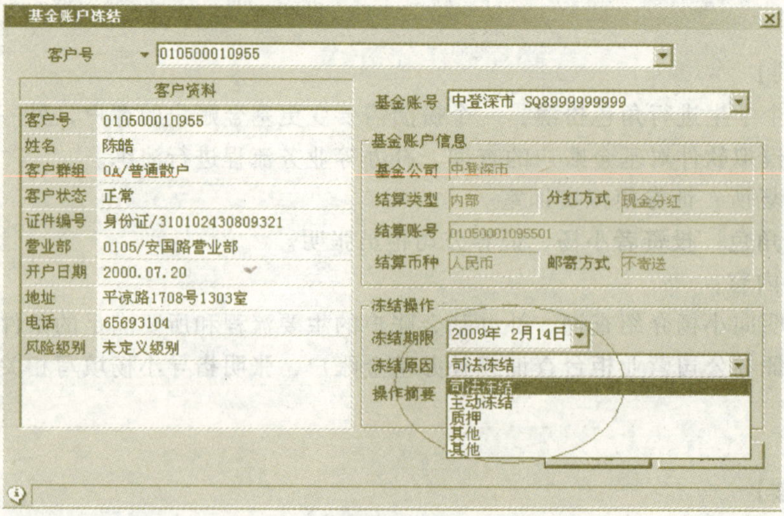

图 2－29　基金账户冻结操作界面

②基金账户的解冻如图 2－30 所示。

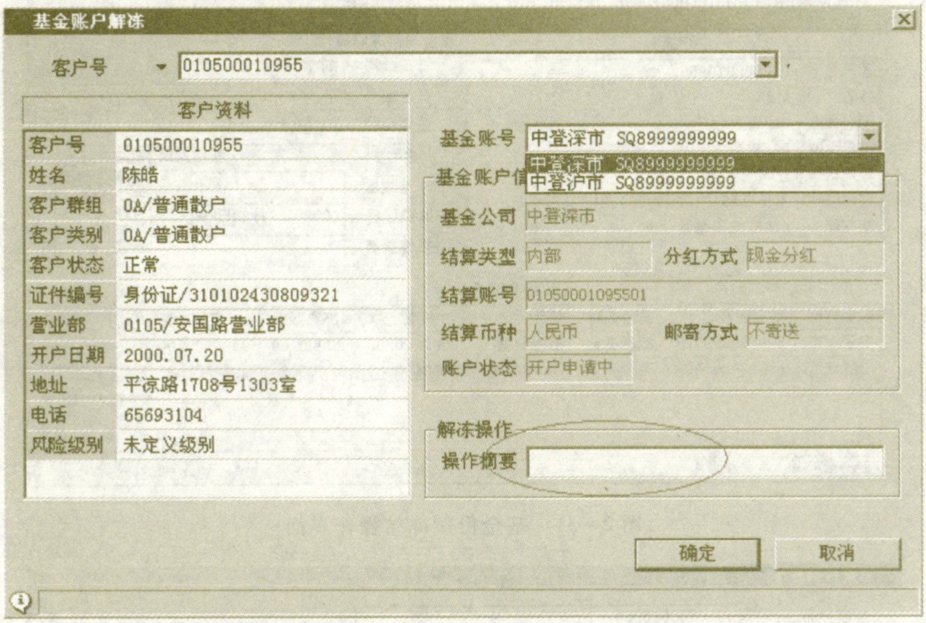

图 2－30　基金账户卡解冻操作界面

（4）若总部不同意办理，则要求有关机关至基金公司办理。

活动二　基金份额的解冻与冻结

【业务流程】

（1）一般情况下，基金份额的冻结与解冻由 TA 统一受理，且只受理有权机关的冻结、解冻业务。

（2）若办理须及时联系经纪业务总部，并根据各基金公司的规定办理有关手续。

（3）若总部同意办理，则上报“特殊业务审批表”及相关资料，由总部联系 TA，营业部进行操作，并在 T＋5 日内资料原件快递至 TA。

①基金份额的冻结如图 2－31 所示。

②基金份额的解冻如图 2－32 所示。

【操作要点】

同前。

【岗位实训】

假设某客户刘先生到某证券公司办理基金账户资料等的变更手续，模拟证券公司从业人员为其办理变更业务，并以模拟的方式进行全过程的操作。

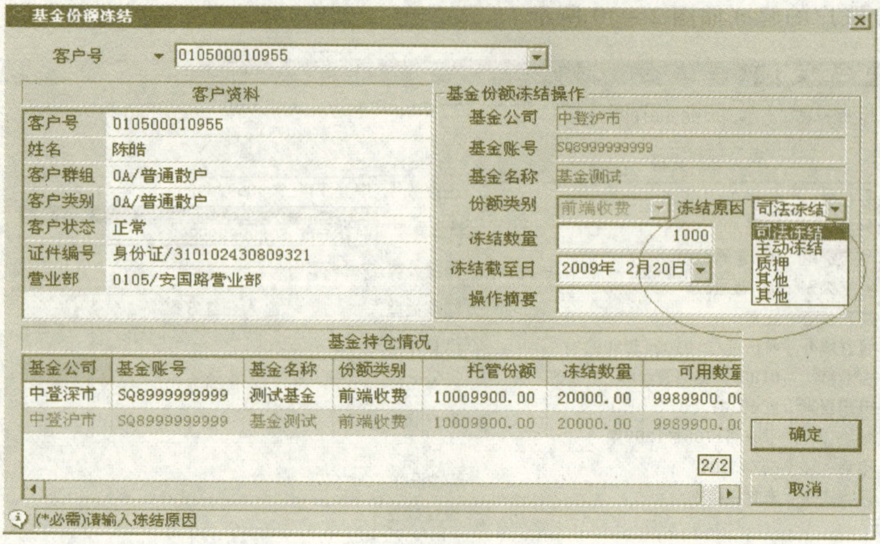

图 2－31　基金份额冻结操作界面

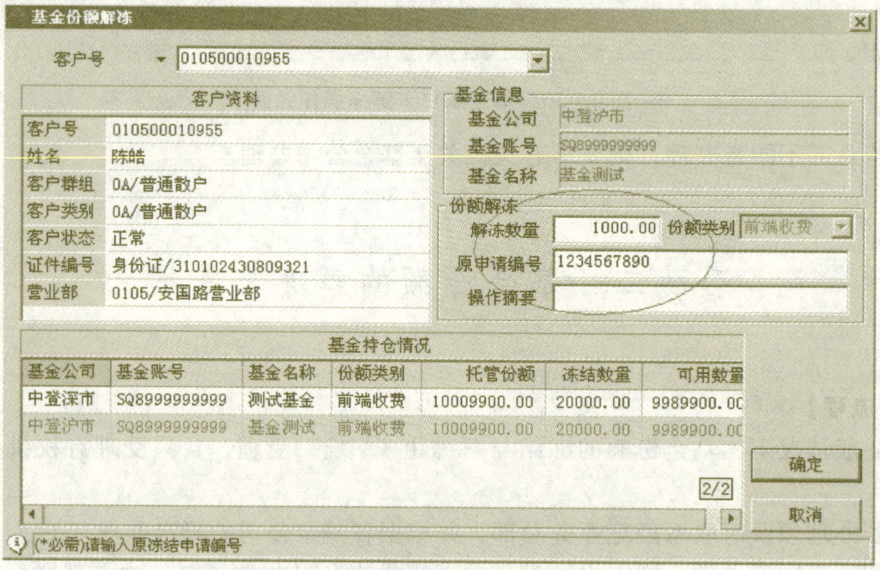

图 2－32　基金份额解冻操作界面

实训要求：

（1）熟悉基金账户等相关资料变更的程序及相应规定。

（2）准备变更过程中应配备的模拟资料：变更申请表、各类证件。

（3）指导客户填写“开放式基金账户业务申请表”和“基金投资者风险特征测试表”等表格。

（4）模拟办理基金账户资料变更的全过程。

【岗位考核】

岗位考核评价如表 2－13 所示。

表 2－13　　岗位考核评价表

实训内容	2～1.5 分	1.5～0.5 分	0.5～0 分
职业礼仪：接待客户服务表现	热情	一般	不理睬
专业技能：客户开户资料的变更业务办理	正确	基本正确	错误
专业知识：资料变更的要求及注意事项	非常熟悉	基本熟悉	不熟悉
客户满意程度	满意	一般	不满意
总　分	8 分		

教学研讨

教师讨论应通过何种方式使学生掌握在基金账户资料变更过程中的注意事项，提供实际模拟的方式让学生进行模拟练习，以巩固课堂知识。

模块三　创业板账户的开立

本模块主要通过设置情景、任务内容的描述、任务操作和流程示意等方法，介绍证券公司相关从业人员为需要办理创业板账户开户业务的客户开户的具体步骤。要求在了解创业板相关知识的基础之上，熟悉创业板的开户流程和步骤，并能够熟练掌握创业板开户业务的办理。

学习目标

1. 了解创业板业务
2. 熟练掌握创业板开户的流程及操作要点

学习准备

1. 证券模拟教学平台软件
2. 创业板开户申请表等相关开户资料

任务一　创业板账户开户业务

【任务描述】

陈老师掌握了股票、基金等证券业务之后，在罗经理的介绍下，知道作为一种新的业务，创业板已经可以开户。根据《创业板市场投资者适当性管理暂行规定》、《深圳证券交易所创业板市场投资者适当性管理实施办法》、《创业板市场投资者适当性管理业务操作指南》及爱建证券公司相关业务操作规程，特制定爱建证券公司相关业务操作流程。

相关知识

创业板 GEM（Growth Enterprises Market）是地位次于主板市场的二板证券市场，全球以 NASDAQ 市场为代表，在中国特指深圳创业板。在上市门槛、监管制度、信息披露、交易者条件、投资风险等方面和主板市场有较大区别。其目的主要是扶持中小企业，尤其是高成长性企业，为风险投资和创投企业建立正常的退出机制，为自主创新国家战略提供融资平台，为多层次的资本市场体系建设添砖加瓦。

【业务流程】

（1）客户本人凭“三证”或有权代理人凭本人身份证明文件、授权人证券账户卡和资金账户卡（或交易卡）办理开通创业板交易业务。

（2）经办人员须严格审核客户相关证件，必须做到证件齐全、人证相符、证证相符，必须留存客户身份证复印件（二代证须正反面）。

（3）经办人员指导客户填写“客户投资风险承受能力测试问卷”（已完成风险评估及系统登记的客户无须再次评测），由员工进行风险评估打分，再根据打分结果，按照标准对客户进行风险级别分类（低风险客户、中风险客户、高风险客户），将测评结果告知客户；打印电脑回单，由客户签字确认后，在电脑回单上加盖业务受理章、经办人签章、复核人签章。电脑回单一式二联，一联由营业部保存，一联由客户保存。

（4）对于风险评测结果为低风险、中风险的客户，经办人员应当对该客户加强创业板市场风险提示及劝阻工作，劝导其审慎考虑是否申请开通创业板市场交易。

（5）查询确定客户首次股票交易日期。

①对于 2009 年 7 月 1 日前开户的客户，可通过顶点柜台交易系统查询客户首笔股票交易的日期，经办人员根据首笔股票交易日期对客户股票交易经验进行确认，确定其是否具备两年以上（含两年）的股票交易经验。

②对于 2009 年 7 月 1 日后开户的客户，可通过新意实时开户系统查询客户首笔股票交易的日期（该功能将于2009 年 8 月上旬开通），经办人员根据首笔股票交易日期对客户股票交易经验进行确认，确定其是否具备两年以上（含两年）的股票交易经验。

（6）客户在营业部现场签署“创业板市场投资风险揭示书”（以下简称《风险揭示书》），经办人员根据客户股票交易经验，指导客户签署“风险揭示书”，见证客户签署并认真审核抄写声明或特别声明的内容，确保其完整正确。“风险揭示书”一式两份，加盖业务受理章、经办人签章、客户签章，一联由营业部保存，一联由客户保存。对于未具备两年股票交易经验的客户，营业部负责人必须在“风险揭示书”上进行签章。

创业板市场投资风险揭示书

尊敬的投资者：

与主板市场相比，创业板市场有其特有的风险，为了使您更好地了解创业板市场投资的基本知识和相关风险，根据有关法律、法规、规章和规则的规定，本公司特向您进行如下风险揭示，请认真阅读并签署。

一、重要提示

（一）创业板市场发行、上市等业务规则与现有的主板、中小企业板市场的相关业务规则存在一定差别。在参与创业板市场投资之前，请您务必认真阅读《首次公开发行股票并在创业板上市管理暂行办法》、《深圳证券交易所创业板股票上市规则》、《深圳证券交易所创业板公司规范运作指引》等有关规章、业务规则和指引。

（二）创业板市场上市公司与现有的主板市场上市公司相比较，一般具有成长性强、业务模式新，但规模较小、经营业绩不够稳定等特点。在参与创业板市场投资之前，请您务必仔细研读相关公司的《招股说明书》、《上市公告书》、定期报告及其他各种公告，了解公司基本情况，做到理性投资，切忌盲目跟风。

（三）为确保市场的“公开、公平、公正”和稳定健康发展，创业板市场将采取更加严格的措施，强化市场监管。请您务必密切关注有关创业板市场上市公司的公告、风险提示等信息，及时了解市场风险状况，依法合规从事创业板市场投资。

（四）您在申请开通创业板市场交易时，请配合本公司开展的投资者适当性管理工作，完整、如实提供所需信息。如不能做到这一点，本公司可以拒绝为您提供开通创业板市场交易服务。

（五）本风险揭示书无法详尽列示创业板市场的全部投资风险。您在参与此项业务前，请务必对此有清醒认识。

二、创业板市场投资特别风险揭示

参与创业板市场投资，**除具有与主板市场投资同样的风险外（详见《证券交易委托代理协议》之风险提示书）**，还请您了解以下内容并特别关注五大类风险（**请认真阅读并逐项确认**）。

确认请打√	风险类型	风险描述
□	规则差异可能带来的风险	我国创业板市场与现有主板市场在制度和规则等方面有一定的差异，如认知不到位，可能给投资者造成投资风险。包括但不限于： 一、创业板市场股票首次公开发行并上市的条件与主板市场存在较大差异。创业板市场股票发行人的基本条件是： （一）依法设立且持续经营三年以上的股份有限公司； （二）最近两年连续盈利，最近两年净利润累计不少于一千万元，且持续增长；或者最近一年盈利，且净利润不少于五百万元，最近一年营业收入不少于五千万元，最近两年营业收入增长率均不低于30%； （三）最近一期末净资产不少于两千万元，且不存在未弥补亏损； （四）发行后股本总额不少于三千万元。 二、创业板市场信息披露规则与主板市场存在较大差异。例如，临时报告仅要求在证监会指定网站和公司网站上披露。如果投资者继续沿用主板市场信息查询渠道的做法，可能无法及时了解到公司所披露信息的内容，进而无法知悉公司正在发生或可能发生的变动。 三、创业板市场上市公司退市制度较主板市场更为严格。 四、其他发行、上市、交易、信息披露等方面的规则差异。

续表

确认请打√	风险类型	风险描述
□	退市风险	创业板市场上市公司退市制度设计较主板市场更为严格，主要区别有： 一、创业板市场上市公司终止上市后可直接退市，不再像主板市场上市公司一样，要求必须进入代办股份转让系统； 二、针对创业板市场上市公司的风险特征，构建了多元化的退市标准体系，增加了三种退市情形； 三、为提高市场运作效率，避免无意义的长时间停牌，创业板市场将对三种退市情形启动快速退市程序，缩短退市时间。 因此，与主板市场相比，可能导致创业板市场上市公司退市的情形更多，退市速度可能更快，退市以后可能面临股票无法交易的情况，购买该公司股票的投资者将可能面临本金全部损失的风险。
□	公司经营风险	与主板市场上市公司相比，创业板市场上市公司一般处于发展初期，经营历史较短，规模较小，经营稳定性相对较低，抵抗市场风险和行业风险的能力相对较弱。此外，创业板市场上市公司发展潜力虽然可能巨大，但新技术的先进性与可靠性、新模式的适用面与成熟度、新行业的市场容量与成长空间等都具有较大不确定性，投资者对创业板市场上市公司高成长的预期并不一定会实现，风险较主板大。
□	股价大幅波动风险	以下原因可能导致创业板市场上市公司股价发生大幅波动： 一、公司经营历史较短，规模较小，抵抗市场风险和行业风险的能力相对较弱，股价可能会由于公司业绩的变动而大幅波动； 二、公司流通股本较少，盲目炒作会加大股价波动，也相对容易被操纵； 三、公司业绩可能不稳定，传统的估值判断方法可能不尽适用，投资者的价值判断可能存在较大差异。
□	技术失败风险	创业板市场上市公司高科技转化为现实的产品或劳务具有不确定性，相关产品和技术更新换代较快，存在出现技术失败而造成损失的风险。

上述风险揭示事项仅为列举性质，未能详尽列明创业板市场的所有风险因素，您在参与创业板市场投资前，还应认真阅读相关公司的招股说明书和上市公告书等，对其他可能存在的风险因素也应有所了解和掌握。我们诚挚地希望和建议您，从风险承担能力等自身实际情况出发，审慎参与创业板市场投资，合理配置金融资产。

爱建证券________营业部（盖章）

________年________月________日

客户号或证券账户：____________

声明：

以下内容由具备两年（含两年）以上股票交易经验的投资者抄写：

（本人确认已阅读并理解创业板市场相关规则和上述风险揭示书的内容，具有相应的风险承受能力，自愿承担参与创业板投资的风险和损失。）

经办人（签字）：　　　　　　　　客户（签字）：

签署场所：爱建证券________营业部　　　　日期：　　年　　月　　日

特别提示：1. 投资者在本风险揭示书上签字，即表明投资者已经理解并愿意自行承担参与创业板投资的风险和损失。

2. 上述文件签署二个交易日后，本公司为您开通创业板市场交易。

特别声明：

以下内容由尚未具备两年以上股票交易经验的投资者抄写：

（本人尚未具备两年以上交易经验，确认已阅读并理解创业板市场相关规则及上述风险揭示书的内容，具有相应的风险承受能力，自愿参与创业板投资，并愿意承担相关的各种风险和损失。）

经办人（签字）： 客户（签字）：

营业部负责人（签字）：

签署场所：爱建证券__________营业部 日期： 年 月 日

特别提示：

1. 投资者在本风险揭示书上签字，即表明投资者已经理解并愿意自行承担参与创业板投资的风险和损失。

2. 上述文件签署五个交易日后，本公司为您开通创业板市场交易。

（7）开通创业板交易业务柜台系统登记。

①对于具备两年以上（含两年）股票交易经验的客户，经办人员在客户签署完成上述文件两个交易日后，为客户在顶点柜台系统中开通创业板交易服务项目功能。

②对于未具备两年股票交易经验的客户，经办人员在客户签署完成上述文件五个交易日后，为客户在顶点柜台系统中开通创业板交易服务项目功能。

③打印电脑回单，由客户签字确认后，在电脑回单上加盖业务受理章、经办人签章、复核人签章。电脑回单一式二联，一联由营业部保存，一联由客户保存。

（8）办理开通创业板交易业务相关资料归入一户一档保存，并扫入客户资料影像系统。

注意事项

在办理开通创业板交易业务时，应注意以下事项：

（1）营业部应建立“开通创业板交易业务客户预约登记表”。客户预约后，应立即查实客户账户开户资料是否需要补办，并在预约表中注明，以提高临柜业务工作效率。

（2）机构客户无需进行“客户投资风险承受能力测试问卷”及“风险揭示书”的评估签署工作，但必须填写“业务受理/终止申请表”，随后可为机构客户开通创业板交易业务。

（3）营业部可受理在本公司异地营业部开户的客户办理开通创业板交易业务，办理营业部应及时与开户营业部联系，确定客户身份的真实性，按照流程签署相关文件，由开户营业部在顶点柜台系统中为客户开通创业板交易业务；相关资料由办理营业部不定期寄至开户营业部。

（4）营业部经办人员对明显提供虚假信息或提供信息不完整的客户，应当提醒其予以纠正。对于不配合“客户投资风险承受能力测试问卷”及“风险揭示书”的评估签署工作的客户，经反复劝导无效后，营业部可拒绝为其办理开通创业板交易业务。

（5）对于未具备两年股票交易经验的客户，营业部应当安排专门人员讲解风险揭示书内容，提醒客户审慎考虑是否申请开通创业板交易。客户仍坚持直接参与创业板交易的，营业部应严格要求其在营业部现场签署“风险揭示书”和特别声明，同时营业部负责人应当对相关工作进行确认，并在风险揭示书上签章。

（6）对于年龄超过70周岁、身体残疾等特殊情况的客户，营业部可视需要安排工作人员上门与其签署风险揭示书，但应当在风险揭示书上载明原因及具体签署地点。

（7）对于由其他券商转入我公司的客户，若客户已在转出券商处签署了“风险揭示书”及开通创业板交易业务，则客户只需向营业部出具在转出券商处签署的“风险揭示书”复本，经办人员在认真审核签署时间及声明等内容后，指导客户填写“客户投资风险承受能力测试问卷”，并进一步在新意系统中核实客户首次股票交易日期，可为其开通创业板交易业务（无需重新签署“风险揭示书”），留存“风险揭示书”复本。

（8）因继承、离婚分割等情形被动成为创业板市场的客户，在发生涉及权益处理，包括配股、增发、可转债、公司债优先配售、股东大会提案、表决、收购预受要约、现金选择权等事项时，营业部在审核完成相关申请材料后，可在当天为其开通创业板交易业务。

（9）对于资料缺失不全的账户，在其未补全前，营业部不予办理开通创业板交易业务。

【岗位实训】

假设某客户刘先生到某证券公司办理创业板开户手续，模拟证券公司从业人员为其办理相关业务，并以模拟的方式进行全过程的操作。

实训要求：

（1）熟悉创业板账户开户程序等相关资料及相应规定。

（2）准备开户过程中应配备的模拟资料：申请表及各类证件。

（3）指导客户填写“客户投资风险承受能力测试问卷”、“风险揭示书”等表格。

（4）模拟办理创业板开户的全过程。

【岗位考核】

岗位考核评价如表2-14所示。

表2-14　岗位考核评价表

实训内容	2~1.5分	1.5~0.5分	0.5~0分
职业礼仪：接待客户服务表现	热情	一般	不理睬
专业技能：客户创业板开户业务办理	正确	基本正确	错误
专业知识：资料填写的要求及注意事项	非常熟悉	基本熟悉	不熟悉
客户满意程度	满意	一般	不满意
总　分	8分		

教学研讨

教师讨论应通过何种方式使学生掌握在创业板开户过程中的注意事项，提供实际模拟的方式让学生进行模拟练习，以巩固课堂知识。

项目3

证券委托业务

本项目在证券经纪业务中同样属于基本业务。主要要求证券公司委托岗的工作人员能够掌握相应的证券交易的基本知识和规则，准确地接受客户证券买卖的委托，精确无误地办理委托的全过程。本项目主要通过详细的委托过程介绍和模拟实验，使受训教师通过培训能够指导学生胜任委托岗位职责。

模块一　认知委托交易

本模块主要通过情景设置、任务描述、任务操作和流程示意等方法，介绍证券公司相关从业人员为客户办理股票、债券、基金以及创业板等委托买卖业务的具体步骤。要求相关从业人员熟练掌握证券交易的基础知识，能够准确受理和完成证券买卖的全过程。

学习目标

1. 了解证券委托岗的职责
2. 掌握证券交易的相关基础知识
3. 熟悉委托的各种方式及其相互区别
4. 熟练掌握接受委托和撤销委托的工作流程

学习准备

1. 证券模拟教学平台软件
2. 委托交易所需的各种凭证

任务一 委托岗职责

【任务描述】

在熟悉了证券开户及资料、密码的修改等业务之后，陈老师还想知道，在实际工作中，证券公司是如何接受客户的委托和帮助客户交易成功的。于是，罗经理带着陈老师又来到了委托岗以便进一步熟悉业务。

【业务内容】

首先，罗经理拿出该公司的关于委托岗的职责条款，让陈老师先自行阅读。

相关知识

委托岗职责

（1）熟知沪深交易所上市证券代码，全面了解和掌握上市公司的除权、除息，分红派息、配股缴款、新股发行、最新公告信息等有关资料。

（2）收集金融证券有关法规和证交所的有关规则，详细、准确地回答客户提出的交易方面的各种问题。

（3）严格按照客户委托指令接受客户委托操作，做到准确、迅速、安全，及时为客户查询成交情况并接受客户撤销指令。

（4）热情接待客户咨询（包括电话咨询），介绍营业部业务运作情况及交易操作程序，严格按规定办理两市自动配股缴款业务。

（5）清算交割要及时、准确，遇有差错应查清原因。

（6）交易闭市后将委托单与电脑委托记录逐笔进行核对，及时发现差错，核对后清点委托单数量并移交财务部登记在册。

（7）检查电脑是否关闭，并注意电脑保养和清洁卫生工作。

（8）完成领导交办的其他任务。

陈老师在了解了证券公司委托岗职责之后，在证券公司工作人员的引领下，进一步了解作为一名合格的委托岗职责，需要更多地准备哪些相关方面的知识。

1. 委托与委托指令

在证券交易所市场，投资者买卖证券是不能直接进入交易所办理的，而必须通过证券交易所的会员来进行。即投资者买卖证券需要通过经纪商进行。这样，投资者向证券经纪商下达买进或卖出证券的指令，称为“委托”。

委托指令有多种形式，可以按照不同依据来分类。一般情况下，从买卖证券的数量来看，有整数委托和零数委托；从委托的价格看，有市价委托和限价委托；从委托方式来看，在电子化交易方式下，可分为柜台递单委托、电话自动委托、电脑自动委托和远程终端委托；从委托的有效期看，有不定期委托与定期委托；从买卖证券的方向看，有买进委托和卖出委托。

客户在办理委托买卖证券时，必须向证券经纪商下达委托指令。因此，委托指令是客户要求证券经纪商代理买卖证券的指示。这就要求委托指令能够准确地表达客户买卖证券的基本要求和具体内容。委托指令的内容有很多项，如证券账户号码、证券代码、买卖方向、买卖数量、委托价格等。

不论是以委托单还是用电脑输入委托指令，都要通过以下基本要素来体现：

（1）证券账号。客户在买卖上海证券交易所或深圳证券交易所上市的证券时，应分别填写在中国结算上海分公司或中国结算深圳分公司开设的证券账户号码。

（2）日期。即客户委托买卖证券的日期，必须具体到年、月、日。

（3）品种。即客户委托买卖的证券名称，这是填写委托单的第一要点。填写证券名称的方法有三种：全称、简称和代码。通常是填写代码及简称，简洁方便且不易出错。例如，上海证券交易所的股票代码以 600 开头，深圳证券交易所的股票代码以 000 开头。

（4）买卖方向。即买进或卖出证券的方向。

（5）数量。即买卖证券的数量，可分为整数委托和零数委托。整数委托是指投资者委托经纪人买进或卖出的证券数量是以一个交易单位为起点或是一个交易单位的整数倍。一个交易单位称为“一手”。“手”的概念来源于证券交易初期的一手交钱一手交货，现已发展为标准手。如上海、深圳证券交易所规定：A 股、B 股、基金的标准手就是每 100 股或 1000 基金单位为一手；债券以 100 元面值为一张，10 张即 1000 元为一标准手。零数委托是指委托买卖的证券数量不足一个交易单位。

上海证券交易所的债券交易和债券买断式回购交易以人民币 1000 元面值债券为 1 手，债券质押式回购交易以人民币 1000 元标准券为 1 手。深圳证券交易所的债券交易以人民币 100 元面额为 1 张，债券质押式回购以 100 元标准券为 1 张。

目前，我国只在卖出证券是才有零数委托。

单笔最大申报数量如表 3－1 所示，竞价交易证券买卖申报数量如表 3－2 所示。

表 3－1　　单笔最大申报数量

交易内容	上海证券交易所	深圳证券交易所
股票、基金、权证交易	不超过 100 万股（份）	不超过 100 万股（份）
债券交易	不超过 1 万手	不超过 10 万张
债券质押式回购交易	不超过 1 万手	不超过 10 万张
债券买断式回购交易	不超过 5 万手	

表 3－2　　证券交易所竞价交易的证券买卖申报数量

交易内容	上海证券交易所	深圳证券交易所
买入股票、基金、权证	100 股（份）或其整数倍	100 股（份）或其整数倍
卖出股票、基金、权证	余额不足 100 股（份）的部分应一次性申报卖出	余额不足 100 股（份）的部分应一次性申报卖出
买入债券	1 手或其整数倍	10 张或其整数倍
卖出债券	1 手或其整数倍	余额不足 10 张部分，应当一次性申报卖出
债券质押式回购交易	100 手或其整数倍	10 张或其整数倍
债券买断式回购交易	1000 手或其整数倍	

（6）价格。即委托买卖证券的价格，这是委托能否成交以及盈亏的关键。通常分为市价委托和限价委托。

市价委托是指投资者向经纪人发出委托指令时，只规定某种证券的名称、数量，则价格由经纪人随行就市，不作限定。

限价委托即由投资者发出委托指令时，提出买入或卖出某种证券的价格范围，经纪人在执行时必须按限定的最低价格或高于最低价格卖出，或按限定的最高价格或低于最高价格买进。

（7）时间。这是客户填写委托单的具体时点，必须具体到某时某分。这是检查证券经纪商是否执行时间优先原则的依据。

（8）有效期。即委托指令的有效期。在有效期内，委托指令未能成交或未能全部成交，证券经纪商应继续执行委托，委托期满，委托指令自动失效。委托指令有效期一般分为当日有效和约定日有效。如不在委托单上特别注明，我国现行规定为当日有效。

（9）签名。客户签名以示负责。

（10）其他。

2. 委托形式

客户发出委托指令的形式有柜台委托和非柜台委托两大类。

（1）柜台委托。柜台委托是指委托人亲自或由其代理人到证券营业部交易柜台，根据委托程序和必需的证件（委托人身份证和客户证券账户卡）采用书面方式表达委托事项，由本人填写委托单并签章的形式。其特点是安全可靠。

（2）非柜台委托。非柜台委托主要包括电话委托、传真委托、焊点委托、自助终端委托和网上委托等形式。

【岗位实训】

假设张女士到某证券公司新开户想买卖股票，但不懂得要以什么样的方式进行委托比较方便快捷，且又安全可靠。要求以证券公司从业人员的身份，为其介绍各种开户方式的特点，并根据张女士本身的条件为其推荐一种较为适合的委托形式。

实训要求：

（1）进行委托形式的介绍和比较。

（2）了解客户的情况和其需求。

（3）为客户提供合适的交易。

【岗位考核】

岗位考核评价如表3－3所示。

表3－3　　岗位考核评价表

实训内容	2～1.5分	1.5～0.5分	0.5～0分
职业礼仪：接待客户服务表现	热情	一般	不理睬
专业技能：能正确演示各种委托形式	正确	基本正确	错误
专业知识：关于委托指令和委托形式等的知识	非常熟悉	基本熟悉	不熟悉
客户满意程度	满意	一般	不满意
总　分	8分		

教学研讨

教师在授课过程中，可以组织学生分组讨论，并在模拟实训室中进行场景模拟，将学生分组分角色扮演柜员和客户，并在扮演过程中设置问题，让学生自行解决，在巩固课堂知识的基础上，锻炼学生接待客户时随机应变的能力。

任务二　证券买卖委托受理和执行

【任务描述】

陈老师在了解了证券买卖委托的具体形式之后，就直接到柜台体验如何准确接受客户的委托指令，并将其迅速执行。

【业务流程】

证券买卖委托受理和执行业务流程如图 3－1 所示。

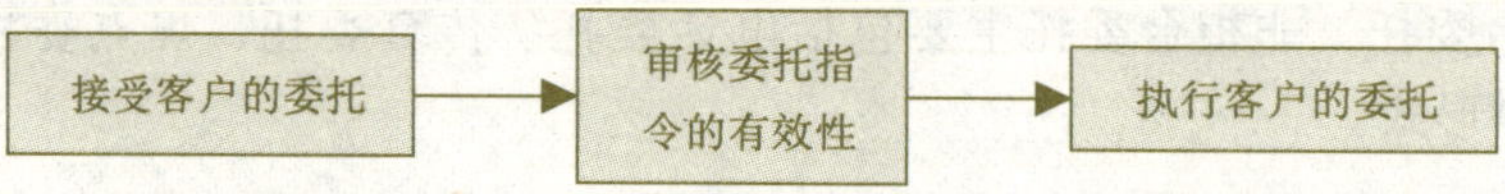

图 3－1　证券买卖委托受理和执行业务流程

【操作要点】

1. 委托受理

证券营业部在收到客户的委托后，应对委托人身份、委托内容、委托卖出的实际证券数量和委托买入的时间和资金余额进行审查。审核无误后方可接受委托。

（1）验证。验证主要是对证券委托买卖的合法性和同一性进行审查。

合法性的审查是指由证券经营机构业务员验对投资者本人居民身份证、证券账户卡和资金账户；对委托买卖行为人本身按国家法律和交易规则规定是否允许参与证券交易进行审查，法律法规规定不得参与证券交易的自然人和法人不得委托。

同一性审查是指委托人、证件与委托单之间的一致性审查，包括委托人与所提供的证件一致及证件与委托单一致两方面。

（2）审单。审单主要是审查委托单的合法性及一致性，包括委托单上填写的要素是否齐全、清楚准确，以确保成交的准确率。

（3）验证资金和证券。验资审查是核对委托买卖证券的数量与实际库存或实际资金余额是否相适应。即在买入证券时，查验客户是否已按规定存入必需的资金；在卖出证券时，查验客户是否有相应的证券。查验无误之后，在委托单上注明受托时间，由经办人签字盖章后，作为正式受托。

注意事项

应提醒客户，如果采用自主委托形式，则当期输入相关账号和正确密码后，即视同确认了身份，所以一定特别注意输入的正确性。

2. 委托执行

证券公司接受证券买卖的委托，应当根据委托书载明的证券名称、买卖数量、出价方式、价格幅度等，按照证券交易所交易规则代理买卖证券；买卖成交后，应当按规定制作买卖成交报告单交付客户。

（1）申报原则。证券营业部将客户买卖证券的委托传送至证券交易所的交易撮合主机，称为“申报”或“报盘”。其申报应按照“时间优先、客户优先”的原则进行。时间优先是指证券营业部应按受托时间的先后次序为委托人申报。客户优先是指当证券公司自营买卖申报与客户委托买卖申报在时间冲突时，应让客户委托买卖优先申报。

注意事项

有自营业务资质的证券公司应当设专人和专用的交易终端从事自营业务。

在交易市场买卖证券均必须公开申报竞价，且需一次性完整报明委托指令的内容。

在接受到两个以上的委托人买进委托与卖出委托，且种类、数量、价格恰好相同时，不得自行对冲完成交易，仍应向证券交易所申报竞价。

（2）申报方式。有形席位申报是指在业务员接受客户委托后，按受托先后顺序将委托买卖的有关内容通知场内的交易员，由其通过场内电脑终端输入证券交易所电脑主机。

无形席位申报是指将证券营业部的电脑系统要与证券交易所交易系统电脑主机联网。客户的委托指令经证券营业部电脑审查确认后，将自动传送至证券交易所交易系统电脑主机；或由证券营业部业务员进行委托审查后，将指令通过终端机输入证交所交易系统，而无需场内交易员再行输入。

（3）申报时间。上海证券交易所和深圳证券交易所都规定每周一至周五为交易日。国家法定节假日和证券交易所公告的休息日，证券交易所市场休市。经中国证监会批准，证券交易所可以调整交易时间。交易时间内因故停市的，交易时间不作顺延。

关于具体的申报时间：

①上海证券交易所：

竞价交易申报的时间为每个交易日 9:15—9:25、9:30—11:30、13:00—15:00。

开盘集合竞价阶段为每个交易日 9:20—9:25，不接受撤销申报。

②深圳证券交易所：

竞价交易申报时间为每个交易日 9:15—11:30、13:00—15:00。

每个交易日 9:20—9:25、14:57—15:00，主机不接受参与竞价交易的撤销申报。

每个交易日 9:25—9:30，交易主机只接受申报，但不对买卖申报或撤销申报作处理。

③另外，上海证券交易所和深圳证券交易所认为必要时，都可以调整接受申报。

3. 委托撤销

（1）在委托未成交之前，委托人有权变更和撤销委托。证券营业部申报竞价成交后，买卖即告成立，成交部分不得撤销。

（2）撤单的程序。在委托未成交之前，委托人变更或撤销委托，在证券营业部采用有形席位申报的情况下，证券经营机构业务员须即刻通知驻场交易员，经场内交易员操作确认后，当即将执行结果告知委托人。在证券营业部采用无形席位交易的情况下，证券经营机构的业务员或委托人可直接将撤单信息通过电脑终端告知交易所主机，办理撤单。对委托人撤销的委托，证券经营机构须根据委托人的要求，及时退还其交保的资金或证券。

【岗位实训】

假设张女士到某证券公司咨询，自己作为新的客户对于买卖股票有一种恐惧感，担心自己在操作之后后悔，又不知道怎么办。要求以证券公司从业人员的身份，为其介绍证券公司是如何接受和执行客户委托的，并根据张女士的要求为其演示撤销委托的全过程。

实训要求：

（1）了解委托接受和执行的程序。

（2）了解客户的情况和其需求。

（3）为客户演示撤销委托的过程。

【岗位考核】

岗位考核评价如表 3－4 所示。

表 3－4　　岗位考核评价表

实训内容	2～1.5 分	1.5～0.5 分	0.5～0 分
职业礼仪：接待客户服务表现	热情	一般	不理睬
专业技能：能正确接受和执行委托	正确	基本正确	错误
专业知识：关于委托接受、执行和撤销的知识	非常熟悉	基本熟悉	不熟悉
客户满意程度	满意	一般	不满意
总　分	8 分		

教学研讨

教师在授课过程中，可以组织学生分组讨论，并在模拟实训室中进行场景模拟，演示操作步骤，再将学生分组分角色扮演柜员和客户，并在扮演过程中设置问题，让学生自行解决，以提高学生解决问题的能力。

模块二　股票委托业务受理

本模块通过介绍股票的基础知识，包括股票概念、种类，根据股票交易步骤练习，要求熟练掌握操作流程，并能通过模拟的股票交易软件，以股票实时行情进行买卖操作。

学习目标

1. 了解股票的概念和种类
2. 掌握股票的交易流程
3. 熟悉模拟股票交易软件的使用

学习准备

1. 证券模拟教学平台软件
2. 开户申请表、身份证件、银行借记卡

任务一　如何进行股票交易

【任务描述】

了解了证券委托及委托指令的主要内容之后，陈老师就开始进行股票委托交易的实习训练。

相关知识

A股、B股、H股

● A股是指已在或获准在上海证券交易所、深圳证券交易所流通的且以人民币为计价币种的股票，这种股票按规定只能由我国居民或法人购买，所以我国股民通常所言的股票一般都是指A股股票。

● B股是以人民币为股票面值、以外币为认购和交易币种的股票，它是境外投资者向我国的股份有限公司投资而形成的股份，在上海和深圳两个证券交易所上市流通。

● H股指注册地在内地、上市地在香港的外资股。中国地区机构投资者可以投资于H股，大陆地区个人目前尚不能直接投资于H股。在天津，个人投资者可以在中国银行各银行网点开办“港股直通车”业务，而直接投资于H股。

【业务流程】

股票交易操作流程如图 3－2 所示。

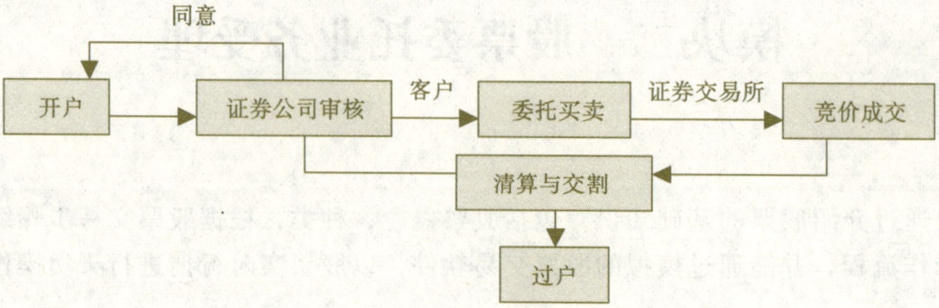

图 3－2　股票交易操作流程

【操作要点】

（1）到证券公司开户。开户流程已在开户岗业务中进行介绍。

（2）进行委托交易。登录证券账户，输入买入股票代码、价格和买入股数。股票代码深圳证券交易所的股票以 000 开头，上海证券交易所股票以 600 开头，中小板块以 002 开头，创业板以 300 开头。最低交易数量是 1 手，即 100 股。

（3）竞价成交。股票交易原则是“价格优先，时间优先”，竞价方式为集合竞价和连续竞价，交易机制是“T＋1”。

（4）清算与交割。证券清算业务，主要是指在每一营业日中每个证券经营机构成交的证券数量与价款分别予以轧抵，对证券和资金的应收或应付净额进行计算的处理过程。在证券交易过程中，当买卖双方达成交易后应在事先约定的时间内履行合约，买方需交付一定款项获得所购证券，卖方需交付一定证券获得相应价款，这一钱货两清的过程称为交割。

（5）过户。过户就是办理清算交割后，将原卖出证券的户名变更为买入证券的户名。证券过户由电脑系统自动完成，通常不需要投资者亲自去办理。

股票交易相关费用如表 3－5 所示。

表 3－5　股票交易费用表

收费项目	深圳 A 股	上海 A 股	深圳 B 股	上海 B 股
印花税	1‰	1‰	1‰	1‰
佣金	小于或等于 3‰（起点：5 元）	小于或等于 3‰（起点：5 元）	3‰	3‰（起点：1 美元）
过户费	无	1‰（按股数计算，起点：1 元）	无	无
交易手续费	无	5 元（按每笔收费）	无	无
结算费	无	无	0.5‰（上限 500 港元）	0.5‰

【岗位实训】

假设张女士到某证券公司开户，你以证券公司从业人员的身份，指导其开户，然后进行账户操作，告知账户基本操作要点。并以某证券账户演示买入股票和卖出股票的过程。

实训要求：

（1）指导开户。

（2）进入账户，进行操作。

（3）演示买卖过程。

【岗位考核】

岗位考核评价如表3－6所示。

表3－6 岗位考核评价表

实训内容	2～1.5分	1.5～0.5分	0.5～0分
职业礼仪：接待客户服务表现	热情	一般	不理睬
专业技能：开户流程、指导操作熟悉程度	正确	基本正确	错误
专业知识：股票知识、账户要求、办理原则等知识	非常熟悉	基本熟悉	不熟悉
客户满意程度	满意	一般	不满意
总　分	8分		

教学研讨

教师进行授课时，可以带学生到证券公司参观，然后利用模拟实训室，进行场景模拟，分角色办演，过程中设置问题，让学生解决，从而加深学习印象。

任务二　股票交易操作流程

【任务描述】

陈老师首先实习股民炒股的必备知识：学会看大盘；了解股票代码、K线；分清技术分析与基本分析。

活动一　股票行情分析系统

【业务流程】

股票行情分析业务流程如图3－3所示。

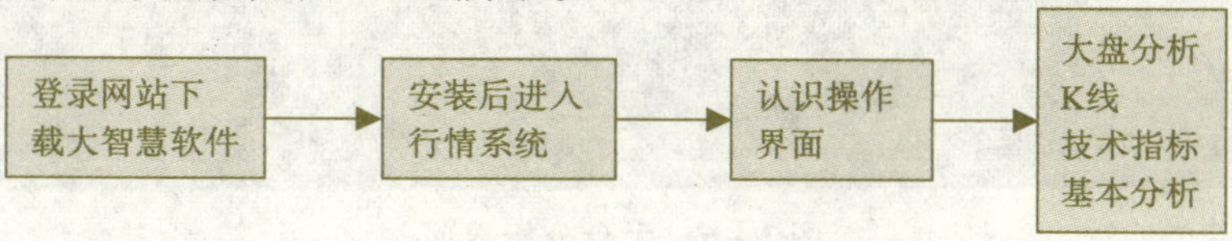

图3－3　股票行情分析业务流程

【操作要点】

（1）登录开户的证券公司网站，下载大智慧炒股软件，并安装该软件。

（2）输入账号和密码，进入大智慧操作系统。

①界面分析。单击每个菜单栏，可以看到每类证券的实时行情，如图 3－4 所示。

图 3－4

②股票大盘分析，认识大盘界面，可在下拉菜单栏（见图 3－5）里选择功能。

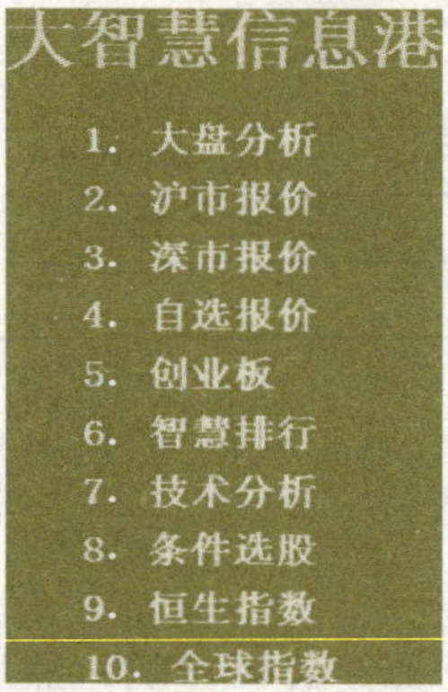

图 3－5　股票大盘界面

点击菜单 1，进入大盘分析，界面如图 3－6 所示，点击进入左边的竖栏菜单，可以看分时走势、技术分析、基本资料、分时成交等。

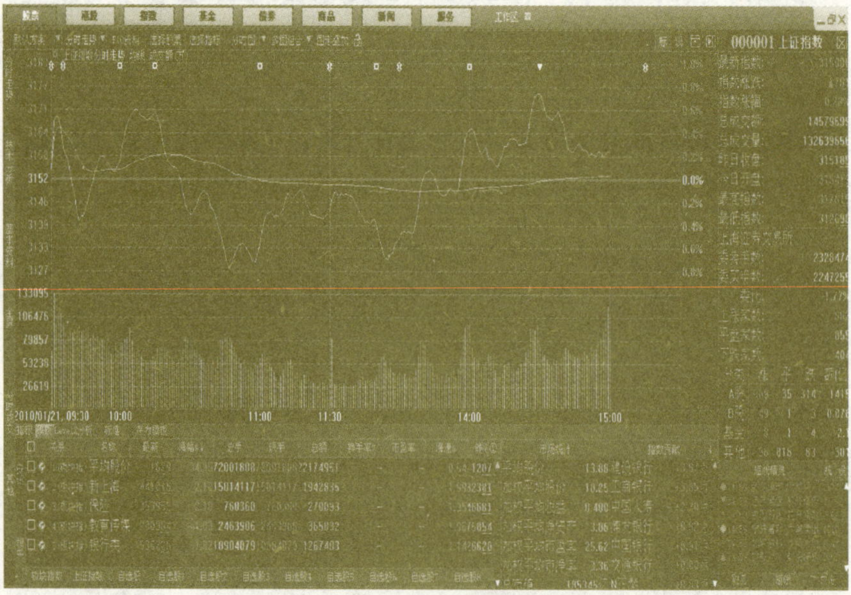

图 3－6　大盘分析界面

③大盘分析操作。

a. 【Enter】键切换到大盘K线图画面。

b. 【PageUp】查看上一个类别指数，【PageDown】查看下一个类别指数。

c. 【01 + Enter】或【F1】，查看分时成交明细；

【02 + Enter】或【F2】，查看分价成交明细；

【10 + Enter】或【F10】，查看当天的咨讯信息。

d. 【/】切换走势图的类型，并调用各个大盘分析指标。

e. 进入大盘的分时图或者日线图后，您可以发现在右下角这里新增了“大单”这项功能按小键盘的【+】号键就能切换到大单揭示页面。它在沪深大盘分时走势页面提供了个股大单买卖的数据。用鼠标双击某一个股名称，可以切换到该股票的分时图界面。

④进入“沪市报价”或“深市报价”菜单，选择你感兴趣的一只股票，双击进入。在分时图这个下拉菜单里选择日线图，界面如图3-7所示。在技术指标这个菜单中下拉，运用多个指标对该股票进行分析。

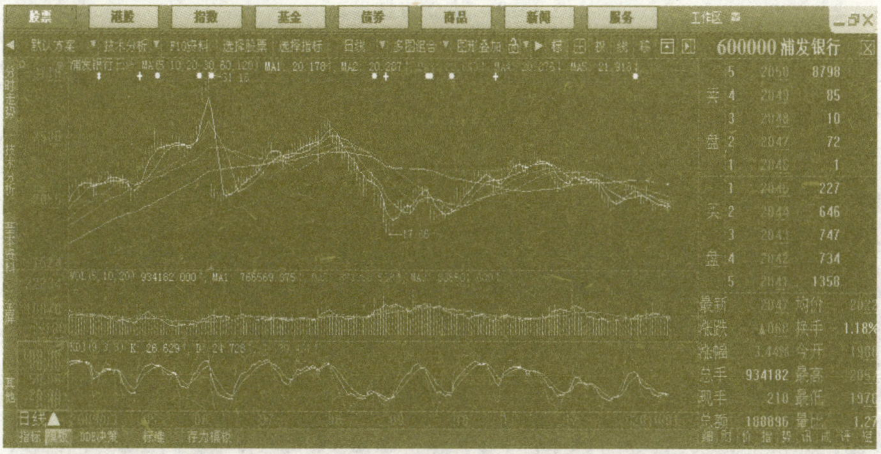

图3-7 日线图界面

（3）进入“债券”菜单栏，显示各个债券的信息，界面如图3-8所示。

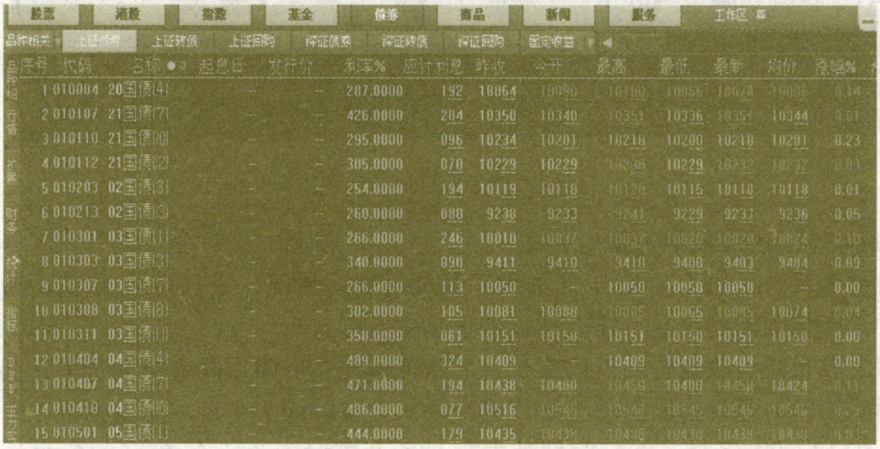

图3-8 债券信息界面

(4) 进入“基金”菜单栏，显示各个基金的信息，界面如图 3 - 9 所示。

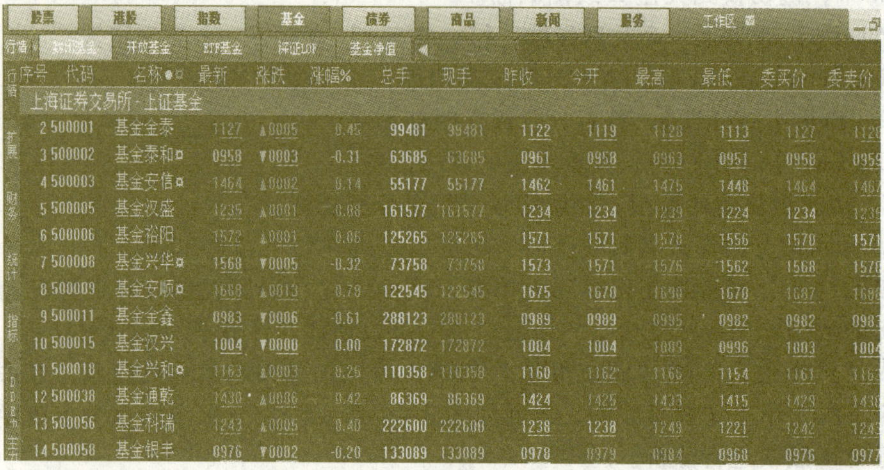

序号	代码	名称	最新	涨跌	涨幅%	总手	现手	昨收	今开	最高	最低	委买价	委卖价
上海证券交易所 - 上证基金													
2	500001	基金金泰	1127	▲0005	0.45	99481	99481	1122	1119	1128	1113	1127	1128
3	500002	基金泰和	0958	▼0003	-0.31	63685	63685	0961	0958	0963	0951	0958	0959
4	500003	基金安信	1464	▲0002	0.14	55177	55177	1462	1461	1475	1448	1464	1464
5	500005	基金汉盛	1235	▲0001	0.08	161577	161577	1234	1234	1239	1224	1234	1239
6	500006	基金裕阳	1572	▲0001	0.06	125265	125265	1571	1571	1578	1556	1570	1571
7	500008	基金兴华	1568	▼0005	-0.32	73758	73758	1573	1571	1576	1562	1568	1570
8	500009	基金安顺	1688	▲0013	0.78	122545	122545	1675	1670	1690	1670	1687	1688
9	500011	基金金鑫	0983	▼0006	-0.61	288123	288123	0989	0989	0995	0982	0982	0983
10	500015	基金汉兴	1004	▼0000	0.00	172872	172872	1004	1004	1003	0996	1003	1004
11	500018	基金兴和	1163	▲0003	0.26	110358	110358	1160	1162	1166	1154	1161	1163
12	500038	基金通乾	1430	▲0006	0.42	86369	86369	1424	1425	1433	1415	1429	1430
13	500056	基金科瑞	1243	▲0005	0.40	222600	222600	1238	1238	1249	1221	1242	1243
14	500058	基金银丰	0976	▼0002	-0.20	133089	133089	0978	0979	0984	0968	0976	0977

图 3 - 9　基金信息界面

(5) 进入“商品”菜单栏，即我们通常所熟知的期货，选择品种“上海期货”，显示各个期货品种的信息，界面如图 3 - 10 所示。

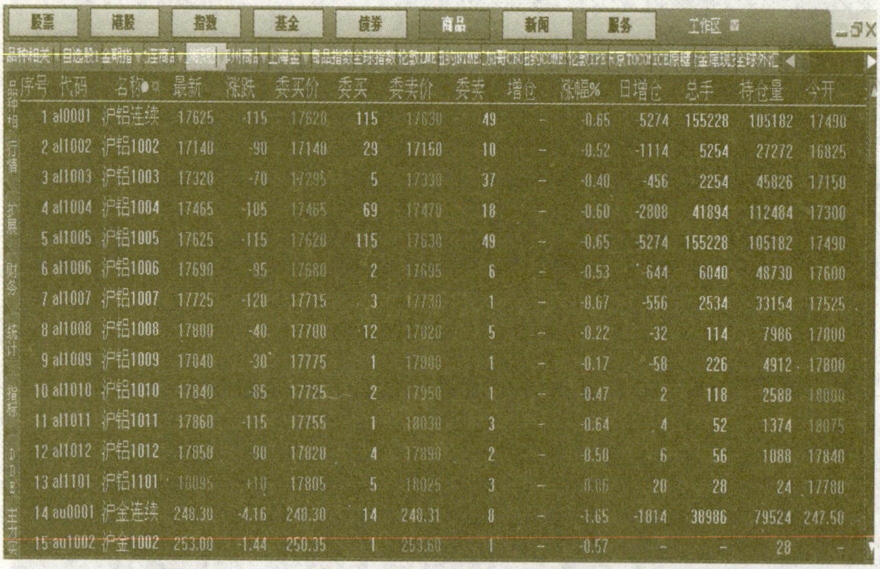

序号	代码	名称	最新	涨跌	委买价	委买	委卖价	委卖	增仓	涨幅%	日增仓	总手	持仓量	今开
1	al0001	沪铝连续	17625	-115	17620	115	17630	49	-	-0.65	-5274	155228	105182	17490
2	al1002	沪铝1002	17140	-90	17140	29	17150	10	-	-0.52	-1114	5254	27272	16825
3	al1003	沪铝1003	17320	-70	17295	5	17330	37	-	-0.40	-456	2254	45826	17150
4	al1004	沪铝1004	17465	-105	17465	69	17470	18	-	-0.60	-2808	41894	112484	17300
5	al1005	沪铝1005	17625	-115	17620	115	17630	49	-	-0.65	-5274	155228	105182	17490
6	al1006	沪铝1006	17690	-95	17680	2	17695	6	-	-0.53	-644	6040	48730	17600
7	al1007	沪铝1007	17725	-120	17715	3	17730	1	-	-0.67	-556	2534	33154	17525
8	al1008	沪铝1008	17800	-40	17700	12	17820	5	-	-0.22	-32	114	7986	17800
9	al1009	沪铝1009	17840	-30	17775	1	17880	1	-	-0.17	-58	226	4912	17800
10	al1010	沪铝1010	17840	-85	17725	2	17950	1	-	-0.47	2	118	2588	18000
11	al1011	沪铝1011	17860	-115	17755	1	18030	3	-	-0.64	4	52	1374	18075
12	al1012	沪铝1012	17850	-90	17820	4	17890	2	-	-0.50	6	56	1088	17840
13	al1101	沪铝1101	18095	+10	17805	5	18025	3	-	0.06	20	28	24	17780
14	au0001	沪金连续	248.30	-4.16	248.30	14	248.31	8	-	-1.65	-1814	38986	79524	247.50
15	au1002	沪金1002	253.00	-1.44	250.35	1	253.60	1	-	-0.57	-	-	28	-

图 3 - 10　期货信息界面

【实战经验一　看懂股票行情表】

股市行情表反映了每天的证券交易和证券价格变动情况，是投资者必须认真研究的信息。深沪两地行情表大同小异，需要掌握的信息主要有：

①收市：收市是指收盘价格。收市价并非指证券交易所闭市收盘时的价格，而是指当天交易中最后成交的一笔价格。目前上海证券交易所开市时间为星期一至星期五上午 9：30 至 11：00，下午 13：00 至 15：00；深圳证券交易所开市时间为上午 9：00 至 11：00，下午

14：00到15：30，法定节假日不开市。在开市时间里，成交的最后一笔价，即为收市价。收市价分为上午（又称为前市）收市价与下午（又称为后市）收市价。

②开盘：开盘是开盘价格的简称，每天每种股票第一笔成交的价格，为开盘价格。如30分钟后仍未产生开盘价，一般取前一日收盘价为当日开盘价。如前一日无成交价格，则由交易所提出指导价格，促使成交后作为开盘价。若首日上市买卖的证券，其开盘价取上市前一日的柜台转让平均价格；如无柜台转让价格，则取该证券的发行平均价格。

③最高：每天的证券交易，成交的笔数很多，价格也不相同，行情表中的“最高”系指当天不同成交价格中的最高价格。有时成交的最高价格只有一笔，有时有几笔。

④最低：最低是指当天成交的不同价格中的最低价位。有时只有一笔，有时不止一笔。

⑤升、跌：是指以当天的收盘价格与前一天的收盘价格比较而得到的结果，正为涨，负为跌，涨跌幅度用百分比来表示。

⑥成交量：成交量是指股票当天的交易数量，其计算单位有两种，一是以股数计算，另一种是以金额计算。在深圳、上海证券行情中，往往将成交量与成交金额分开来，前者以股数来计算，后者以金额来计算。

⑦停板：停板是因为出现了对整个股市有极大影响的事件时，交易所停止所有的买卖，防止股市暴涨或暴跌。交易所适当利用停板，可以使股市安然渡过危机。

⑧停牌：停牌指暂时停止股票买卖。当某家上市公司因一些消息或正在进行的某些活动而使该公司股票的价格大幅度上涨或下跌，这家公司就可能需要停牌。

相关知识

深圳证券交易所规定上市公司停牌情形

（1）公司累计亏损达实收资本额二分之一时。

（2）公司资产不足抵偿其所负债务时。

（3）公司因财政原因而发生银行退票或拒绝往来的事项。

（4）全体董事、监事、经理人所持有记名股票的股份总额低于交易所规定。

（5）有关资料发现有不实记载，经交易所要求上市公司解释而逾期不作解释者。

（6）公司董事或执行业务的股东，有违反法令或公司业务章程的行为，并足以影响公司正常经营的。

（7）公司的业务经营，有显著困难或受到重大损害的。

（8）公司发行证券的申请经核准后，发现其申请事项有违反有关法规、交易所规章或虚假情况。

（9）公司因财务困难，暂停营业或有停业的可能，法院对其证券作出停止转让裁定的。

（10）经法院裁定宣告破产的。

（11）公司组织及营业范围有重大变更，交易所认为不宜继续上市的。

另外，上市公司如有下述情形，则应要求停止上市买卖：

（1）上市公司计划进行重组的。

（2）上市公司计划发新票券的。

(3) 上市公司计划供股集资的。

(4) 上市公司计划发股息的。

(5) 上市公司计划将上市证券拆细或合并的。

(6) 上市公司计划停牌的。

若遇到以上情况，证券行情表中会出现“停牌”字样，该股票买卖自然停止，该股票一栏即是空白。

⑨市盈率：市盈率即市价盈利率，又叫本益比。它是上市公司的股票在最新年度每股的盈利与该公司最新股价的比率。公式为：

$$市盈率=\frac{公司股票最新市价}{公司最新年度每股盈利}$$

市盈率是分析股票市价高与低的重要指标，是衡量股票投资价值的一种方法。市盈率是一个风险指标，反映了某种股票在某一时期的收益率，成了市场上影响股价诸多因素的综合指标。市盈率综合了投资的成本与收益两个方面，可以全面反映股市发展的全貌，因而在分析上具有重要价值。市盈率不仅可以反映股票的投资收益，而且可以显示投资价值。市盈率的急剧上升，可能使炒股有利可图，使多头活跃。市盈率的作用还体现在可以作为确定新发行股票初始价格的参照标准。如果股票按照溢价发行的话，要考虑按市场平均投资潜力状况来定溢价幅度，这时股市各种类似股票的平均市盈率便可作为参照标准。

【实战经验二　技术指标分析】

股票技术指标主要分为三大类：趋向类技术指标、强弱技术指标和随机买入的技术指标。

相关知识

证券行情系统中各指标的含义

学会股票技术指标分析就需要知道股票技术指标有哪些，还可以让我们知道如何操作不会被套牢，以下是主要的股票技术指标：

➢ 随机指标 KDJ

① K 值由右边向下交叉 D 值做卖，K 值由右边向上交叉 D 值做买。高档连续二次向下交叉确认跌势（死叉），低档连续二次向上交叉确认涨势（金叉）。

② D 值 <15% 超卖，D 值 >90% 超买；J >100% 超买，J <10% 超卖。

③ KD 值于 50% 左右徘徊或交叉时无意义。

④ 投机性太强的个股不适用。

⑤ 可观察 KD 值与股价之背离情况，以确认高低点。

➢ 波段指标 MACD（平滑异同移动平均线）：该指标主要是利用长短期二条平滑平均线，计算两者之间的差离值。

① DIF 和 MACD 在 0 以上，大势属多头市场。

② DIF 向上突破 MACD 时，可做买；若 DIF 向下跌破 MACD 时，只可做原单的平仓，不可新卖单进场。

③ DIF 和 MACD 在 0 以下，大势属空头市场。

④ DIF 向下跌破 MACD 时，可作卖；若 DIF 向上突破 MACD 时，只可作原单的平仓，不可新买单进场。

⑤ 高档二次向下交叉大跌，低档二次向上交叉大涨。

➢ OBV 指标（能量潮）：该指标通过统计成交量变动的趋势来推测股价趋势。

① 必须观察 OBV 之 N 字形波动。

② 当 OBV 超越前一次 N 字形高点，即记一个向上的箭号。

③ 当 OBV 跌破前一次 N 字形低点，即记一个向下的箭号。

④ 累计五个向下或向上之箭号，即为短期反转讯号。

⑤ 累计九个向下或向上之箭号，即为中期反转讯号。

⑥ N 字形波动加大时，注意行情随时有反转可能。

➢ 相对强弱指标 RSI

① RSI 值于 0% ~100% 之间呈常态分配。当 6 日 RSI 值在 94% 以上时，股市呈超买现象，若出现 M 头为卖出时机；当 6 日 RSI 值在 13% 以下时，股市呈现超卖现象，若出现 W 底为买进时机。

② 当快速 RSI 由下往上突破慢速 RSI 时，为买进时机；当慢速 RSI 由上往下跌破快速 RSI 时，为卖出时机。

➢ ROC 指标

① ROC 具有超买超卖功能。

② 个股经价格比率之不同，其超买超卖范围也略有不同，但一般总是介于 ±6.5 之间。

③ ROC 抵达超卖水准时，做买；抵达超买水准时，做卖。

④ ROC 对于股价也能产生背离作用。

➢ 布林指标 BOLL

① 布林线利用波带可以显示其安全的高低价位。

② 当易变性变小，而波带变窄时，股票技术指标参数激烈的价格波动有可能随即产生。

③ 高低点穿越波带边线时，立刻又回到波带内，会有回档产生。

④ 波带开始移动后，以此方式进入另一个波带，这对于找出目标值有相当帮助。

（6）认识分时走势图。分时走势图是把股票市场的交易信息实时地用曲线在坐标图上加以显示的技术图形。坐标的横轴是开市的时间，纵轴的上半部分是股价或指数，下半部分显示的是成交量。分时走势图分为指数分时走势图和个股分时走势图，如图 3－11 和图 3－12所示。

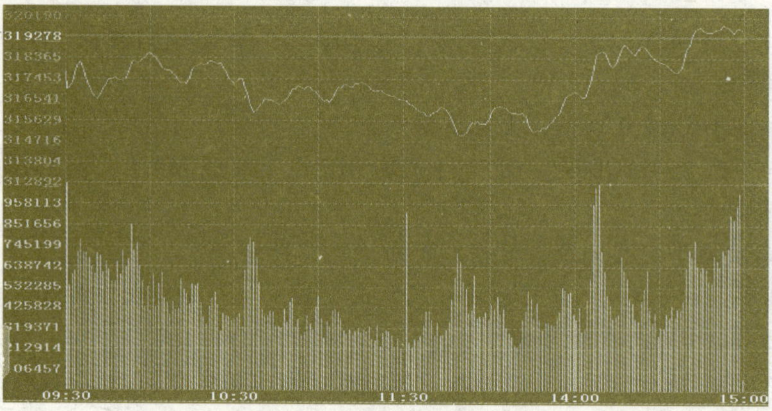

图 3－11　指数分时走势图

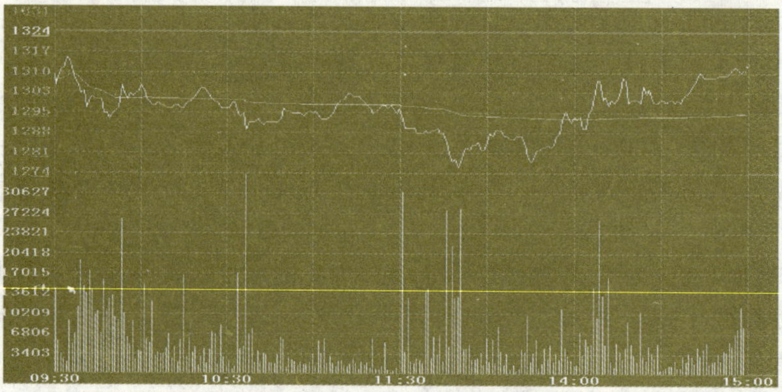

图 3－12　个股分时走势图

（7）个股股票操作界面（见图 3－13）介绍。

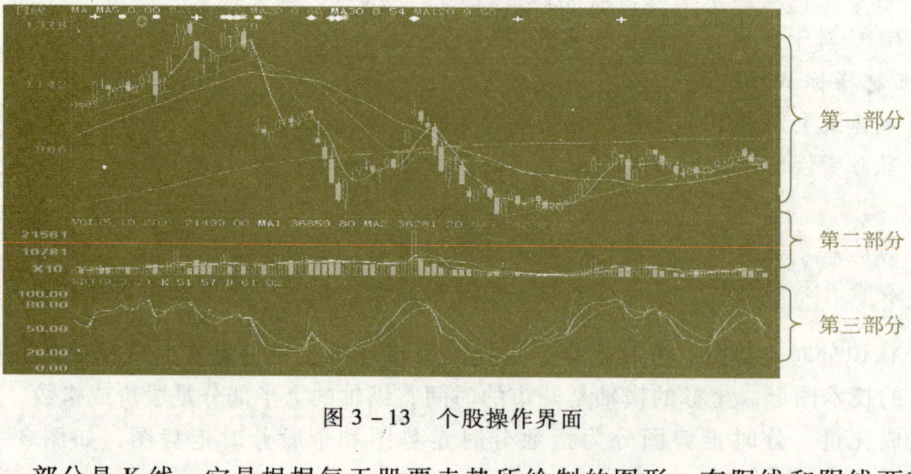

图 3－13　个股操作界面

①第一部分是 K 线。它是根据每天股票走势所绘制的图形，有阳线和阴线两种，红色的是阳线，蓝色的是阴线。

②第二部分是成交量。代表在当前走势下的股票成交数量。

③第三部分是技术指标走势图。常用的技术指标有 KDJ、MACD、RSI 等。不同的指标

值可以解读出股票的买入和卖出时机。单击左键选择指标，然后按右键，可以浏览指标的注解和用法。

（8）操作快捷键的使用。

①方向键↑、↓：技术分析画面中放大、缩小图形。←、→：左右移动游标。

② PageUp、PageDown：上一个股票、下一个股票或者上一页、下一页。

③ *、/技术分析画面中上一个指标、下一个指标。

④ F1 分时走势画面切换至分笔成交明细，技术分析画面切换至每日成交明细。

⑤ F2 分时走势画面切换至价量分布图。

⑥ 03（F3）键：上证指数；04（F4）键：深圳成分指数。

⑦ F5 分时走势画面、技术分析循环切换。

⑧ F8 在技术分析画面切换周期类型，有分钟线、周线、月线、日线和年线。

⑨ F10 当前股票的基本资料。

⑩ 81：上证 A 股综合排名；83：深圳 A 股综合排名；
61：上证 A 股涨跌排名；63：上证 A 股涨跌排名；
82：上证 B 股综合排名；84：深圳 B 股综合排名。

（9）盘面术语解释。买盘、卖盘、开盘价和收盘价、成交价、涨停和跌停、外盘和内盘、市盈率、换手率、涨跌幅、量比等。

【岗位实训】

选择最近一天的股票交易行情，说出当天大盘指数，找出分时图与 K 线图。并能完成上面快捷键的使用操作。

【岗位考核】

岗位考核评价如表 3－7 所示。

表 3－7　岗位考核评价表

实训内容	5～4 分	4～3 分	3～1 分
专业技能：通过软件，按要求熟练操作	非常熟悉	基本熟悉	不熟悉
专业知识：软件安装、盘面术语解释	正确	基本正确	错误
总　分	10 分		

教学研讨

教师授课时，可以到实训室先介绍基础知识，并演示操作步骤，事后可以进行课堂抽查的方式，考核学生课堂学习能力，并对症下药，指出学生大部分存在的问题，重点提示。

模块三　债券委托业务受理

本模块主要介绍债券的概念、种类和特征，熟练进行债券交易操作，通过模拟债券交易，熟悉买卖过程。

学习目标

1. 债券的概念、种类和特征
2. 掌握债券与股票区别
3. 掌握债券的交易程序
4. 掌握债券收益率计算
5. 掌握债券估值的基本方法
6. 选择债券的投资品种

学习准备

1. 证券模拟教学平台软件
2. 证券账户或基金账户、申请表

任务一　如何进行债券交易

【任务描述】

随着居民手中的闲钱越来越多，投资的渠道也在不断增加，甚至许多退休在家的老人也想试着去投资，赚点钱改善退休生活。他们对股票、债券和基金似乎都不太了解，但是有一点可以肯定的是，风险不能太大。债券这种产品比较适合这一类人群，而且需求量呈逐步加大的趋势。陈老师下一步就是了解债券概念、品种、特征和交易程序。

活动一　债券的交易程序

【业务流程】

债券交易流程如图 3－14 所示。

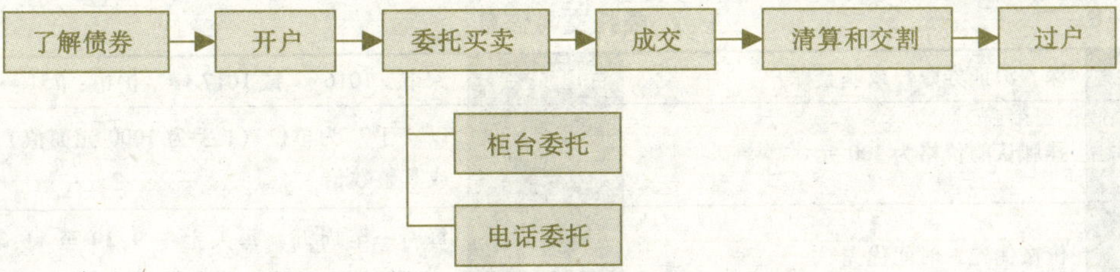

图3-14　交易所上市债券的交易流程图

【操作要点】

1. 了解债券

债券按发行主体通常分为：

国债：是财政部为筹措资金而发行的债券。国债是目前债券市场上流动性最佳、风险最低的债券。从债券形式看，我国发行的国债又可分为无记名（实物）国债、凭证式国债和记账式国债三种。无记名（实物）国债是一种实物债券，以实物券的形式记录债权，面值不等，不记名，不挂失，可上市流通；凭证式国债是一种国家储蓄债，通过银行发行，可挂失，以“凭证式国债收款凭证”记录债权，不能上市流通；记账式国债以记账形式记录债权，通过采用无纸化形式发行和交易，可以记名、挂失。

金融债券：是由银行和非银行金融机构发行的债券。我国目前金融债券主要有进出口银行等政策性银行发行的政策性金融债券。

企业债券：是企业依照法定程序发行，约定在一定期限内还本付息的债券。我国债券市场上的企业债券可分为普通企业债券和可转换（公司）债券两类，其中可转换债券是指在一定条件下能够转换成为公司股票的企业债券，一般为上市公司所发行。

公司债券是指由非金融公司发行的债券。部分公司债券面向社会公开发行，在证券交易所上市交易，个人投资者可以购买和交易。

可转债全称为可转换公司债券。在目前国内市场，就是指在一定条件下可以被转换成公司股票的债券。可转债具有债权和期权的双重属性，其持有人可以选择持有债券到期，获取公司还本付息；也可以选择在约定的时间内转换成股票，享受股利分配或资本增值。

2. 开户

投资者选择一家证券经纪公司或证券营业部办理“证券账户”或“基金账户”开户手续，进行证券交易委托。

3. 委托交易（见表3-8）

4. 清算和交割

债券交易成交以后必须进行券款的交付，这就是债券清算和交割。

（1）债券的清算。指在同一交割日对同一种债券的买和卖相互抵销，确定出应当交割的债券数量和应当交割的价款数额，然后按照“净额交收”原则办理债券和价款的交割。

（2）债券的交割。就是将债券由卖方交给买方，将价款由买方交给卖方。在证券交易所交易的债券，按照交割日期不同，分为当日交割、普通日交割和约定日交割三种。目前，深沪证券交易所规定为当日交割。当日交割是在买卖成交当天办理券款交割手续。

表 3-8　　委托交易信息

申购账户	深、沪证券账户或基金账户	申购代码	深市：1016 ** 或 1017 **，沪市：751 ***
申购价格	挂牌认购价格为 100 元	申购单位	以“手”为单位（1 手为 1000 元面值），为 1 手或其整数倍
交易原则	价格优先、时间优先	交易规则	每周一至周五，每天上午 9:30 至 11:30，下午 1:00 至 3:00。法定公众假期除外
申购费用	无需缴纳任何费用	价格最小变化档位	债券的申报价格最小变动单位为 0.01 元人民币
交易方式	T+0，国债现货交易允许实行回转交易。即当天买进的债券当天可以卖出，当天卖出的债券当天可以买进	交易清算	债券结算按 T+1 方式进行

5. 过户

过户基本程序包括：

（1）债券卖出方在完成清算交割后，在其现金账户上增加与该笔交易价款相等的金额，在证券账上扣减相同数量的该种债券。

（2）债券买入方在完成清算交割后，在其现金账户上减少价款，同时在其证券账户上增加债券的数量。

债券交易的费用如表 3-9 所示。

表 3-9　　债券交易费用

收费项目	国债	企业债	公司债	可转换债券	分离交易的可转换债券
印花税	无	无	无	无	无
所得税	无	20%	20%	20%	20%
佣金（上限）	不超过成交金额的 0.02%	不超过成交金额的 0.02%	不超过成交金额的 0.02%	不超过成交金额的 0.02%	不超过成交金额的 0.02%
（包含）经手费	成交金额的 0.001%（双向）	成交金额的 0.001%（双向）	成交金额的 0.001%（双向），不超过 150 元/笔	成交金额的 0.001%（双向）	成交金额的 0.001%（双向）
（包含）证管费	成交金额的 0.001%（双向）	成交金额的 0.001%（双向）	成交金额的 0.001%（双向）	成交金额的 0.001%（双向）	成交金额的 0.001%（双向）

【岗位实训】

2000 亿特别国债公开发行

财政部发出通知，十届全国人大常委会第 28 次会议批准发行的 15500 亿元特别国债中，2000 亿元特别国债通过全国银行间债券市场向社会公开发行。这次向社会发行的特别国债均为 10 年期以上长期国债。国债品种为可流通记账式国债，可以进行现券买卖和回购交易。同时，为满足个人投资者购买需求，特别国债可以通过试点商业银行柜台进行现券买卖。

财政部指出，直接向社会发行2000亿元特别国债，有利于缓解当前流动性偏多、经济增长由偏快转为过热的状况，有利于加强和改善宏观调控。

（资料来源：新浪财经网，2007年9月11日。）

想一想：（1）什么是国债？国债品种有哪些？

（2）国债的发行对经济调控有什么作用？

表3－10　实训提示：国债的种类表

分类标准	类别	内容表述
根据偿还期限	短期国债	期限一般在一年以内，主要是为了调剂国库资金周转的临时性余缺，并具有较大的流动性。
	中期国债	偿还期限为1—10年（包含一年但不含10年），因其偿还时间较长而可以使国家对债务资金的使用相对稳定。
	长期国债	期限在10年以上（含10年），可以使政府在更长时期内支配财力，但持有者的收益将受到币值和物价的影响。
	永久国债	没有规定还本期限，但规定了按时支付利息的国债，在政府财力许可时可以随时从市场买入而予以注销。
根据是否流通	可流通国债	发行期过后，可以在公开债券市场上自由流通交易的国债为可流通国债，其交易价格将随市场供求关系以及利率、物价等经济与非经济因素的影响而起伏波动，是金融市场上的重要交易对象。
	不可流通国债	发行时规定不能进入市场流通，只能按规定时间兑付的国债为不可流通国债，这主要是基于满足特定购买者群体的投资需求及相关目的而发行的。

【岗位考核】

岗位考核评价如表3－11所示。

表3－11　岗位考核评价表

实训内容	2～1.5分	1.5～0.5分	0.5～0分
职业礼仪：接待客户服务表现	热情	一般	不理睬
专业技能：开户流程、指导操作熟悉程度	正确	基本正确	错误
专业知识：债券基本知识、交易原则等	非常熟悉	基本熟悉	不熟悉
客户满意程度	满意	一般	不满意
总　分	8分		

教学研讨

教师教学方式上，可采用比较方法对债券与股票加以区分和比较，各说明两种投资品种的特征，通过学生分小组进行角色扮演，模拟演示，使学生更好地掌握债券交易流程中的相关要求。

活动二　债券交易途径与交易方式

【任务描述】

对债券基本知识的了解后，陈老师进一步了解债券交易的途径与交易方式。

【业务流程】

债务交易业务流程如图 3－15 所示。

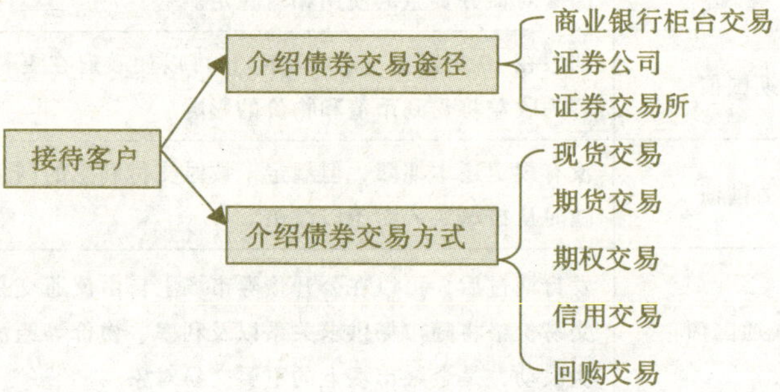

图 3－15

【操作要点】

1. 商业银行柜台交易

商业银行柜台交易如图 3－16 所示。

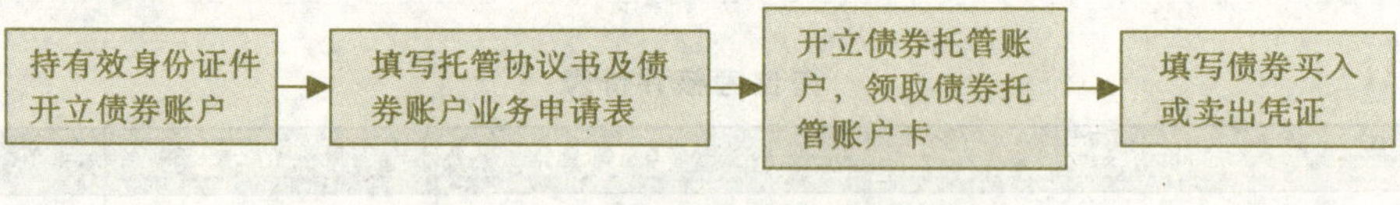

图 3－16　商业银行柜台交易流程

【注意事项】

（1）可在商业银行柜台进行交易的债券须是由财政部指定、经中国人民银行批准的记账式国债。柜台交易应遵循公平、诚信的原则。投资人自担投资风险。

（2）除金融机构外，凡持有有效身份证件的个人以及企业或事业社团法人，均可在商业银行柜台开立国债托管账户并进行国债买卖。

（3）投资人办理债券需缴纳的费用包括：①托管账户开户费 10 元；②非交易过户每次 50 元，转托管费每次 20 元，投资人只有在办理非交易过户或转托管时才缴纳。

（4）投资人获得债券交易价格的途径包括：银行指定网点柜台、电话银行、银行网站、中国债券信息网（www. chinabond. com. cn）等。

(5) 投资人办理转托管业务时，须持本人有效身份证件、债券交易卡、债券账户卡，到指定的营业网点柜台，填写“债券账户业务申请表”（机构投资人加盖预留印鉴），按规定缴纳相应的手续费，即可办理转托管业务。

(6) 非交易过户。申请人到指定营业网点柜台办理，提供相应的司法文件、债券交易卡、债券账户卡、申请人有效身份证件、受赠人的托管账户，经业务主管部门批准后办理。

2. 债券交易市场

债券交易市场又称债券流通市场或债券二级市场，是已发行债券流通、转让的场所。债券交易市场是债券发行市场的延续，是债券市场的重要组成部分。债券交易可在证券交易所和场外市场上进行。

不同类国债的异同点比较如图3－17所示，中国债券市场结构如图3－18所示。

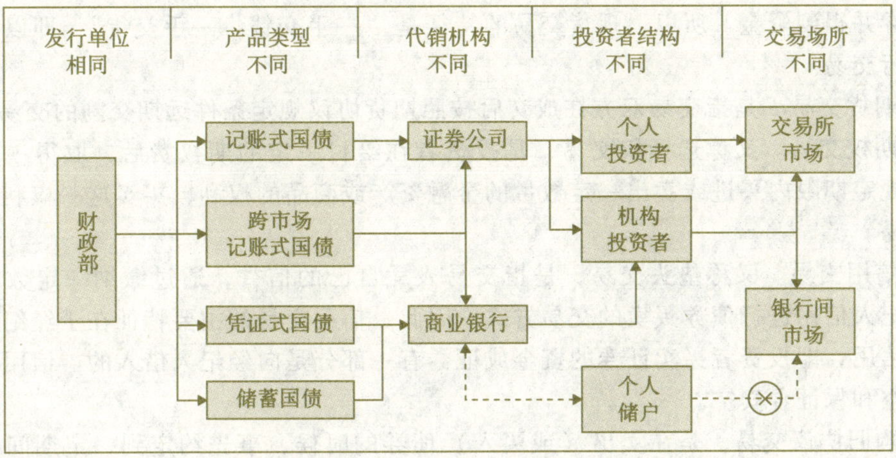

图3－17 不同类国债的异同点比较图

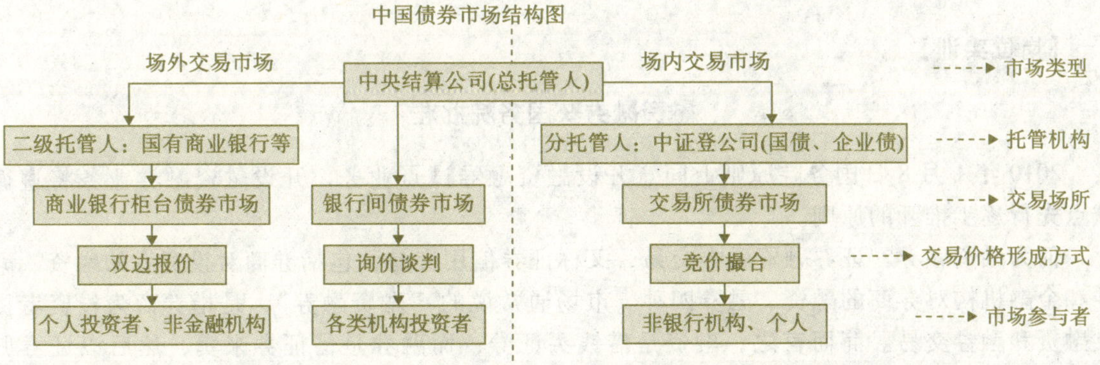

图3－18 中国债券市场结构图

3. 证券公司参与债券场外交易方式

(1) 自营买卖债券程序如图3－19所示。

图 3 - 19　自营买卖债券程序

（2）代理买卖债券程序如图 3 - 20 所示。

图 3 - 20　代理买卖债券程序

4. 债券交易方式。

目前世界各国常用的交易方式有：现货交易、期货交易、期权交易、信用交易等。

（1）现货交易。是指交易双方在成交后立即交割，买入者付出资金并得到债券，卖出者交付债券并得到资金。所以，现货交易的特征是“一手交钱，一手交货”，即以现款买现货方式进行交易。

（2）期货交易。是指交易双方在成交后按照期货协议规定条件远期交割的交易方式。

（3）期权交易。又称选择权交易，是投资者在给付一定的期权费后，取得一种可按约定价格在规定期限内买进或卖出一定数量的金融资产或商品的权利，买卖这一权利的交易即为期权交易。

（4）信用交易。又称垫头交易，是指交易人凭自己的信誉，通过缴纳一定数额的保证金取得经纪人信用进行债券买卖的交易方式。因此，信用交易的主要特征在于经纪人向投资者提供了信用，即投资者买卖证券的资金或证券有一部分是向经纪人借入的。信用交易包括保证金买空和保证金卖空。

（5）购回协议交易。是在卖出（或买入）债券的时候，事先约定到一定期间后按规定的价格再买回（或卖出）同一品牌的债券。其实质与同业拆借一样，是一种短期资金的借贷交易，债券在此充当担保。

【岗位实训】

融资融券获国务院批准

2010 年 1 月 8 日国务院原则上同意开设融资融券试点业务，开设融资融券业务将遵循试点先行逐步推开的原则。

何为融资融券？证券融资融券交易，又称证券信用交易，包括券商对投资者的融资、融券和金融机构对券商的融资、融券四种。市场通常说的“融资融券”，是指券商为投资者提供融资和融券交易。简而言之，融资是借钱买证券；而融券是借证券来卖，然后以证券归还，即卖空。

融资是借钱买证券，证券公司借款给客户购买证券，客户到期偿还本息，客户向证券公司融资买进证券称为“买空”；融券是借证券来卖，然后以证券归还，证券公司出借证券给客户出售，客户到期返还相同种类和数量的证券并支付利息，客户向证券公司融券卖出称为“卖空”。

融资融券并不是国内资本市场新生事物。早在 1993 年、1994 年，券商就开始为客户提供“透支”服务，即客户向营业部借钱买股票或借股票来卖。在当时机构自我约束力和金融监管能力不足背景下，违规事件层出不穷，1996 年证监会明令禁止。

讨论：你认为我国开设融资融券业务，对投资者有什么影响？

教学研讨

对于中专生，学习证券交易方式，主要以现货和期货交易方式为主，但随着国家政策的改变，证券公司的业务也在发生变化，应该将最新的知识与学生分享，就教师通过怎么的方式讲解新内容进行研讨。

任务二　债券行情分析系统介绍

【任务描述】

熟悉债券行情分析软件，利用模拟交易软件进行买卖操作。

【业务流程】

债券行情分析业务流程如图 3－21 所示。

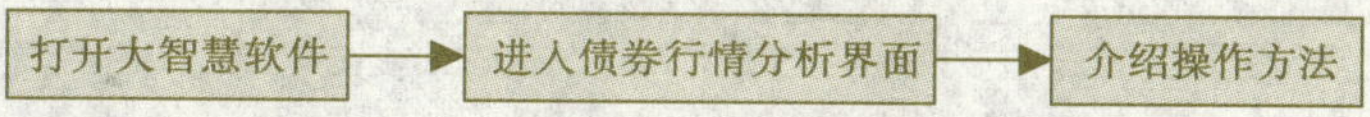

图 3－21　债券行情分析业务流程

【操作要点】

（1）进入大智慧软件，查找国债（见图 3－22）。上证所国债代码以 010 开头，深交所国债以 100 开头。

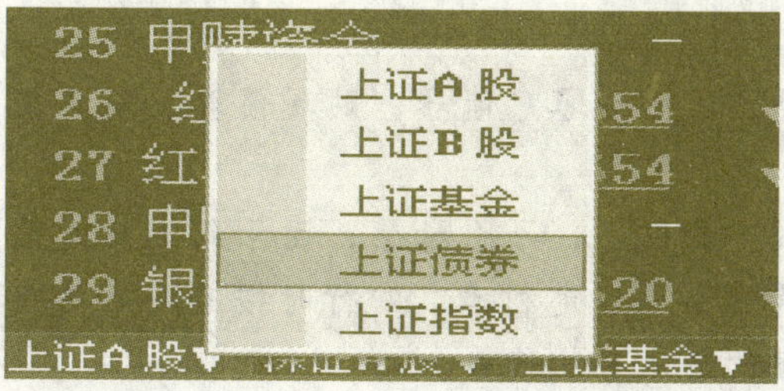

图 3－22　大智慧软件国债界面

（2）双击某支国债，进入 k 线图分析大智慧软件国债界面。该部分与股票的 k 线图一样，就不再重复说明了。如图 3－23 所示以“2001 年记账式七期国债”。

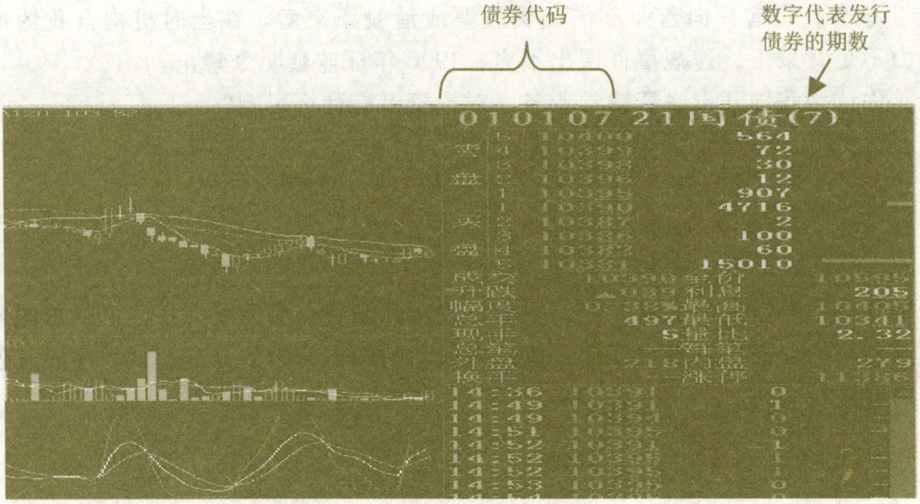

图 3－23　某支国债的 k 线图

（3）F10 进入基本分析，了解债券信息（见图 3－24）。

国债全称	:2001年记账式七期国债（20年）		
国债类型	:记账式		
年　　度	:2001-01-01	期　　数	:7
发 行 人	:中华人民共和国财政部		
总 份 额	:240.0(亿元)		
面　　值	:100.0(元)	发行价格	:100.0(元)
票面利率	:4.26%		
期　　限	:20(年)		
计息方式	:单利	利率类型	:固定利率
起息日期	:2001-07-31	到期日期	:2021-07-31
息票品种	:附息	付息次数	:2(次/年)
付息日说明	:每年1月31日和7月31日付息，节假日顺延		
偿还方式	:到期偿付		
是否免税	:是	税　率(%)	:0.0000
可提前兑付	:否		
上市日期	:2001-08-20		
质押券申转代码:			
7天品种证券代码	:		
28天品种证券代码:			
91天品种证券代码:			
兑付起始日期	:2021-07-31		

图 3－24　债券信息

相关知识

债券按付息方式分类，可分为零息债券、贴现债券、附息债券、固定利率债券、浮动利率债券。

零息债券是指以贴现方式发行，不附息票，而于到期日时按面值一次性支付本利的债券。贴现债券是指在票面上不规定利率，发行时按某一折扣率，以低于票面金额的价格发行，到期时仍按面额偿还本金的债券。

附息债券是指在债券券面上附有息票的债券，或是按照债券票面载明的利率及支付方式支付利息的债券。息票上标有利息额、支付利息的期限和债券号码等内容。持有人可从债券上剪下息票，并据此领取利息。附息债券一般会在偿还期内按期付息，如每半年或一年付息一次。

固定利率债券是指发行时规定利率在整个偿还期内不变的债券。固定利率债券不考虑市场变化因素，因而其筹资成本和投资收益可以事先预计，不确定性较小。

浮动利率债券是指发行时规定债券利率随市场利率定期浮动的债券，也就是说，债券利率在偿还期内可以进行变动和调整。

（4）进入模拟账户，买入债券。

根据账户资金，输入买入手数。规则已经在任务一的活动一中讲述。

【岗位实训】

（1）进入大智慧软件，分别查找一支上证国债和深证国债，说明数字代表的意思，并了解债券的基本信息。

（2）进入大智慧软件，查找某支公司债券。说明什么是信用评级？我国债券信用级别设置是怎样的？为什么国债不需要信用评级？

级别	内容	利息支付能力与本金偿还能力
AAA	最高级	还本付息实力非常雄厚
AA	高级	还本付息能力很强，与AAA级只有微小差别
A	中上	还本付息能力较强，比AAA级及AA级易于受环境和经济条件变化等不利影响
BBB	中级	有充足的还本付息能力，但不利的经济条件或环境改变会削弱这一能力
BB B CC	中下投机级	具有很强的投机因素，BB级表示最低程度的投机，CC级表示最高程度的投机，一旦出现不利条件，便有重大风险
C		这一等级仅适用于不付息的收益债券
DDD DD D	不履行债务	违约债券，还本付息已拖欠

图3－25 实训提示：债券信用级别表

【岗位考核】

岗位考核评价如表3－12所示。

表3－12 岗位考核评价表

实训内容	2～1.5分	1.5～0.5分	0.5～0分
专业技能：债券买卖操作，独立交易成功	独立交易	基本完成	无交易
专业知识：债券行情分析系统操作要点、盘面术语掌握程度	非常熟悉	基本熟悉	不熟悉
实训练习完成情况	非常正确	基本正确	不正确
总　分	6分		

教学研讨

很多网上免费的模拟交易软件是不能进行债券交易的。教师可通过真实的证券账户为学生讲授买卖债券过程。注意学生对分析系统反馈信息的理解，不局限于基本的操作步骤，做到“知其然，并知其所以然”。

任务三　债券投资操作

【任务描述】

了解货币时间价值、终值与现值，介绍债券估值的基本方法。

活动一　债券估值的基本方法

【业务流程】

债券估值业务流程如图 3 – 26 所示。

图 3 – 26　债券估值业务流程

【操作要点】

1. 假设条件

假定债券不存在信用风险，也不考虑通货膨胀对债券收益的影响，从而对债券的估价可以集中于时间的影响上。

2. 熟悉货币的时间价值、终值和现值

（1）使用货币按照某种利率进行投资的机会是有价值的，该价值被称为货币的时间价值。

（2）货币终值的计算。

单利终值的计算式：$V_n = V_0(1 + i \times n)$

复利终值的计算式：$V_n = V_0(1 + i)^n$

其中，V_n 为终值，V_0 为本金，i 为利率，n 为期限。

（3）现值的计算。终值与现值互为逆运算关系。现值一般有两种特征：①当给定终值时，贴现率越高，现值就越低；②当给定利率及终值时，取得终值的时间越长，该终值的现值就越低。

单利的现值：$V_0=\dfrac{V_n}{(1+i\times n)}$

复利的现值：$V_0=\dfrac{V_n}{(1+i)^n}$

3. 债券的定价公式

金融资产的价值是所有未来预期现金流按其风险相对应的必要收益率折现的现值。运用到债券上，债券的内在价值即等于来自债券的预期货币收入按某个利率贴现的现值。在确定债券内在价值时，需要估计预期货币收入和投资者要求的适当收益率（称“必要收益率”）。

债券的预期货币收入来源包括：息票利息和票面额。债券的必要收益率一般是比照具有相同风险程度和偿还期限的债券的收益率得出的。

（1）一次性还本付息的债券定价公式。

$$P=\frac{F\ (1+i)^n}{(1+r)^m}$$

一次性还本付息的债券只有一次现金流动，也就是到期日的本息和。F为债券面值，r为债券必要收益率，i为利率，m为末到期数，n为债券的发行期限。

（2）附息债券的定价公式。债券产生的现金流由息票利息C和本金F构成。付息期限和偿还本金的到期日T通常由契约确定。必要收益率r和债券的价格P呈相反的变化。

$$P=\frac{C_1}{1+r}+\frac{C_2}{(1+r)^2}+\cdots+\frac{C_T}{(1+r)^T}+\frac{F}{(1+r)^T}$$

（3）零息债券的定价。零息债券不向投资者进行任何周期性的利息支付，而是把到期价值和购买价格之间的差额作为利息回报给投资者。

$$P=\frac{F}{(1+r)^m}$$

【岗位实训】

1. 现值计算

某投资者从现在起的7年后收入为500万元，期间不形成任何货币收入，假定投资者希望的年利率为10%，则投资的现值为多少？

2. 一次性还本付息的债券定价

某面值1000元的10年期债券，票面利率为8%，必要收益率为7%，此债券为一次性还本附息债券，求债券的价格？

3. 附息债券的定价

某公司发行期限为10年的债券，票面利率为8%，每年付息一次面额为100元，市场同类债券的利率为8%，问此债券的价格应为多少？一年以后市场利率上升为9%，问此债券的价格应为多少？两年以后市场利率下降为7%，问此债券的价格应为多少？

4. 零息债券的定价

假设零息债券在到期日的价值为1000美元，偿还期为25年，如果投资者要求的年收益率为15%，则其现值为多少？

【岗位考核】

岗位考核评价如表 3 - 13 所示。

表 3 - 13　　岗位考核评价表

实训内容	2～1.5 分	1.5～0.5 分	0.5～0 分
专业技能：终值与现值、债券定价的计算	非常正确	基本正确	不正确
专业知识：货币时间价值、终值与现值概念，债券定价的公式	非常熟悉	基本熟悉	不熟悉
实训练习完成情况	非常正确	基本正确	不正确
总　分	6 分		

教学研讨

对于中职学生来说，本节活动内容难度较大，教师可以选择性教学。根据不同学生要求，由浅入深。

活动二　债券收益率分析与计算

【任务描述】

一客户咨询：想买 2009 年 9 月 15 日发行的三年期国债，票面利率为 2.22%，2 万元持有期收益率是多少？

人们购买债券的目的是获得投资收益，计算投资收益率就是选择债券过程中的必然步骤。

【业务流程】

债券收益率分析与计算业务流程如图 3 - 27 所示。

图 3 - 27　债券收益率分析与计算业务流程

【操作要点】

1. 债务收益

债券收益来自三个方面：债券的利息收益、资本利得和再投资收益。

（1）债券的利息收益，这是债券发行时就决定的，除了保值贴补债券和浮动利率债券，债券的利息收入是不会改变的。

（2）资本利得，即债券买入价与卖出价或买入价与到期偿还额之间的差额，资本利得受债券市场价格变动的影响。

（3）再投资收益。再投资收益资是投资债券所获现金流量再投资的利息收入，受以周期性利息收入再投资时市场收益率变化的影响。由于资本利得和再投资收益具有不确定性，投资者在作投资决策时计算的到期收益和到期收益率只是预期的收益和收益率，只有当投资期结束时才能计算实际收益和实际到期收益率。

2. 债券收益率

债券收益率是债券收益与其投入本金的利率，通常用年率表示。决定债券收益率的主要因素有债券的票面利率、期限、面值和购买价格。由于债券持有人可能在债务偿还期内转让债券，因此，债券的收益率还可以分为债券出售者的收益率、债券购买者的收益率和债券持有期间的收益率。

（1）债券购买收益率。

$$\text{债券购买者的收益率}=\frac{\text{到期本息和}-\text{买入价格}}{\text{买入价格}\times\text{剩余期限}}\times 100\%$$

（2）债券出售收益率。

$$\text{债券出售者的收益率}=\frac{\text{卖出价格}-\text{发行价格}+\text{持有期间的利息}}{\text{发行价格}\times\text{剩余期限}}\times 100\%$$

（3）债券持有期间收益率。

$$\text{债券持有期间的收益率}=\frac{\text{卖出价格}-\text{买入价格}+\text{持有期间的利息}}{\text{买入价格}\times\text{持有年限}}\times 100\%$$

3. 利用理财工具计算债券收益率

以新浪网为例。

（1）登录新浪网理财工具。

（2）选择债券类工具，在“计算”中选择计算收益率的种类。输入相应的数据，就可以得到债券的收益率。

债务计算器如图 3－28 所示。

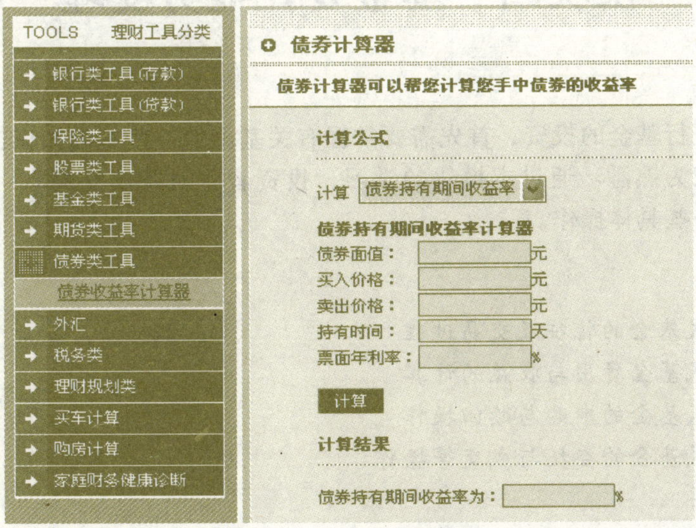

图 3－28 债券计算器

【岗位实训】

投资者于2008年1月1日以102元的价格购买了一张面值为100元、利率为10%、每年1月1日支付一次利息的2004年发行5年期国债，持有到2009年1月1日到期，计算：

（1）债券购买者的收益率为多少？

（2）债券出售者的收益率为多少？

（3）出售者如果从发行时就买入该债券，那么持有期收益率为多少？

【岗位考核】

岗位考核评价如表3-14所示。

表3-14　岗位考核评价表

实训内容	2~1.5分	1.5~0.5分	0.5~0分
专业技能：债券收益率的计算	非常正确	基本正确	不正确
专业知识：债券收益的三个方面	非常熟悉	基本熟悉	不熟悉
实训练习完成情况	非常正确	基本正确	不正确
总　分	6分		

教学研讨

教学过程中，教师介绍债券收益的构成和收益率的计算。可以利用网络资源，登录新浪网、银率网或各大银行网站等，这些网站都提供了债券收益率的计算工具，十分方便。

模块四　基金委托业务受理

投资者想要进行基金的投资，首先需要掌握有关基金的一些基础知识，对相关的基金交易操作流程也要较为熟悉。通过本模块的学习，投资者将对基金交易有一个较为系统的了解，并能够进行一些具体操作。

学习目标

1. 了解开放式基金的特征及交易过程
2. 了解开放式基金费用与收益的计算
3. 掌握开放式基金的申购与赎回操作
4. 掌握封闭式基金的委托与成交等操作

学习准备

行情交易系统

任务一 掌握开放式基金的特征与交易渠道

【任务描述】

基金相对于股票风险较小，且由专家代理进行投资理财，不必耗费太多精力，于是许多人想将收入投资于基金，由此对于基金的特征与交易渠道的了解需求也就水涨船高。下面证券公司人员就给陈老师介绍了开放式基金的特征及交易渠道。

【业务流程】

基金交易业务流程如图 3－29 所示。

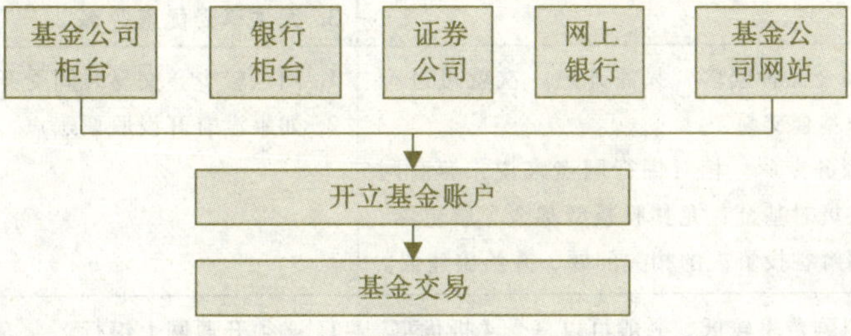

图 3－29 基金交易业务流程图

相关知识

开放式基金的概念与特征

开放式基金是指基金发行总额不固定，基金单位总数随时增减，投资者可以按基金的报价在国家规定的营业场所申购或者赎回基金单位的一种基金。开放式基金有如下特征：

（1）基金规模的不固定性。一般在基金设立三个月或半年后，投资人随时可以申购新的基金单位，也可以随时向基金管理公司赎回自己的投资。

（2）基金期限的不预定性。开放式基金没有固定的存续期，如果基金的运作得到基金持有人的认可，就可以一直运作下去。

（3）交易价格依基金单位资产净值而定。开放式基金的交易价格由基金管理者依据基金单位资产净值确定，每个交易日公布一次。投资者不论申购还是赎回基金单位，都以当日公布的基金单位资产净值成交。这一价格不受证券市场波动及基金市场供求影响。

（4）交易方式的特殊性。开放式基金的交易在基金投资者和基金经理人或其代理人（如商业银行、证券公司的营业网点）之间进行，基金投资者之间不发生交易行为。

（5）净资产的信息披露更公开化。开放式基金应由基金管理公司每日公布资产净值，并按资产净值为基础确定的交易价格每日受理基金的申购与赎回业务。

目前购买投资基金的渠道可分为网上购买和柜台购买两种方式。其中网上购买又可分为基金公司网站购买和银行网上购买；柜台购买又可分为基金公司直销、银行营业厅柜台购买和证券公司柜台购买三种。下面我们将这几种基金购买进行对比，如表 3-15 所示。

表 3-15 常见的基金购买方式

常见基金购买方式	优点	缺点
基金公司直销	1. 采取直销费率，与代销渠道相比较低。 2. 可以享受到基金公司专业人员提供的一对一的各类投资，理财服务专业化程度最高。	1. 门槛高，一般要求首次交易单笔最低金额 10 万元以上，普通百姓很难享受直销服务。 2. 基金公司直销网点非常少，主要集中在北京、上海、广州、深圳等大城市和经济发达地区。 银行营业厅
银行营业厅柜台购买	1. 基金种类繁多，办理基金定投较为方便。 2. 网点遍布各地，信誉良好，服务安全有保障。	1. 时间限制，必须在工作日的周一至周五的9:00—15:00 内交易。 2. 手续繁琐，服务专业性有限。 3. 无法享受优惠费率。
证券公司柜台购买	1. 基金品种繁多，只需开户一次就可进行多种基金交易。 2. 服务专业。相对银行网点来说，券商网点人员对基金，尤其股票型基金了解更深，能够解答投资人的相关问题，并给出建议。	1. 网点较少，交易时间受开盘时间限制。 2. 如果没有开设股票账户，办理开户手续不方便。
基金公司网站购买	1. 申购费率较低，一般可以享受4 折优惠。 2. 24 小时服务，不受时间地点限制。	1. 必须开通网上银行。 2. 基金定投不是很方便，同时要到很多家基金公司网站内注册。 3. 如果银行卡丢失，更换账号手繁琐。
网上银行购买	1. 不受时间地点限制。 2. 申购或基金定投方便，且基金种类繁多。	1. 必须有网络且具备简单的电脑操作知识。 2. 部分银行必须开通网银服务。 3. 不能享受优惠费率。

【岗位实训】

（1）实训场所：模拟基金管理公司营业厅的实训室。

（2）扮演角色：投资者小杨，基金管理公司柜员张明。

（3）实训内容：柜员张明向小杨介绍基金购买主要渠道，并进行比较分析。

【岗位考核】

根据口头介绍的准确程度以及开户流程的熟练程度进行打分。

教学研讨

教师可以采用现场模拟的形式，让同学参与基金的开户及交易，让同学们提出模拟者不足之处，从而形成正确的业务操作习惯。

任务二 熟悉开放式基金的净值与报价

【任务描述】

陈老师了解了基金的开户步骤与交易渠道，继续对基金的净值与报价的概念等相关方面的知识进行熟悉。

【业务流程】

查询基金净值与报价程序如图 3－30 所示。

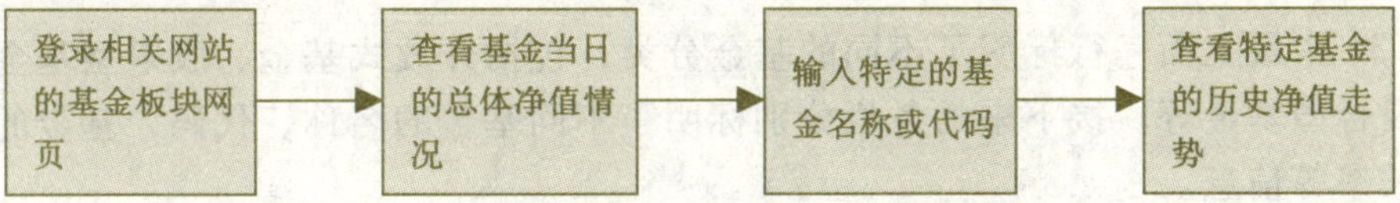

图 3－30 查询基金净值与报价程序图

相关知识

开放式基金的净值与报价

（1）开放式基金净值的概念：基金所拥有的资产根据每个营业日市场收盘价所计算出之总资产价值，扣除基金负债后的余额，所得到的就是该基金当日的净资产价值。

（2）单位基金资产净值的概念：单位基金资产净值是衡量一个基金经营好坏的主要指标，也是基金单位交易价格的计算依据。一般情况下，基金单位价格与单位基金净资产值趋于一致，即单位基金净资产增长，基金价格也随之提高。尤其是开放式基金，其基金单位的申购和赎回价格都是直接按单位基金资产净值为基准来计价。单位基金资产净值计算的公式为：

单位基金资产净值＝(总资产－总负债)/基金单位总数

（3）开放式基金的报价：开放式基金的报价则是在基金净值的基础上根据申购与赎回的费率进行计算的开放式基金买卖的最后价格。

【操作要点】

目前，各大网站财经页面的基金板块，都会公布开放式基金的净值，投资者通过登录这些网页，可以迅速了解任何一只基金目前的净值。此外，各大基金管理公司都会在自己的主页上公布自己旗下基金的净值。下面我们以腾讯网基金板块为例介绍基金净值。

登录网址 http：//finance. qq. com/fund/，就可以找到所有基金公布的净值如图 3－31 所示。

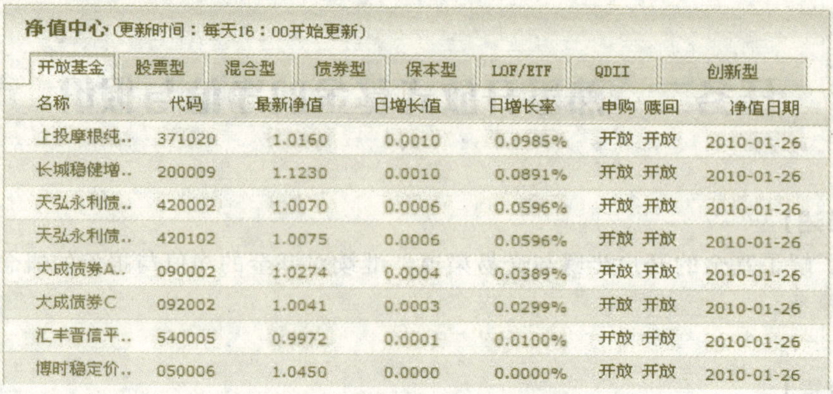

净值中心(更新时间：每天16：00开始更新)

开放基金 | 股票型 | 混合型 | 债券型 | 保本型 | LOF/ETF | QDII | 创新型

名称	代码	最新净值	日增长值	日增长率	申购	赎回	净值日期
上投摩根纯..	371020	1.0160	0.0010	0.0985%	开放	开放	2010-01-26
长城稳健增..	200009	1.1230	0.0010	0.0891%	开放	开放	2010-01-26
天弘永利债..	420002	1.0070	0.0006	0.0596%	开放	开放	2010-01-26
天弘永利债..	420102	1.0075	0.0006	0.0596%	开放	开放	2010-01-26
大成债券A..	090002	1.0274	0.0004	0.0389%	开放	开放	2010-01-26
大成债券C	092002	1.0041	0.0003	0.0299%	开放	开放	2010-01-26
汇丰晋信平..	540005	0.9972	0.0001	0.0100%	开放	开放	2010-01-26
博时稳定价..	050006	1.0450	0.0000	0.0000%	开放	开放	2010-01-26

图 3－31　基金公布的净值图

图 3－31 中最上面一行标明了不同的基金分类，包括开放式基金、股票型基金、债券型基金以及混合型基金等。接下来的各栏分别标明了不同基金的名称、代码，基金的每日净值以及日增长率等信息。

用户也可以观察某一只基金的净值一段时期以来的走势情况，以腾讯网基金板块为例，这里提供根据基金名称或代码进行搜寻某只基金净值的功能，如图 3－32 所示。

图 3－32　搜寻某只基金净值的功能

图 3－33 显示华夏成长基金在一段时期内基金净值的走势。投资者可以根据自身需求查看不同时间段内该基金净值的走势情况。

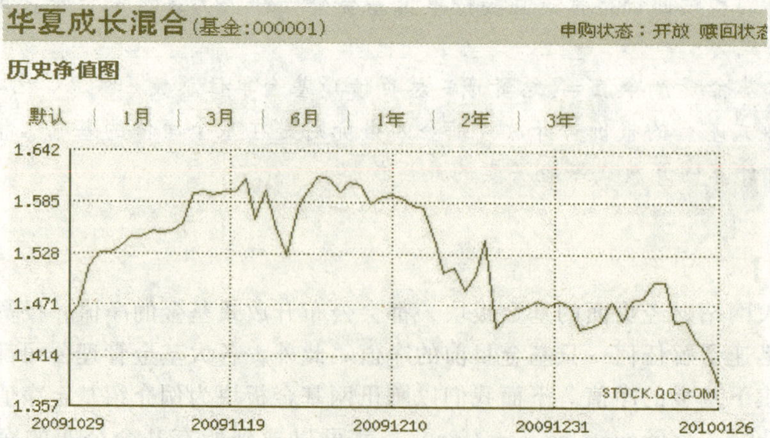

图 3－33　华夏成长混合历史净值

【岗位实训】

（1）实训场所：网络机房。

（2）扮演角色：投资者小李。

（3）实训内容：

①登录网站查询景顺长城优选股票（260101）、中银收益混合（163804）、易方达增强回报债券A（110017）、交银保本混合（519697）和东方稳健回报债券（400009）五只基金的最新净值以及净值增长率。

②找出博时价值增长混合（050001）最近三个月的历史净值图。

【岗位考核】

岗位考核评价如表3－16所示。

表3－16　　岗位考核评价表

实训内容	2～1.5分	1.5～0.5分	0.5～0分
专业技能：通过网站查询基金的净值与报价	非常正确	基本正确	不正确
专业知识：基金的净值与报价	非常熟悉	基本熟悉	不熟悉
实训练习完成情况	非常正确	基本正确	不正确
总　分	6分		

教学研讨

教学过程中，教师介绍基金的净值与报价。讨论如何指导学生充分利用网络资源，登录新浪网、银率网或各大银行网站等，让学生实际操作。

任务三　开放式基金的申购与赎回业务

【任务描述】

在了解基金的净值与报价的概念之后，小王对基金申购和赎回的操作方式还是不太熟悉，下面我们介绍开放式基金申购与赎回的基本操作方式。

活动一　开放式基金认购/申购业务

【业务流程】

业务流程如图 3－34 所示。

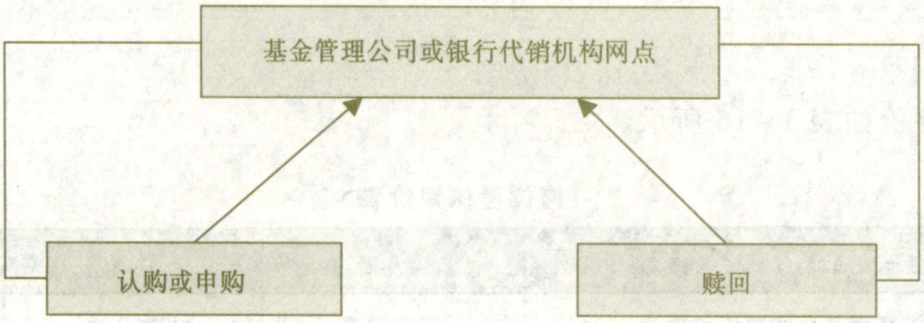

图 3－34　认购/申购和赎回业务流程

基金交易的方式可分为柜台交易和网上交易，下面我们将分别介绍这两种交易方式的操作流程。

相关知识

开放式基金的认购/申购

开放式基金认购是指客户在开放式基金首次公开募集期间购买基金的行为。

开放式基金申购是指投资者到基金管理公司或选定的基金代销机构开设基金账户，按照规定的程序申请购买已经成立的开放式基金的基金单位。申购的具体计算方法须符合监管部门有关规定的要求，并在基金销售文件中载明。

开放式基金的申购和赎回价格的确定与股票及封闭式基金交易价格的确定有着很大的不同，它是完全建立在每份基金资产净值基础上进行计算的，与市场供求关系无关。

1. 开放式基金柜台交易操作流程

（1）投资者申请申购基金，应主动将足额申购资金以“支票结算”或“电汇结算”方式，划入基金管理公司在指定商业银行开立的“××基金管理有限公司销售专户”，并确保在当日 17:00 前到账。直销网点不接受除“支票结算”或“电汇结算”以外的其他缴款方式。

（2）个人应携带有效身份证件、基金账户资金卡到证券公司的柜台办理基金交易手续。

（3）投资人申购基金时通常应填写“申购申请书”，交付申购款项。款额一经交付，申购申请即为有效。具体申购程序会在有关基金销售文件中详细说明。申购基金单位的数量是以申购日的基金单位资产净值为基础计算的。具体计算方法须符合监管部门有关规定的要求，并在基金销售文件中载明。

开放式基金的柜台交易操作流程具体如图3－35所示。

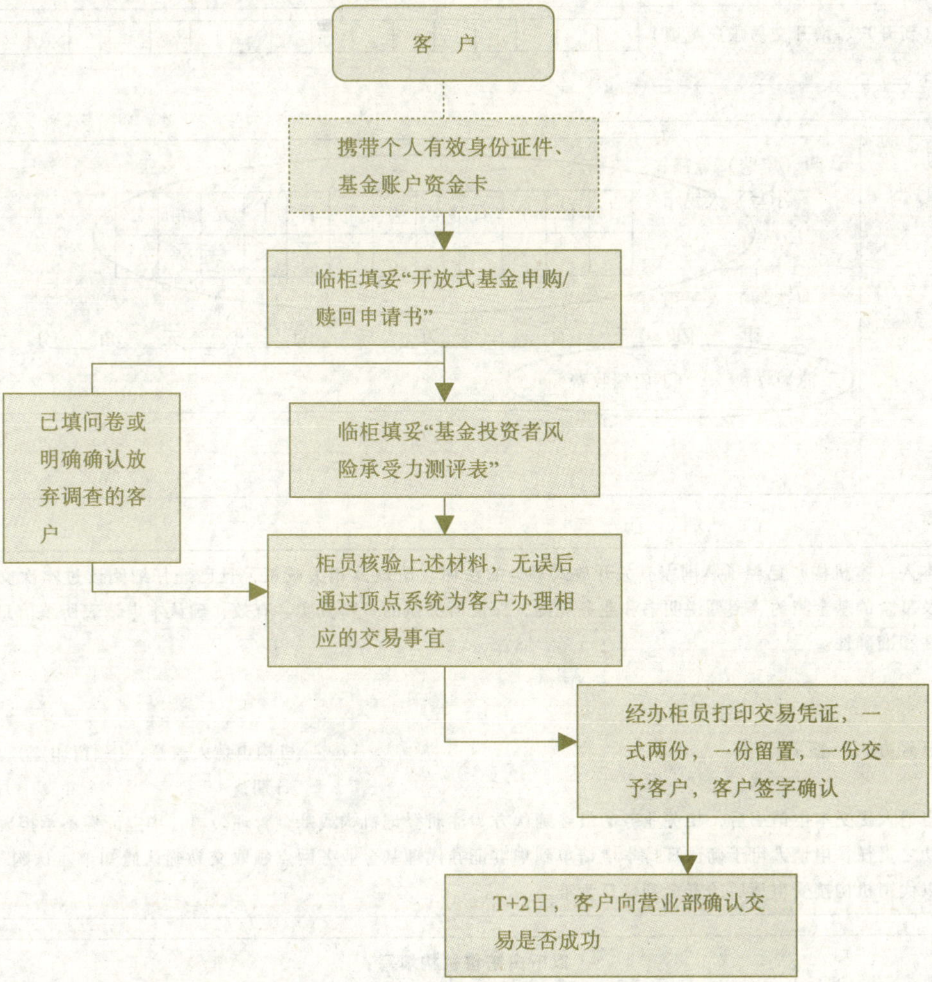

图3－35　基金柜台交易操作流程

【操作要点】

（1）客户凭“三证”填写“开放式基金交易业务申请表”（见表3－17）。

（2）经办、复核人员审核客户资料及相关证明文件，并在“开放式基金交易业务申请表”签字，加盖业务章。

（3）进入“开放式基金销售系统——开放式基金交易——基金认购或基金申购”菜单操作。

表 3－17　　开放式基金认购（申购）申请表

请用黑色或蓝黑色钢笔或水笔填写，涂改无效

1. 申请类型

☐ 认购　☐ 申购　☐ 定时定额申购

2. 客户填写

投资者名称：________________

客户号：（新开户、增开交易账户免填）☐☐☐☐☐☐☐☐☐☐☐☐☐☐☐☐☐

基金名称：________________

基金代码________________

认购（申购） ➤	认购（申购）金额： （小写）人民币 十 亿 千 百 十 万 千 百 十 元 角 分 （大写）人民币 ___十___亿___千___百___十___万___千___百___十___元___角___分 ☐ 前端收费　☐ 后端收费
备注	

3. 客户签章

声明：本人（本机构）已经了解国家有关开放式基金的法律、法规及相关政策，且已经仔细阅读过本次交易所涉及基金的基金契约、招募说明书和业务规则，保证所提供的资料真实、有效，确认本申请表所填信息的真实性和准确性。

申请人（经办人）签字：　　　　机构申请人盖章：（预留印鉴）

日期：　　年　　月　　日

提示：申请人提交本申请书后，相关业务的最终确认方为注册登记机构或基金管理公司，华宝证券不承担确保交易申请成功之责任，申请人可于确认日持本申请单到华宝证券代理基金业务网点领取交易确认通知单。认购（申购）申请日以代销机构接受申请后的资金到账日为准。

以下由销售机构填写：

审批（签章）________ 复核员（签章）________ 操作员（签章）________ 备注：________

签收日期：________年________月________日　销售机构盖章：________

风险提示

一、本次发行的开放式基金均经中国证券监督管理委员会（中国证监会）核准发行，但中国证监会对本公司发行的基金作出的任何决定，均不表明其对该基金的价值和收益作出实质性判断和保证，也不表明该基金没有风险。

二、基金以往的业绩，不代表基金的未来业绩；基金管理人除尽诚信的管理义务外，不负责基金的盈亏，亦不保证基金的最低收益。投资者认购（申购）之前，应详细阅读所认购（申购）基金的招募说明书（公开说明书）。

①基金认购，操作界面如图 3－36 所示。

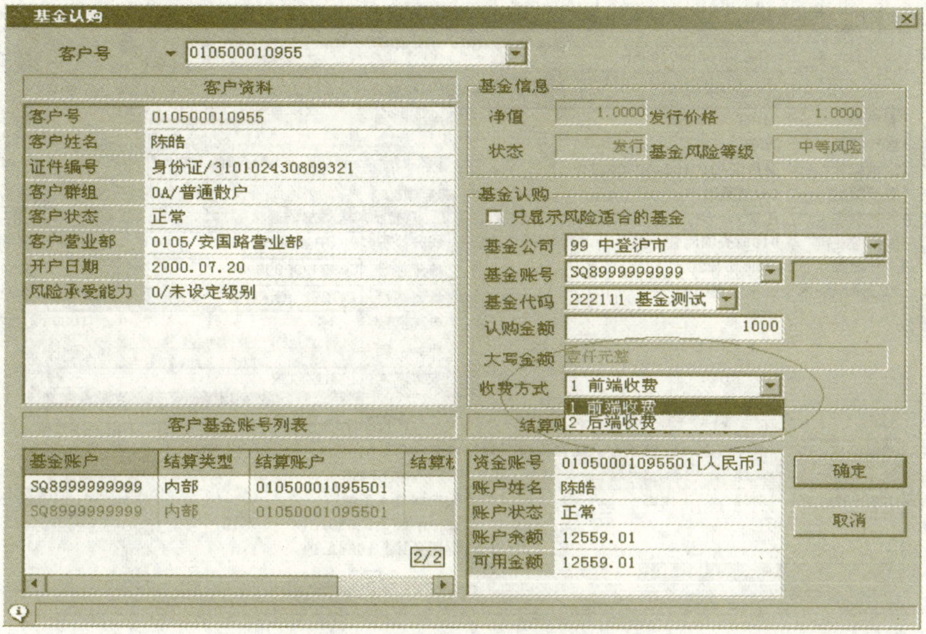

图 3－36　基金认购操作界面

注意：可通过“当日委托撤单”功能进行撤单操作。

相关知识

开放式基金认购（申购）的收费方式

1. 前端收费：是在购买开放式基金时就支付申购费的付费方式。

（1）认购份额的计算公式：

客户认购份额 ＝（认购金额－认购手续费＋认购期利息）/基金单位面值

（2）申购份额的计算公式：

客户申购份额＝（申购金额－申购费）/当日基金单位净值

2. 后端收费：是在购买开放式基金时并不支付申购费，等到卖出时才支付的付费方式。

后端收费的设计目的是鼓励投资者能够长期持有基金，因此，后端收费的费率一般会随着投资者持有基金时间的增长而递减。某些基金甚至规定如果投资者能在持有基金超过一定期限后才卖出，后端收费可以完全免除。

（1）认购份额的计算公式：

客户认购份额＝（认购金额＋认购期利息）/基金单位面值

（2）申购份额的计算公式：

客户申购份额＝申购金额/当日基金单位净值

②基金申购，操作界面如图 3－37 所示。

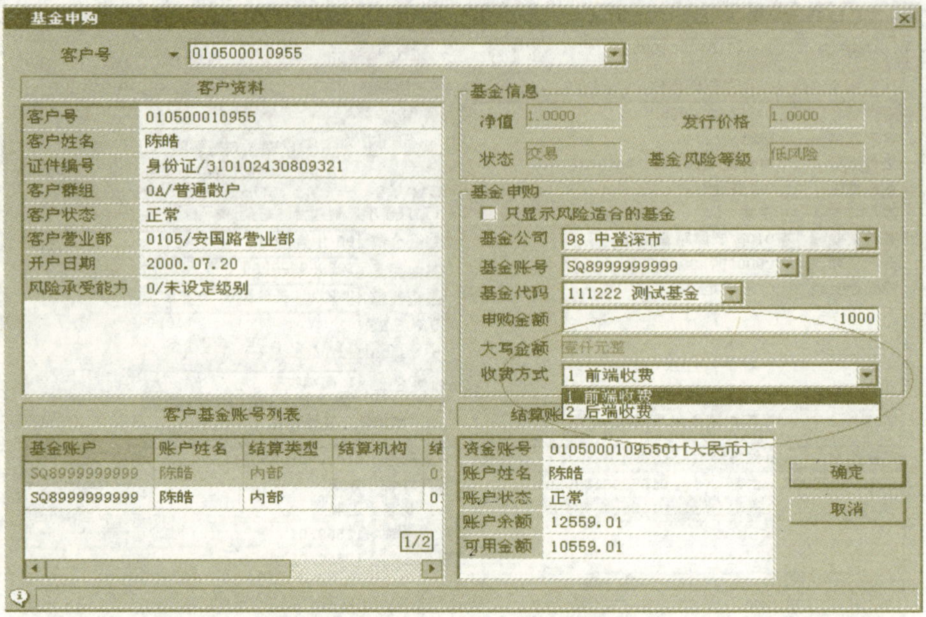

图 3－37　基金申购操作界面

注意：

若要办理过户的基金只有一种收费方式，系统自动填写不能修改，否则收费选项处于可选择状态。

（4）打印电脑回单，由客户签字确认 。

（5）相关资料及证明文件归入客户档案。

（6）在客户要求撤单时，经办人员在严格审核客户相关证件后，可为其办理交易撤单业务 。

注意事项

1. 客户可通过网上交易、刷卡自助、热自助等方式进行认购、申购及撤单操作。

2. 若客户认购/申购的基金风险级别与其风险承受能力不匹配，经办人员必须及时向客户提示风险，并签字确认。

3. 基金业务人员必须知晓该基金产品的风险等级、认购期间和收费方式等内容。

4. 认购基金份额的到账日通常为 R+2 日（R 为基金宣告成立日），申购基金份额的到账日通常是 T+2 日（T 为申请日）。

5. 在一个工作日内可以多次认购/申购，可在基金开放日 15:00 前进行撤单。

6. 基金认购/申购采取“金额申购，未知价法”。

7. 在同一交易日进行多次认购/申购的，其费率按单笔申购金额确定。

活动二　开放式基金赎回业务

【业务流程】

开放式基金赎回业务流程如图3－38所示。

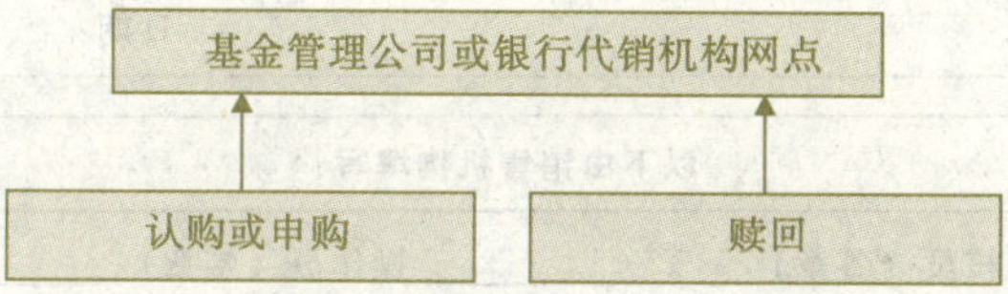

图3－38　认购/申购和赎回业务流程

相关知识

开放式基金的赎回

开放式基金的赎回，是指投资者将所持基金卖给基金管理公司并收回现金，也就是基金管理公司应投资者的要求买回基金单位的过程。

开放式基金的申购和赎回价格的确定，与股票及封闭式基金交易价格的确定有着很大的不同，它是完全建立在每份基金资产净值基础上进行计算的，与市场供求关系无关。

【操作要点】

（1）客户填写《开放式基金交易业务申请表》（表3－18）。

表3－18　　开放式基金赎回申请表

1. 申请类型

□正常赎回　　□预约赎回

2. 客户填写

投资者名称：＿＿＿＿＿＿＿＿

客户号：□□□□□□□□□□□□□□□□□□

基金名称：＿＿＿＿＿＿　　基金代码＿＿＿＿＿＿

赎回份额：

（小写）

十	亿	千	百	十	万	千	百	十	个	点		
										•		

（大写）

＿十＿亿＿千＿百＿十＿万＿千＿百＿十＿点＿份

如遇巨额赎回，本人选择将当日未获确认部分：□顺延赎回　□取消赎回

预约赎回填写➢　指定赎回日期：＿＿＿＿＿＿＿＿

续表

3. 客户签章

声明：本人（本机构）已经了解国家有关开放式基金的法律、法规及相关政策，且已经仔细阅读过本次交易所涉及基金的基金契约、招募说明书和业务规则，保证所提供的资料真实、有效，确认本申请表所填信息的真实性和准确性。 申请人（经办人）签字：　　　　机构申请人盖章：（预留印鉴） 日期：　　　年　　月　　日

以下由销售机构填写：

审批（签章）__________ 复核员（签章）__________ 操作员（签章）__________ 备注：__________

签收日期：________ 年 ________ 月 ________ 日　销售机构盖章：__________

（2）经办人员审核客户资料及相关证明文件，并在《开放式基金交易业务申请表》签字，加盖业务章。

（3）进入“开放式基金销售系统—开放式基金交易—基金赎回”菜单操作。

①基金赎回操作界面见图 3－39。

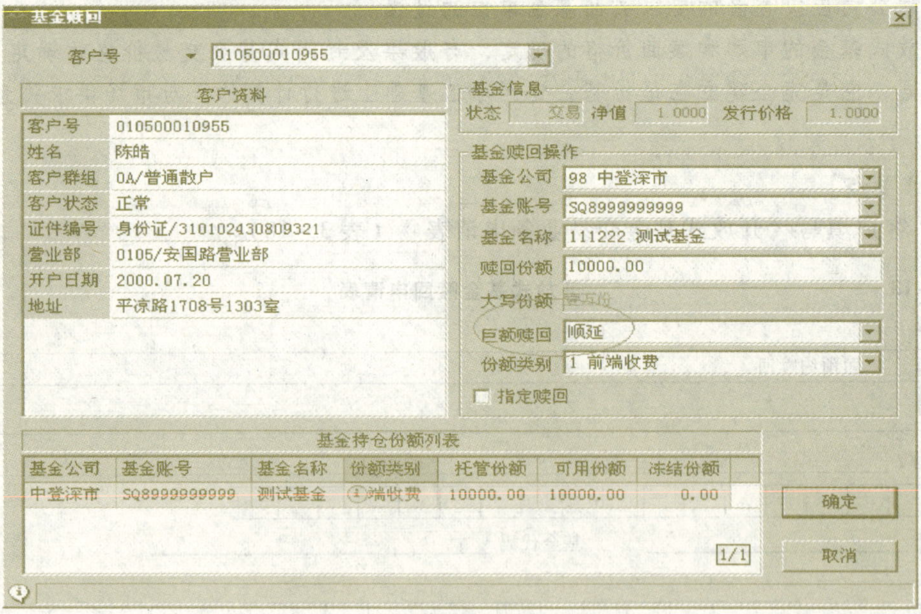

图 3－39　基金赎回操作界面

②基金预约赎回操作界面见图 3－40。

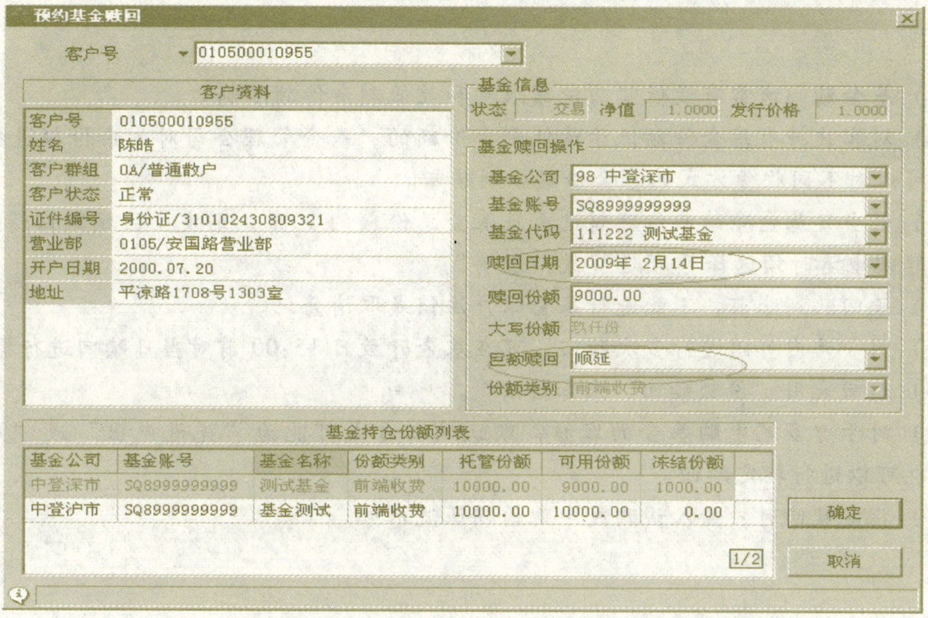

图 3-40　预约基金赎回操作界面

注意：

在"预约委托撤单"菜单中进行撤单，TA 为中登的不支持预约赎回，只有部分基金支持预约赎回。

相关知识

开放式基金赎回的收费方式

- 前端收费方式下的赎回金额：

  客户赎回金额 = 赎回份额 × 当日基金单位净值 － 赎回费用

- 后端收费方式下的赎回金额：

  客户赎回金额 = 赎回份额 × 当日基金单位净值 － 后端认购/申购费 － 赎回费

（4）打印电脑回单，由客户签字确认；

（5）相关资料及证明文件归入客户档案。

（6）客户如需进行撤单，经办人员进入"开放式基金销售系统—开放式基金交易当日委托撤单"菜单操作。

（7）按照《开放式证券投资基金试点办法》的规定，基金管理人应当于收到基金投资人赎回申请之日起 3 个工作日内，对该交易的有效性进行确认，并应当自接受基金投资人有效赎回申请之日起 7 个工作日内，支付赎回款项。

注意事项

（1）基金赎回通常有最低赎回份额限制和最低剩余份额限制。

（2）对客户持有基金份额低于最低剩余份额的，基金管理公司对剩余份额进行强制赎回；可以对不同收费方式的基金份额分别赎回。

（3）若当日基金净赎回份额超过前日基金总份额的10%，则发生巨额赎回情况。客户提交赎回申请时须选择“顺延”或“放弃”。

（4）赎回款到账前，不能进行基金账户注销或取消登记。

（5）同一天内可以进行多次赎回，可在基金开放日15:00前对当日赎回进行撤单。

（6）赎回采用“份额赎回、未知价法”。

（7）对于曾多笔申购基金的客户，默认赎回方式可能为“先进先出”或“后进先出”，也可以进行指定赎回。

（8）指定赎回时，输入认购或申购的确认流水号。

活动三　开放式基金分红业务

注意事项

（1）当客户应得的红利金额少于一定金额时，TA可以将该客户的应得现金红利自动转换为相应的基金份额。

（2）红利转投的基金单位净值是根据红利发放日的基金单位净值折算。

（3）分红方式多次变更的，以权益日前最后一次有效变更为准。

（4）一般情况下，基金分红前3个交易日不得进行分红方式的变更，且同一基金只能选择一种分红方式。

（5）若基金账户或基金份额处于冻结状态，或者客户托管转出基金份额尚未转入时，其分红将按红利再投资处理。

（6）设置分红方式只是针对持仓的基金份额，基金账户的分红方式不变。

（7）变更的分红方式对客户在其他代销机构处该基金的份额同时有效。

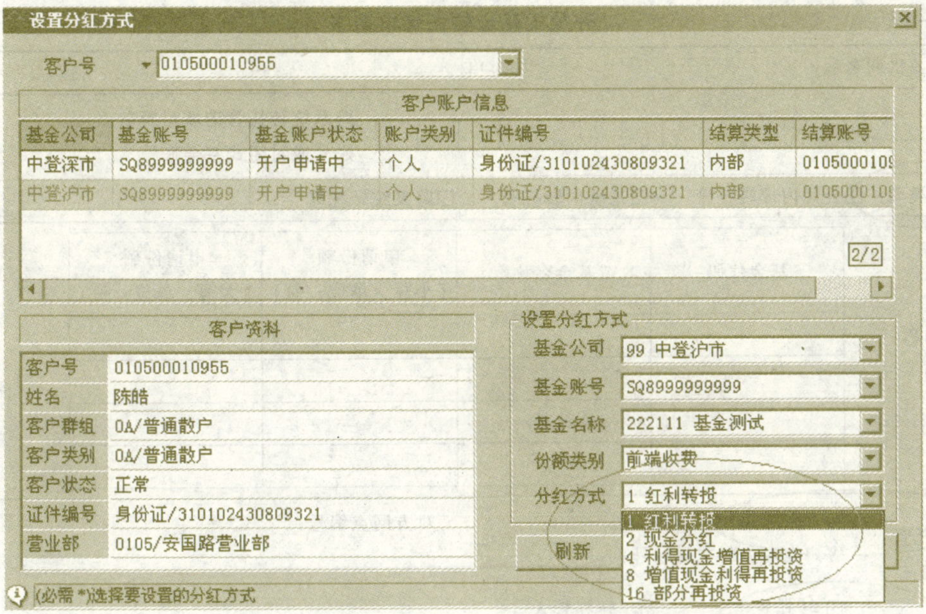

图3－41 基金分红方式设置操作界面

相关知识

开放式基金的分红

1. 分红方式

(1) 现金分红：基金红利金额以现金方式返还给客户。一般在权益登记日后5个工作日内发放红利。

(2) 红利转投：将所持基金分得的现金红利自动转为基金份额。一般在红利发放日的第二个工作日，将红利转投基金份额划入客户基金账户内。

2. 分红方式变更

客户需携带相关证件到营业部办理，填写《基金账户业务申请表》的资料变更项目，经办人员进入“开放式基金销售系统—开放式基金交易—设置分红方式”办理基金分红方式变更业务。

活动四 开放式基金转托管业务

【业务流程】

(1) 客户填写“开放式基金转托管申请表”(见表3－19)。

表 3－19　　开放式基金转托管申请表

<table>
<tr><td colspan="2">个人姓名或机构名称：　　　　　　　　客户号：</td></tr>
<tr><td colspan="2">基金账号：□□□□□□□□□□□□　　跨系统转托管请填写股东账号或封闭式基金账号</td></tr>
<tr><td colspan="2">业务申请类型：□公司内部转托管　□系统内转托管　□跨系统转托管</td></tr>
<tr><td>基金名称
份额</td><td>
<table>
<tr><td>基金代码</td><td>基金名称</td><td>申请份额
（小写，单位：份）</td><td>申请份额
（大写，单位：份）</td></tr>
<tr><td></td><td></td><td></td><td></td></tr>
<tr><td></td><td></td><td></td><td></td></tr>
<tr><td></td><td></td><td></td><td></td></tr>
<tr><td></td><td></td><td></td><td></td></tr>
</table>
</td></tr>
<tr><td>单步转托管</td><td>对方渠道编号：　　　　　　对方网点编号：
客户在对方的交易账号：________________</td></tr>
<tr><td>分步转托管</td><td>□ 转托管出　　□ 转托管入
对方渠道编号：
如果您申请“转托管入”，请填写在对方机构“转托管出”业务的申请编号：________</td></tr>
<tr><td>跨系统转托管</td><td>转入方席位号：________</td></tr>
<tr><td>公司内部
转托管</td><td>对方营业部名称：______　对方营业部编号：______
对方客户号：</td></tr>
<tr><td colspan="2">投资人签章</td></tr>
<tr><td colspan="2">声明：1. 本人已经了解国家有关基金的法律、法规和相关政策，已经仔细阅读过本次交易所涉及的基金合同、招券说明书和业务规则以及本申请书的背面条款，保证所提供的资料真实、准确、完整，并自愿遵守相关条款，履行基金投资者的各项义务，自行承担基金投资风险。签章以示承诺及申请意愿。
2. 本申请需经相关注册登记机构确认。本单仅代表您的申请已被爱建证券受理，并不代表您的申请最终确认成功。
3. 办理转托管业务只转基金份额不转交易明细，即转托管确认后您的基金将为默认的分红方式。如您需要重新设置转入交易账户下的基金分红方式，请到转入的销售机构柜台办理变更分红方式业务。
4. 如您办理爱建证券内部转托管，您所有的基金和份额将全部转移。</td></tr>
<tr><td colspan="2">投资者（或代理人）签字：

日期：　　年　　月　　日</td></tr>
<tr><td colspan="2">营业部填写</td></tr>
<tr><td colspan="2">营业部经办：　　　　营业部复核：　　　　营业部业务章：</td></tr>
</table>

市场有风险　入市须谨慎

（2）经办人员审核客户资料及相关证明文件，并在“开放式基金转托管申请表”签字，加盖业务章。

（3）进入“开放式基金销售系统—基金转托管—单步转托管、转托管转入或转托管转出”或“开放式基金销售系统—营业管理—内部转托管”菜单操作。

（4）打印电脑回单，由客户签字确认。

（5）相关资料及证明文件归入客户档案。

相关知识

开放式基金转托管类型及模式

1. 转托管的类型

（1）公司内部转托管：是指在同一个登记结算系统内，营业部之间发生的基金份额转托管业务。

（2）系统内转托管：是指在同一个登记结算系统内，不同基金代销机构之间发生的基金份额转托管业务。

（3）跨系统转托管：是指在不同登记结算系统之间，客户在不同基金代销机构之间或同一基金代销机构内发生的基金份额转托管业务。

2. 转托管操作模式

（1）单步转托管：①转入方办理基金账户登记手续；②转出营业部办理基金份额转托管转出手续。③表单填写内容：转入方销售商名称/代码、转入销售商网点号（或转入方席位号）、基金名称/代码、基金份额、对方交易账号等。

（2）分步转托管：①转出方办理基金份额转出手续；②转入方办理基金份额转入手续。③表单填写内容：转出方销售商名称/代码、转出销售商网点号（或转入方席位号）、基金名称/代码、基金份额及转出方办理转出业务时的申请编号。

【操作要点】

（1）内部转托管操作界面见图3－42。

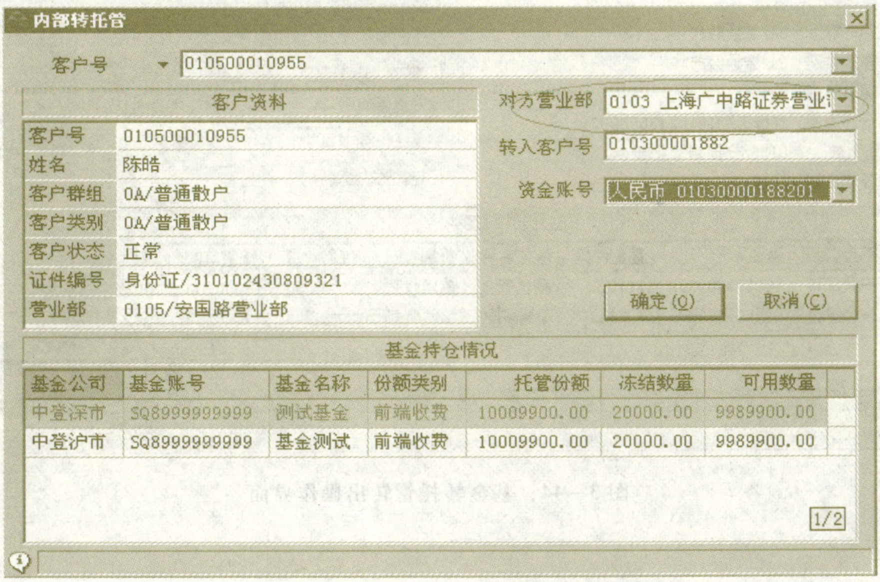

图3－42 基金内部转托管操作界面

（2）单步转托管操作界面见图 3－43。

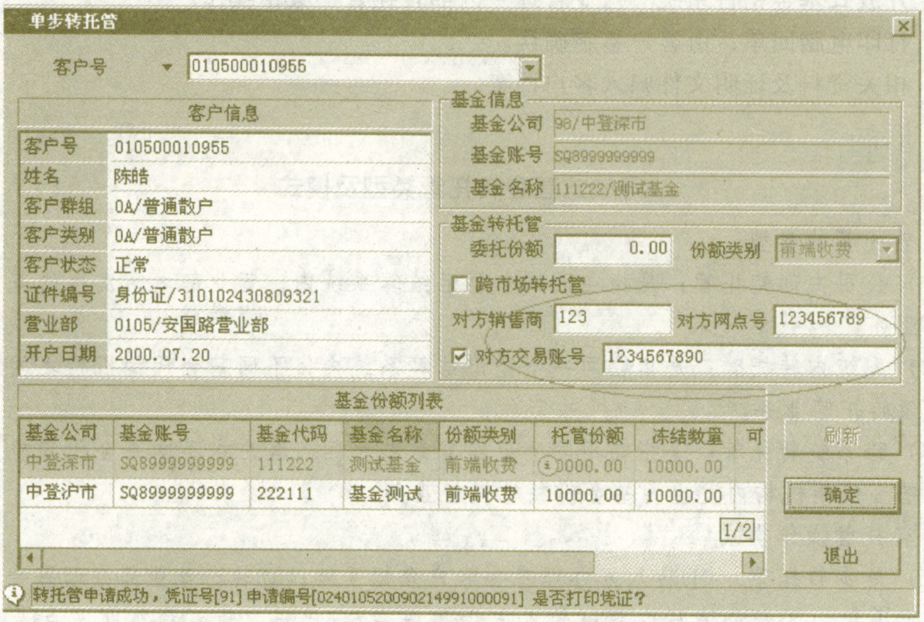

图 3－43　基金单步转托管操作界面

（3）转托管转出操作界面见图 3－44。

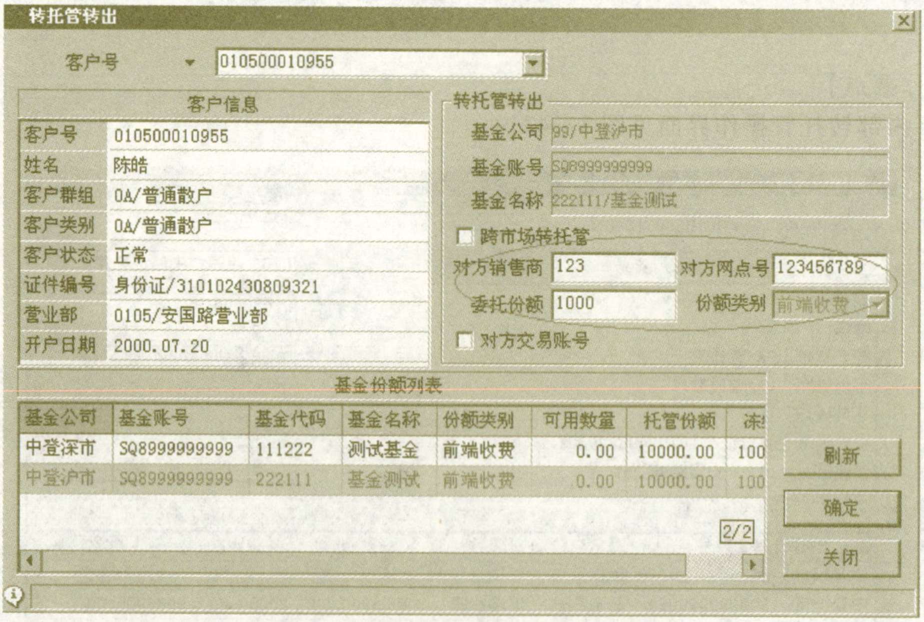

图 3－44　基金转托管转出操作界面

（4）转托管转入操作界面见图 3－45。

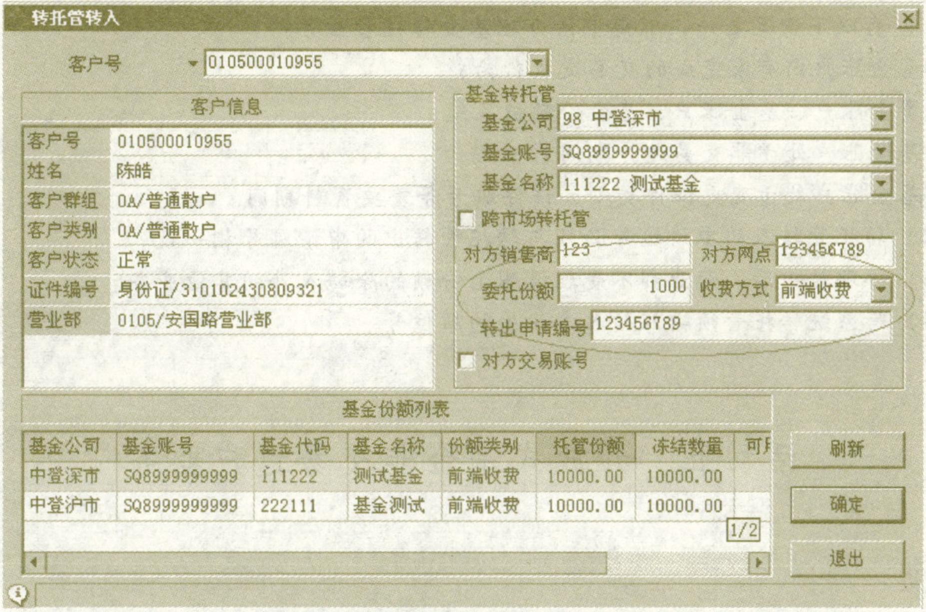

图 3－45　基金转托管转入操作界面

（5）跨市场转托管转出操作界面见图 3－46。

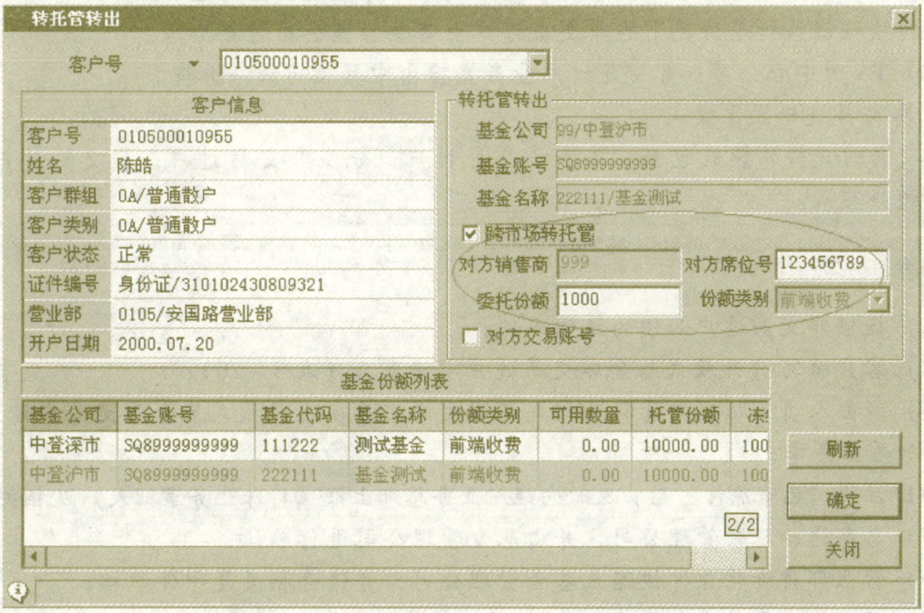

图 3－46　基金转托管跨市场转出操作界面

注意事项

（1）有以下情况之一，不得申请办理基金转托管业务：

①基金账户内有未完成的交易交收行为；

②资金账户、基金账户、基金份额被冻结；

③基金账户处于非交易过户期间；

④基金账户处于变更证件类型、证件编号等重要资料期间。

（2）转托管转入的申请编号必须与转托管转出的申请编号相一致。

（3）办理转出后，营业部不受理该基金份额的除转入外的其他业务。

（4）跨系统转托管须输入转入方正确的席位号。

活动五　开放式基金非交易过户业务

相关知识

开放式基金的非交易过户

1. 基金非交易过户类型：继承、捐赠、司法强制执行等

（1）TA 为基金管理公司：

①在一般情况下，继承、捐赠的非交易过户业务由过出方受理。

②司法强制执行等情况下的非交易过户由基金管理公司直接办理。

（2）TA 为中登公司：非交易过户业务直接由中登公司统一办理。

2. 非交易过户操作模式

非交易过户操作模式包括：单步非交易过户；分步非交易过户；非交易过户转出；非交易过户转入。

业务流程

（1）提供非交易过户必须的证明文件；

（2）客户填写《开放式基金非交易过户申请表》（表 3－20）；

（3）经办人员审核客户资料及相关证明文件，并在《开放式基金非交易申请表》上签字，加盖业务章；

（4）注明“已审原件”后，及时向经纪业务总部上报《特殊业务审批表》及相关资料；

（5）总部通知基金管理公司，并由基金管理公司进行确认；

（6）营业部将资料原件快递至基金管理公司，并保存相关复印件归档；

（7）若需经办人员进行系统操作，则进入“开放式基金销售系统—基金非交易过户—单步非交易过户、非交易过户过入或非交易过户过出”菜单操作；

（8）打印电脑回单，由客户签字确认；

（9）相关资料及证明文件归入客户档案。

表3-20　　开放式基金非交易过户申请表

非交易过户原因：			
过出方个人投资者填写：			
过出方姓名： 有效身份证件名称：		申请日期： 有效身份证件号码：	
资金账号：		基金账号：	
过出基金名称/代码：		过出基金份额：	
过出方机构投资者填写：			
过出方机构名称：		资金账号：	
有效身份证件名称：		有效身份证件号码：	
基金账号： 法定代表人证件名称： 过出基金名称/代码： 代理人姓名：		法定代表人： 法定代表证件号码： 过出基金份额： 授权委托书编号：	
有效身份证件名称： 联系地址：		有效身份证件号码： 联系电话：	
过入方个人投资者填写：			
过入方姓名： 有效身份证件名称： 资金账号： 过入基金名称/代码：		申请日期： 有效身份证件号码： 基金账号： 过入基金份额：	
过入方机构投资者填写：			
过入方机构名称：		资金账号：	
有效身份证件名称： 基金账号： 法定代表人证件名称：		有效身份证件号码： 法定代表人： 法定代表人证件号码：	
过入基金名称/代码： 代理人姓名：		过入基金份额： 授权委托书编号：	
有效身份证件名称：		有效身份证件号码：	
联系地址：		联系电话：	
投资人签章			
投资者（或授权代理人）签字： 日期：______年______月______日			
营业部填写 营业部经办人员：　　营业部复核人员：　　营业部业务章：			

市场有风险　入市须谨慎

【操作要点】

（1）单步非交易过户操作界面见图 3－47。

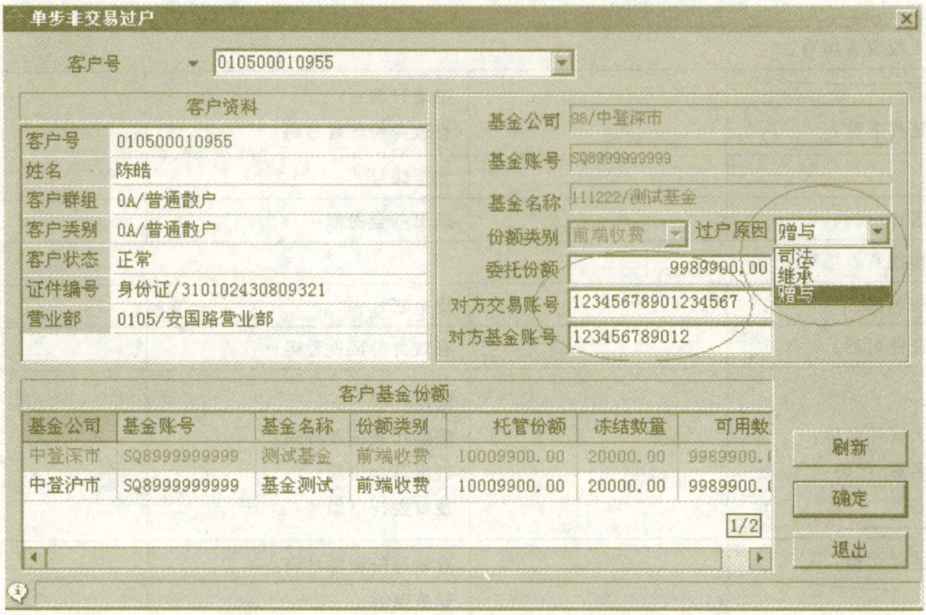

图 3－47　基金单步非交易过户操作界面

（2）非交易过户过入操作界面见图 3－48。

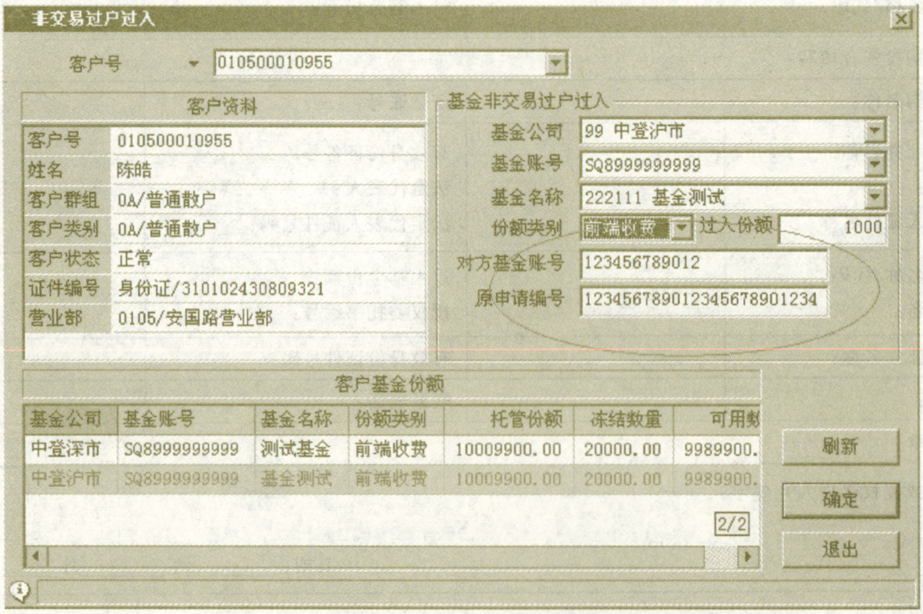

图 3－48　基金单步非交易过户过入操作界面

（3）非交易过户过出操作界面见图 3－49。

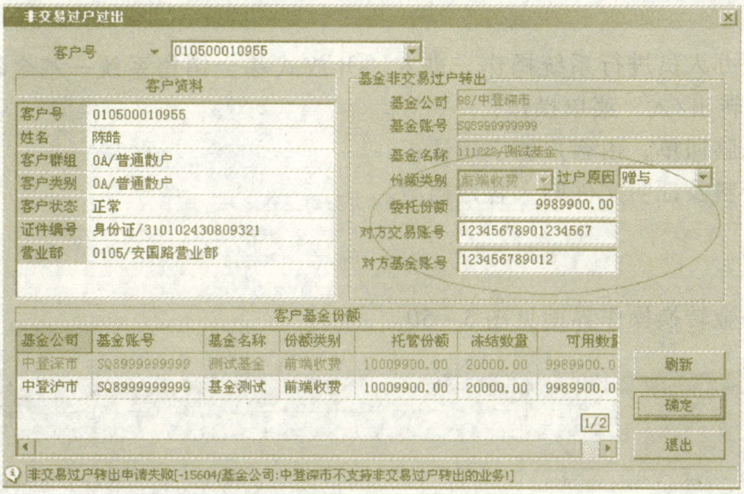

图 3－49　基金单步非交易过户过出操作界面

注意事项

(1) 非交易过户必须到基金份额过出方营业部办理。

(2) 非交易过户基金份额过入方在办理非交易过户之前，必须先开立基金账户。

(3) 一般不允许将机构客户持有的基金份额转让给自然人客户。

(4) 基金分红期间（权益登记日至红利发放日止），暂停非交易过户。

(5) 非交易过户基金份额转出时，过入方的基金账号及交易账号必须输入正确。

(6) TA 为中登公司的，只支持单步非交易过户。

活动六　开放式基金转换业务

相关知识

开放式基金的转换

基金转换是指客户将某一只基金产品转换为同一基金管理公司的另一只基金产品的交易业务。基金转换操作模式有：

(1) 单步基金转换。一次性办理基金转换，TA 自动将转换的基金份额转出，同时经过换算后转入目标基金。

(2) 分步基金转换。先办理“基金转换转出”，转出原持有基金份额，然后再办理“基金转换转入”，将基金份额换算后转入目标基金。

【业务流程】

(1) 客户填写《开放式基金交易申请表》；

(2) 经办人员审核客户资料及相关证明文件，并在《开放式基金交易申请表》上签字，加盖业务章；

（3）若须经办人员进行系统操作，进入“开放式基金销售系统—基金转换—单步基金转换或基金转换转出/入”菜单操作；

（4）打印电脑回单，由客户签字确认；

（5）相关资料及证明文件归入客户档案。

【操作要点】

（1）单步基金转换操作界面见图3－50。

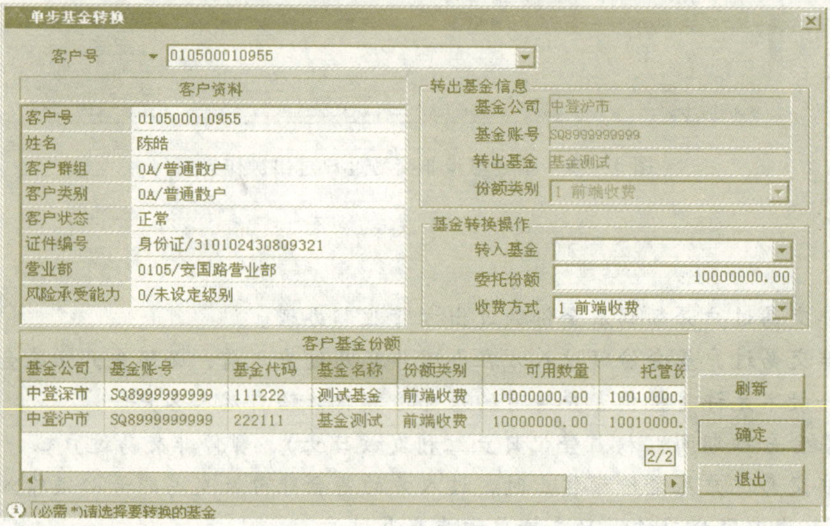

图3－50 单步基金转换操作界面

（2）基金转换转出操作界面见图3－51。

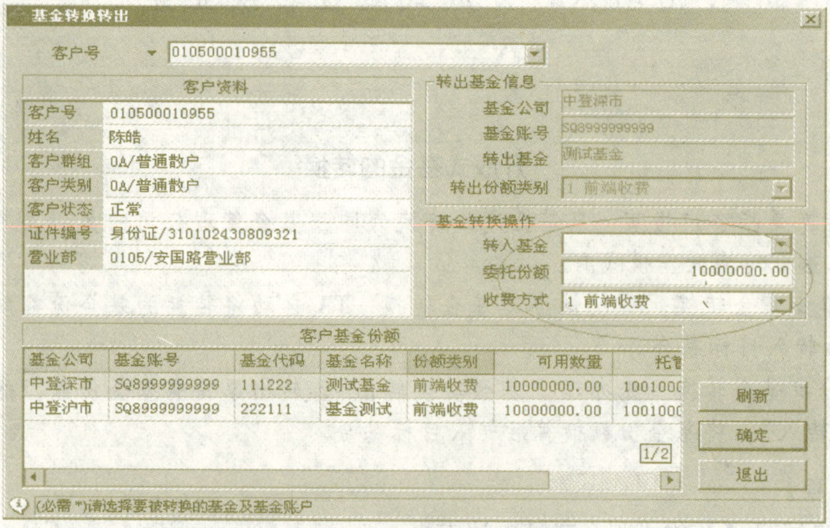

图3－51 基金转换转出操作界面

（3）基金转换转入操作界面见图3－52。

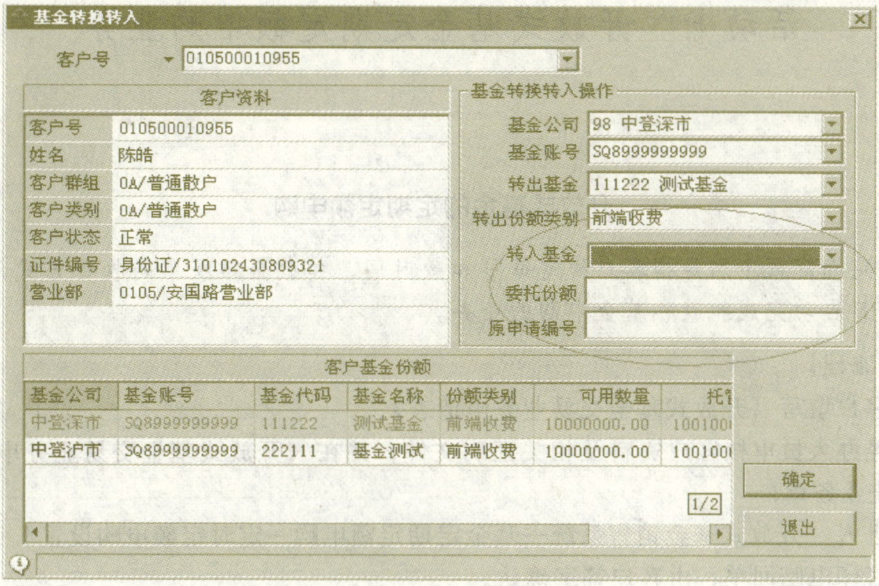

图3－52 基金转换转入操作界面

注意事项

1. 转出和转入基金必须为同一基金管理公司管理的基金产品，转出的须处于可赎回状态，转入的须处于可申购状态。

2. 办理基金转换业务时，必须使用同一个基金账户。

3. 转出基金份额须处于非冻结状态。

4. 红利转投的基金份额须在权益登记日的T+2日提交基金转换申请。

5. 基金转换收取一定的转换费用，详见招募书。

6. 转出基金份额遵循“先进先出”的原则，基金转换的目标基金份额按新交易计算持有时间。

7. 若使用不同的收费方式多次认购或申购基金，在办理转换时必须分别办理转换。

8. 基金转换须符合基金管理公司对转出份额下限及基金合同规定的基金份额持有下限的有关要求，否则将强制赎回。

活动七　开放式基金定期定额申购业务

相关知识

开放式基金的定期定额申购

基金定期定额申购是指客户约定每月扣款时间、扣款金额及申购收费方式，在每月约定扣款日自动完成扣款和基金申购的业务。

【业务流程】

（1）客户填写《开放式基金交易业务申请表》；

（2）经办人员审核客户资料及相关证明文件，并在《开放式基金交易业务申请表》上签字，加盖业务章；

（3）进入“开放式基金销售系统—基金定期定额申购—定时定额申购设置”菜单操作；

（4）打印电脑回单，由客户签字确认；

（5）相关资料及证明文件归入客户档案。

（6）营业部对当日扣款的基金定期定额申购进行触发操作。

（7）基金定期定额申购业务可办理中止业务。

【操作要点】

（1）定期定额申购设置操作界面见图3-53。

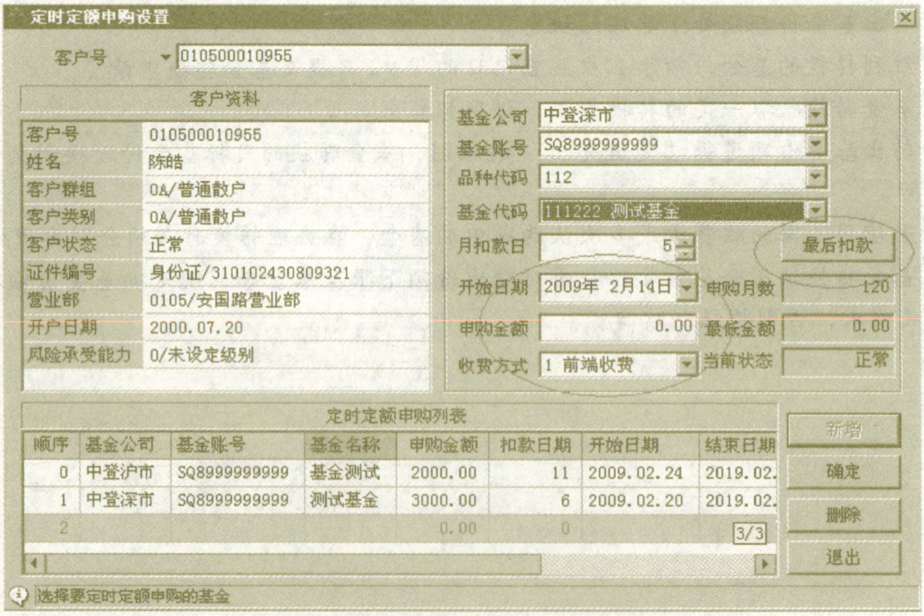

图3-53　基金定期定额申购设置操作界面

（2）定期定额申购触发操作界面见图3－54。

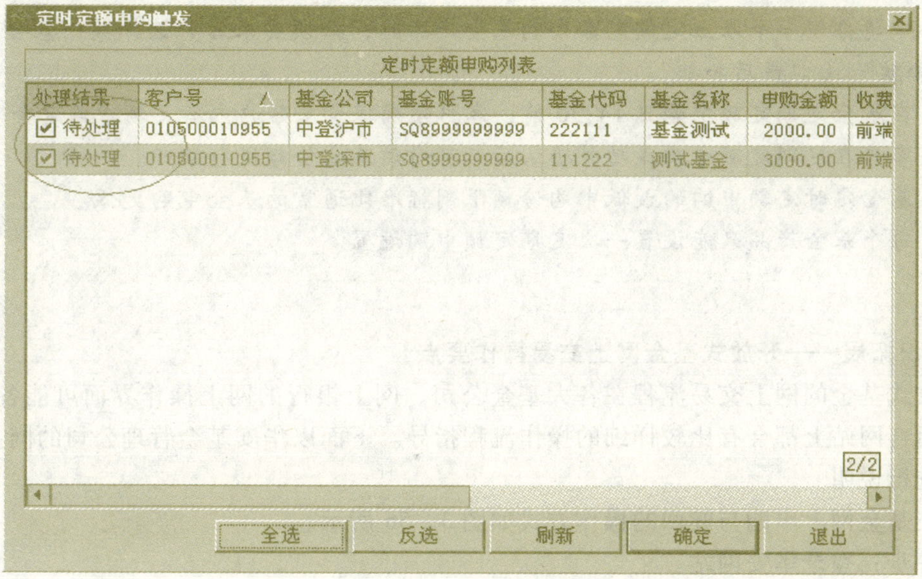

图3－54　基金定期定额申购触发操作界面

（3）定期定额申购中止操作界面见图3－55。

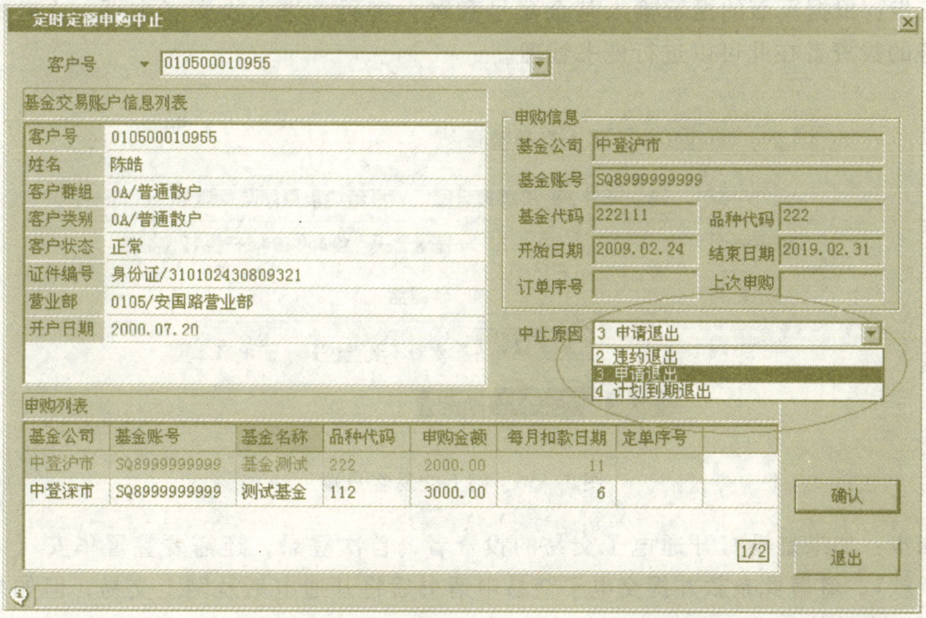

图3－55　基金定期定额申购中止操作界面

注意事项

1. 申请办理一个以上定期定额申购基金产品时，必须要求客户选择某一基金产品为“优先扣款”或“最后扣款”。

2. 在基金定期定额申购日 14:30 前，客户须确保资金账户内有足额申购资金。

3. 客户在定期定额申购成功并确认后，可对该基金份额进行赎回。

4. 基金定时定额申购的最低申购份额限制标准比通常的基金申购更低。

5. 每个基金产品只能设置一次定期定额申购设置。

【知识拓展——开放式基金网上交易操作要点】

开放式基金的网上交易流程在各大基金公司、网上银行的网上操作界面可能各不相同，但一般而言网站上都会有比较详细的操作流程指导。下面以华安基金管理公司的网上交易系统为例进行说明。

华安基金网上申购与赎回的操作方式如图 3－56 所示。

第一步：登录华安网站。

第二步：在首页点击“网上交易”菜单下的“交易客户登录”、“机构客户登录”或“网上交易开户”按钮进入，也可点击“网上交易”进入，选择“个人专业版”或“企业精华版”。

第三步：根据页面的提示输入基金账号和账户密码，进入投资者主页，“机构电子直销”业务的投资者在此可以进行证书管理。

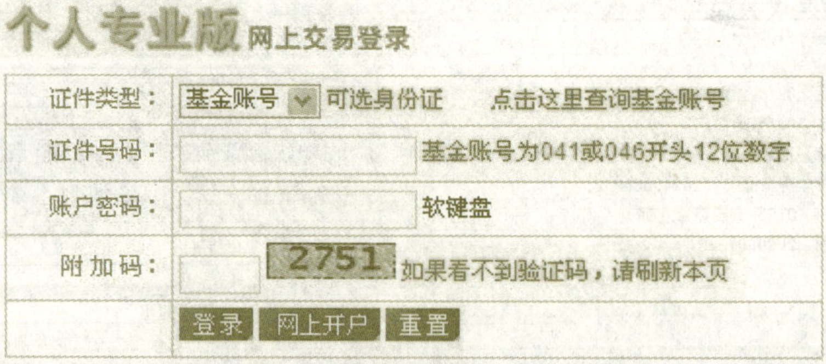

图 3－56 网上交易客户端

第四步：如果是没有开通电子交易的投资者，首次登录，还需要签署华安《电子商务网服务条款》，签署此条款并提交电子交易申请书后将开通电话及网上交易，但如果投资者没有选择资金结算方式，电子交易会受限制。具体操作流程如图 3－57 所示。

有些基金管理公司的网页上有动画流程演示，更加方便用户熟悉操作步骤。比如华夏基金管理公司的网页上有操作演示，用户首先登入华夏基金管理公司的主页之后在左侧可看到操作演示的选项，单击后就有比较详细的操作流程动画。

【岗位实训】

实训场所：模拟某证券公司营业厅的实训室。

扮演角色：投资者王辉、基金管理公司柜员小陈。

实训内容：

（1）柜员小陈向王辉介绍基金交易的主要流程。

（2）王辉在证券公司营业柜台开分别申购和赎回部分基金，小陈指导王辉填写《开放式基金申购申请表》和《开放式基金赎回申请表》。

（3）王辉登陆基金公司网站主页，利用网上交易系统申购与赎回基金。

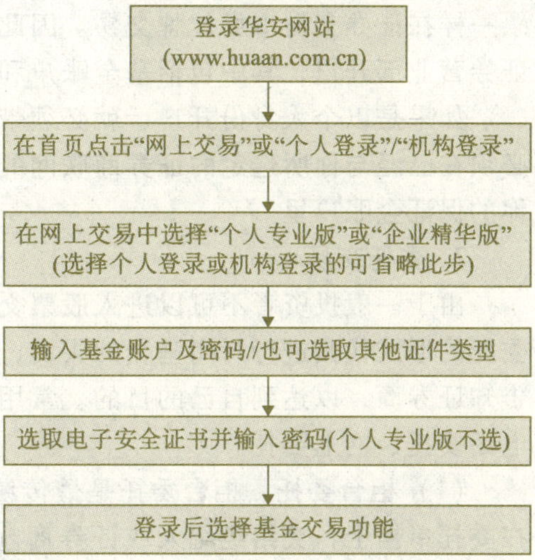

图3－57 开放式基金网上交易操作流程

任务四 封闭式基金的委托与成交

【任务描述】

陈老师了解了关于开放式基金的一些基本知识之后，由于封闭式基金的委托与交易与开放式基金有着很大的不同，接下来关注一下封闭式基金，对这方面知识进行进一步了解。

相关知识

封闭式基金的概念

封闭式基金是指基金的发起人在设立基金时，限定了基金单位的发行总额，筹足总额后，基金即宣告成立，并进行封闭，在一定时期里不再接受投资。基金单位的流通采取在证券交易所上市的方法，投资者日后买卖基金单位，都必须通过证券经纪商在二级市场上进行竞价交易。

【业务流程】

封闭式基金的委托与成交业务流程如图3－58所示。

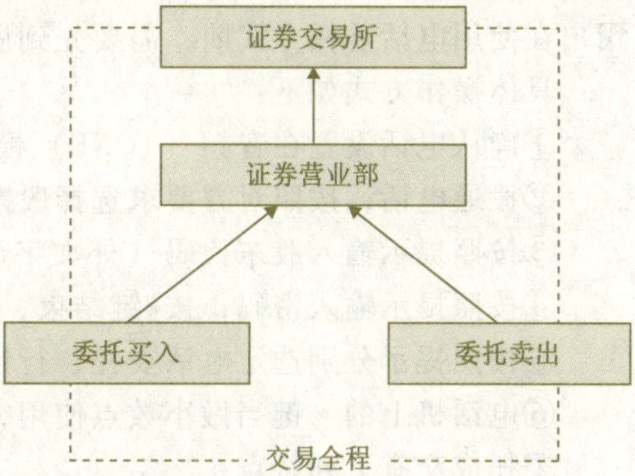

图3－58 封闭式基金的委托与成交

【操作要点】

由于封闭式基金只在二级市场流通，因此其交易流程与股票交易相同。具体可参考股票交易流程。

1. 开户

封闭式基金的基金单位像普通上市公司的股

票一样在证券交易市场挂牌交易。因此，与买卖股票一样，买卖封闭式基金的第一步就是到证券营业部开户，其中包括基金账户和资金账户（即保证金账户）。

如果是以个人身份开户，就必须带上身份证及其复印件，在开始买卖封闭式基金之前，必须在已经与你所选定的证券商联网的银行存入现金，然后到证券营业部将存折里的钱转到你的保证金账户里。

2. 委托交易

由于一般投资者不可以进入股票交易所直接参与封闭基金的买卖，只能由证券商以接收委托的形式代其进行封闭基金的买卖，所以必须将自己买卖封闭基金的意图、种类、条件等告知证券商，以达到自己的目的。常用的委托方式分为柜台委托、电脑（专用）自助委托、电话委托、网上委托。

（1）柜台委托。柜台委托是最传统的委托方式，由投资人将自己的买卖要求逐项填写在委托单据上，交给经纪人或证券商（证券公司）去执行。随着电脑和现代化通讯手段的日新月异，这种方式逐渐被电脑（专用）自助委托所替代。

（2）电脑（专用）自助委托。随着电脑的普及现代化通讯设施的日益完善，电脑自助委托方式已经普及，成为最常用的委托交易方式。

电脑自助终端品种很多，但操作方法大同小异。一般的操作方法如下：

①按照屏幕提示，首先选择证券交易所名称，通常上证选1，深证选2，按回车键确认进入；

②按照屏幕提示，刷磁卡，输入密码，按回车键确认；

③按照屏幕提示，输入证券代码，按回车键确认，进入主菜单；

④按照主菜单提示，选择所需的操作项目：

买入/卖出：按照屏幕提示，输入买入/卖出数量和买入/卖出价格，无误后按回车键确认，系统将显示“已写入委托，合同号为××××”，用户应记住这个合同号；按回车键退回主菜单。

（3）网上委托。要在网上交易封闭基金，须持身份证、股东账号卡，到开通网上交易的证券交易所营业厅开户，填写开户申请表、网上交易客户登记表之后，即可进行网上交易了。如果券商实现了银证通，用户可以在网上进行资金划拨。网上交易的最大特点就是可以在任何地点使用，而且不增加费用。

（4）电话委托。一般来说，IDD、市内电话、内线电话、无线电话均可用于电话委托。用户在使用电话委托方式前，需要先到所在证券公司办理电话委托登记手续。

具体操作方式如下：

①确认电话设置在音频（TONE）模式；

②拨通电话，按照对方要求选择股东的证券公司；

③按照提示输入股东代码（外文字母不用拨），按#键结束；

④按照提示输入密码，按#键结束；

⑤按照提示分别选定电话委托、行情查询、股东查询、委托撤单等操作；

⑥电话机上的＊键当做小数点使用，#键作为结束或确认键使用。

委托成交有下列特点：

第一，基金单位的买卖委托采用“公开、公平、公正”原则和“价格优先、时间优先”

的原则。

第二，基金交易委托以标准手数为单位进行。

第三，在证券市场的营业日可以委托买卖基金单位。封闭式基金的交收在我国同A股、国债、国债回购、债券一样实行T+1交割、交收。即是指达成交易后相应的基金交割与资金交收在成交日的下一个营业部日完成。

封闭式基金的交易流程大体上如图3-59所示。

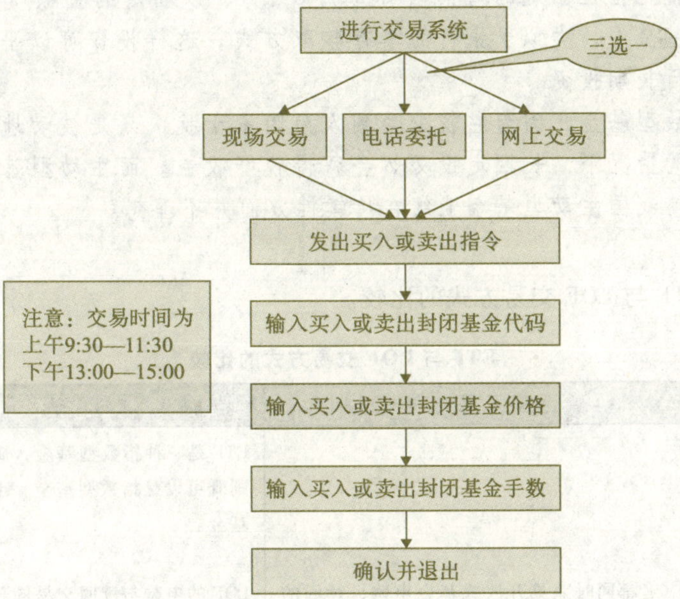

图3-59　封闭式基金的交易流程图

任务五　指数基金、ETF、LOF的特征与交易方法

【任务描述】

本任务我们将介绍几类特殊的基金，包括指数型基金、交易型开放式指数基金（ETF）和上市型开放式基金（LOF）的特征与交易方法。

相关知识

指数基金、ETF、LOF和基金定投的概念

指数基金，是按指数化的方式进行投资的基金，简单的说，就是选择一定的市场的指数进行跟踪，被动地投资于市场，使得基金的收益与这个市场指数的收益一致。

ETFs（Exchange-Traded Funds），即交易型开放式指数基金，指的是可以在交易所交易的基金。交易所交易基金从法律结构上说仍然属于开放式基金，但它主要是在二级

市场上以竞价方式交易，并且通常不准许现金申购及赎回，而是以“一篮子”股票来创设和赎回基金单位。对一般投资者而言，交易所交易基金主要还是在二级市场上进行买卖。

LOF（Listed Open - end fund），是指在交易所上市交易的开放式证券投资基金，也称为“上市型开放式基金”。LOF 的投资者既可以通过基金管理人或其委托的销售机构以基金净值进行基金的申购、赎回，也可以通过交易所市场以交易系统撮合成交价进行基金的买入、卖出。

基金定投，就是指在固定的时间（如每月 8 日）、以固定的金额（如 500 元）投资到指定的开放式基金中，类似于银行的零存整取方式。这样投资可以平均成本、分散风险，比较适合进行长期投资。

定投首选指数型基金，因为它较少受到人为因素干扰，只是被动地跟踪指数，在中国经济长期增长的情况下，长期定投必然会获得较好收益。而主动型基金则受基金经理影响较大，且目前我国主动型基金业绩在持续性方面并不理想。

表 3 - 21 是 ETF 与 LOF 交易方式的比较。

表 3 - 21　　ETF 与 LOF 交易方式的比较

	相同点	不同点
ETF	二者都同时兼具开放式基金申购、赎回的交易方式和封闭式基金在二级市场上交易的方式，具有很强的灵活性。	ETF 是一种指数型基金，属于被动投资；而 LOF 则既可以是指数型基金，也可以是一般的开放式基金。
LOF		LOF 的申购与赎回交易同普通基金一样，是现金与基金份额间的交换；而 ETF 的申购与赎回交易则是基金份额与其所跟踪的“一篮子”股票份额间的交换。基金申购时，交易者事先购买一定数量的股票，然后以股票交换获得 ETF，在赎回时，交易者用 ETF 换回等值股票，再在股票市场上变卖取得现金。

【岗位实训】

（1）实训场所：模拟实训室。

（2）扮演角色：投资者徐丽，银行柜台员工小林。

（3）实训内容：

①小林向徐丽介绍银行基金定投业务；

②小林向徐丽推荐两只指数型基金，并解释这两只基金所跟踪指数的构成。

教学研讨

教师可以采用现场模拟的形式，让同学参与基金的开户及交易，让同学们指出模拟者的不足之处，从而形成正确的业务操作习惯。

项目4

证券咨询业务*

证券公司的投资咨询业务是指证券公司及其相关人员运用各种有效的信息，对证券市场或个别证券的未来走势进行分析预测，对投资证券的可行性进行分析评判；为投资者的投资决策提供分析、预测、建议等服务。

本项目通过介绍证券公司咨询岗如何接受客户的咨询，为客户提供较为专业的投资建议，使教师通过培训能够掌握指导学生胜任咨询岗位的职责。

该项目将围绕以下几个模块展开：股票交易的代理与咨询、债券交易的代理与咨询和基金交易的代理与咨询。

本项目在前两个项目的基础之上，对学习者提出了更高的要求：不仅要能够从事较为基本的证券代理与咨询的经纪业务服务，还要能够熟练地对宏观经济、行业、公司等方面资料进行分析，以达到既有实践技能，又有专业知识，两者相辅相成，为客户提供全方位的服务的目的。由于本项目对专业知识的要求相对较高，在实际教学中属于选择性教学内容，所以主要是对骨干型教师提出更高的培训。要求受训教师掌握证券投资分析的模拟教学方式及内容，并将其结合学生的实际情况予以运用于教学之中。

模块一　认知证券投资咨询业务

学习目标

1. 了解咨询服务的意义和要求
2. 掌握咨询服务所必须的知识

* 本项目为选修，主要针对骨干教师。

学习准备

1. 证券模拟教学平台软件
2. 预先熟悉搜集资料的方式，为咨询服务提供基础

任务一　咨询岗职责

【任务描述】

在熟悉了证券开户岗、证券委托岗等岗位的业务之后，陈老师还了解到，在实际工作中，证券公司还常常会为客户提供一些关于证券投资方面的业务咨询。于是，陈老师又来到了咨询岗了解该岗位需要达到什么样的要求。

相关知识

投资咨询岗位职责

（1）通过国家有关投资从业资格考试并获得执业资格，严格遵守《证券法》、《证券、期货投资咨询管理暂行办法》、《规范面向公众开展的证券投资咨询业务行为若干问题的通知》等法律法规。

（2）以行业公认的谨慎、诚实和勤勉尽责的态度，依据公司研究部的咨询产品或其他有合法来源的社会投资咨询产品，向投资者提供以下证券投资分析、预测、建议等直接或间接的无偿咨询服务：

①接受投资人委托制作研究咨询产品；

②在营业部举办有关证券投资咨询的讲座、解盘、报告会、分析会、研讨会等；

③在报刊、电台、电视台等公众媒体上发表证券投资咨询的文章、评论、报告、数据等；

④通过电话、传真、局域网、网上交易平台等设备系统上发表证券投资咨询的文章、评论、报告、数据等；

⑤国家有关法规认定的其他形式。

（3）在执业过程中对所获得的未公开重要信息履行保密义务，不得泄露、传递、暗示他人或据以建议投资人买卖证券。

（4）在投资分析、预测或建议的表述中将客观事实与主观判断严格区分，并对重要事实予以明示。

（5）对外提供的研究咨询产品和回忆报告资料必须存档备查，所有存档文件应以证管部门规定的方式保存两年以上。

（6）各类投资咨询产品的内容、标准、使用对象、发布时间和方式，须经公司总部确定后实施。

【业务流程】

业务咨询受理流程见图 4－1。

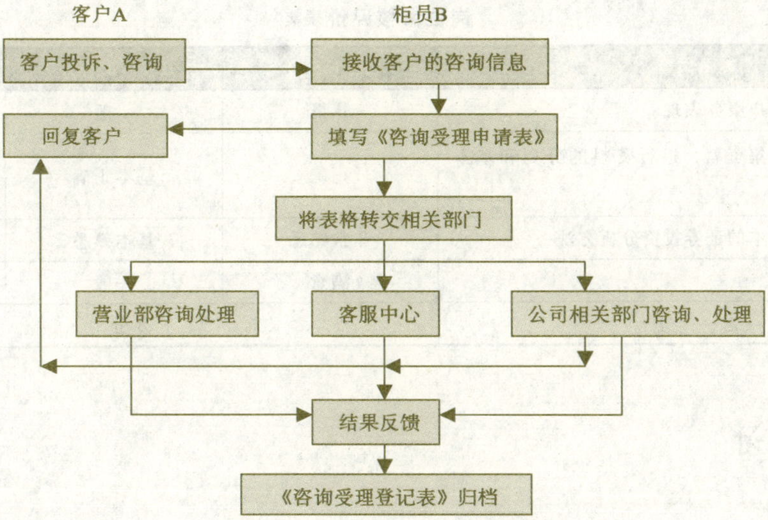

图4－1　业务咨询受理流程图

【操作要点】

（1）柜员应在每天上班后全面了解上市公司的分红派息、新股发行上市等有关资料，及时通知相关岗位，并将有关资料打印公示张贴。

（2）每天将交易所的公告通知、有关规定、信息资料打印、整理、分送各部室有关人员，张贴各类证券资讯材料。

（3）负责受理客户来电、来信、来访、投诉以及通过网络提出的咨询和投诉，搜集整理客户意见和建议，并及时向部门经理汇报。

（4）业务咨询回复应做到正确、专业和及时。对于无法回答或不便回答的咨询，及时转移至相关部门。

（5）耐心受理客户咨询，注重咨询结果的反馈。

（6）定期将客户集中咨询的业务问题汇总上报部门领导，必要时可向领导建议通过有效渠道加强相关业务的宣传。

【岗位实训】

张女士想咨询如何选择股票比较理想或科学。要求以证券公司从业人员的身份，为张女士解决问题或推荐张女士到相关部门进行进一步咨询。

实训要求：

（1）具备基本的搜集上市公司资料的方法；

（2）了解证券买卖的相关规则；

（3）掌握基本的证券投资分析方法；

（4）为顾客提供完善的咨询服务。

【岗位考核】

咨询岗位考核评价内容见表4－1。

表 4－1　　岗位考核评价表

考核内容	2～1.5 分	1.5～0.5 分	0.5～0 分
职业礼仪：接待客户服务表现	热情	一般	不理睬
专业技能：及时搜集资料，进行资料的分类和基本的分析	正确	基本正确	错误
专业知识：掌握基本的证券投资分析方法	非常熟悉	基本熟悉	不熟悉
客户满意程度	满意	一般	不满意
总　分	8 分		

教学研讨

教师在授课过程中，可以组织学生分组讨论，并在模拟实训室中模拟实际咨询工作中有可能出现的问题，分组分角色扮演柜员和客户，并在扮演过程中设置问题，让学生自行解决，在巩固课堂知识的基础上，锻炼学生接待客户时随机应变的能力。

模块二　宏观经济分析

本模块将通过情景设置、任务介绍、图表示意等方法，具体讲解宏观经济分析内容及方法。

学习目标

1. 掌握与宏观经济相关的主要指标
2. 掌握宏观经济分析方法

学习准备

数据源

任务一　查阅和读懂宏观经济指标（如 GDP、CPI、PPI、M2、利率等）与宏观经济研究报告

【任务描述】

对于一部分要求较高或是素质较高的客户，他们往往不只是满足于一些基本的知识，他

们需要更周到、细致和高端的服务，这时就需要有掌握更高层次知识的人员来为其服务。陈老师下一步的任务就是了解掌握证券咨询岗工作人员需要掌握哪些知识才能满足客户的需要。

相关知识

GDP、CPI、PPI、货币供应量、利率

GDP（Gross Domestic Product），国内生产总值，是指一个国家或地区范围内的所有常住单位，在一定时期内生产的最终产品和提供的劳务价值的总和。

CPI（Consumer Price Index），消费者物价指数，是反映与居民生活有关的商品及劳务价格统计出来的物价变动指标，通常作为观察通货膨胀水平的重要指标。

PPI（Producer Price Index），工业价格指数，是衡量工业企业产品出厂价格变动趋势和变动程度的指数，是反映某一时期生产领域价格变动情况的重要经济指标，也是制定有关经济政策，进行国民经济核算的重要依据。PPI也是观察通货膨胀水平的重要指标。

货币供应量，是指一国在某一时期内为社会经济运转服务的货币存量，它由包括中央银行在内的金融机构供应的存款货币和现金货币两部分构成。

我国现阶段将货币供应量划分为三个层次：M_0 指的是流通中的现金；M_1 指的是 M_0 加上商业银行体系的支票存款；M_2 指的是 M_1 加上商业银行的定期存款和储蓄存款。

利率，或称“利息率”，是指在借贷期内所形成的利息额与所贷资金额的比率。

【业务流程】

查阅宏观经济指标的业务流程如图4－2所示。

图4－2　查阅宏观经济指标的业务流程

【操作要点】

1. 登录国家统计局网站 http：//www.stats.gov.cn/（见图4－3）

图4－3　国家统计局网站

（1）点击“统计数据”查找并记录GDP、CPI和PPI的年度、季度和月度的数据（见图4－4至图4－7）。

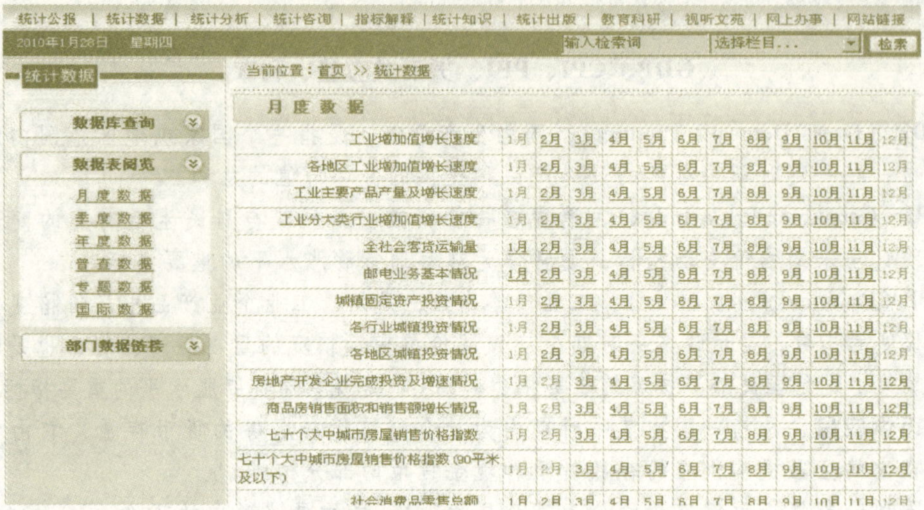

图4－4 “统计数据”查找

国内生产总值(2009年1季度)

	绝对额（亿元）	比去年同期增长（%）
国内生产总值	65745	6.1
第一产业	4700	3.5
第二产业	31968	5.3
第三产业	29077	7.4

注1：绝对额按现价计算，增长速度按不变价计算。
注2：该表为初步核算数据。

图4－5 国内生产总值

工业增加值增长速度(2009年11月)

指标名称	比去年同期增长 %	
	本月	累计
工业增加值	19.2	10.3
其中：轻工业	12.6	9.3
重工业	22.2	10.7
其中：国有及国有控股企业	19.0	5.9
其中：私营企业	23.1	18.8
其中：集体企业	17.4	9.5
股份合作企业	11.3	10.0
股份制企业	22.7	12.8
外商及港澳台投资	14.1	5.3

图4－6 工业增加值增长速度

项目名称	上年同月=100			上年同期=100		
	全国	城市	农村	全国	城市	农村
居民消费价格指数	100.6	100.4	100.9	99.1	98.9	99.5
一、食　品	103.2	103.0	103.7	100.3	100.7	99.6
粮　食	107.0	107.0	107.1	105.3	105.4	105.2
肉禽及其制品	98.3	97.9	99.3	90.7	90.9	90.1
蛋	102.9	102.6	103.5	101.2	101.0	101.7
水产品	103.6	103.7	103.1	102.2	102.4	101.4
鲜　菜	123.9	123.3	125.6	113.6	113.1	114.9
鲜　果	106.1	104.6	110.7	109.3	109.4	109.2
二、烟酒及用品	101.3	101.4	101.1	101.5	101.7	101.3
三、衣　着	98.8	98.8	98.8	97.9	97.7	98.4
四、家庭设备用品及服务	98.9	98.9	99.0	100.3	100.4	100.0
五、医疗保健及个人用品	101.6	101.5	101.9	101.1	101.0	101.4
六、交通和通信	97.8	97.7	98.1	97.5	97.2	98.1
七、娱乐教育文化用品及服务	99.4	98.9	100.2	99.3	98.7	100.7
八、居　住	98.8	98.6	99.1	96.0	94.9	98.3

图4－7　居民消费价格分类指数

（2）点击“统计公报”查阅历史上各个年份不同的经济调查公报，并记录有关数据（见图4－8）。

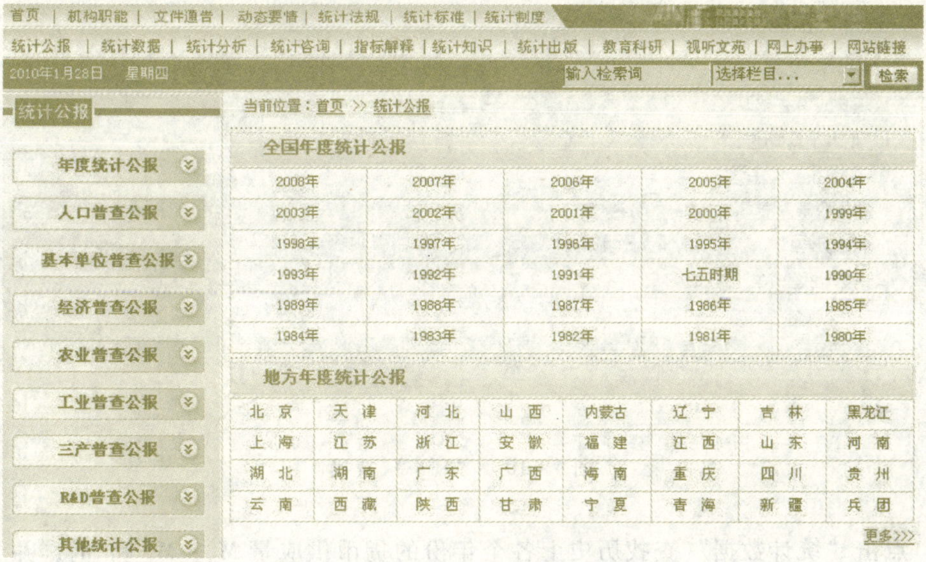

图4－8　统计公报

2. 登录中国人民银行网站 http：//www. pbc. gov. cn/（见图 4 - 9）

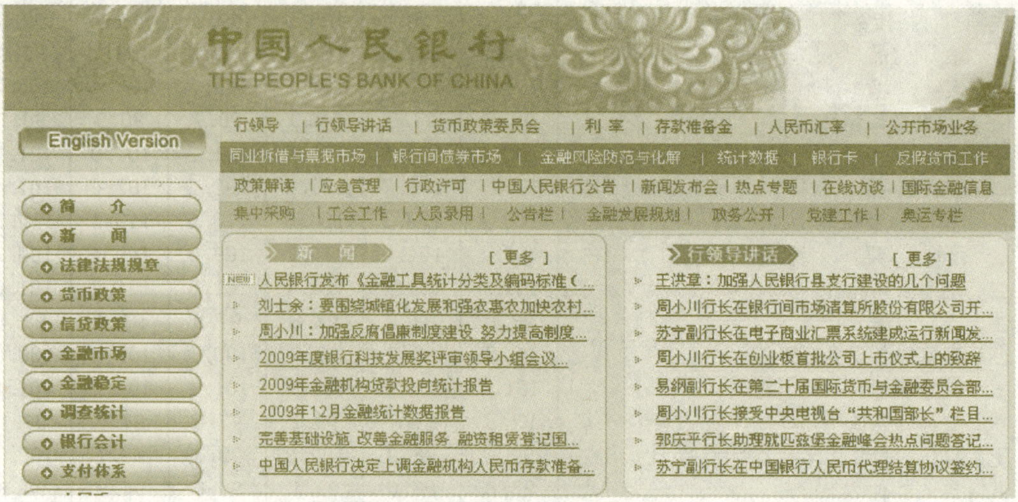

图 4 - 9 中国人民银行网站

（1）点击“利率”查找现行利率水平和历史数据，并予以记录（见图 4 - 10）。

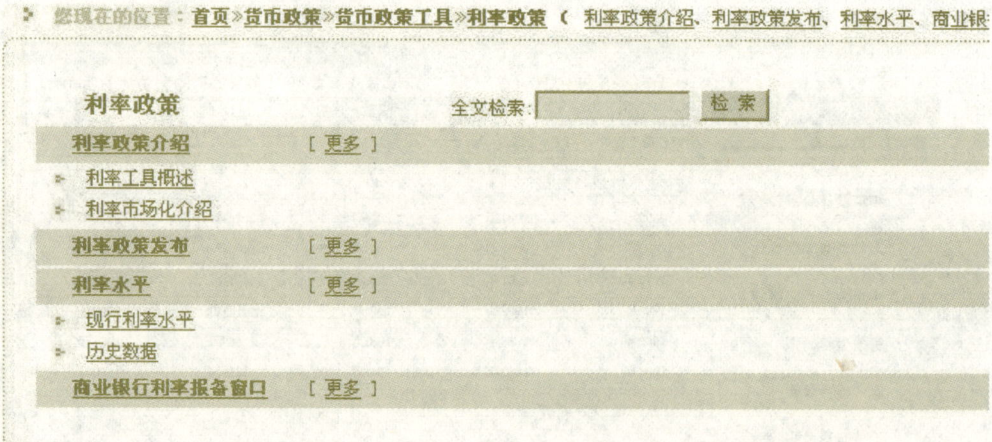

图 4 - 10 “利率”查找

（2）点击“统计数据”查找历史上各个年份的货币供应量 M_0、M_1 和 M_2，并予以记录（见图 4 - 11）。

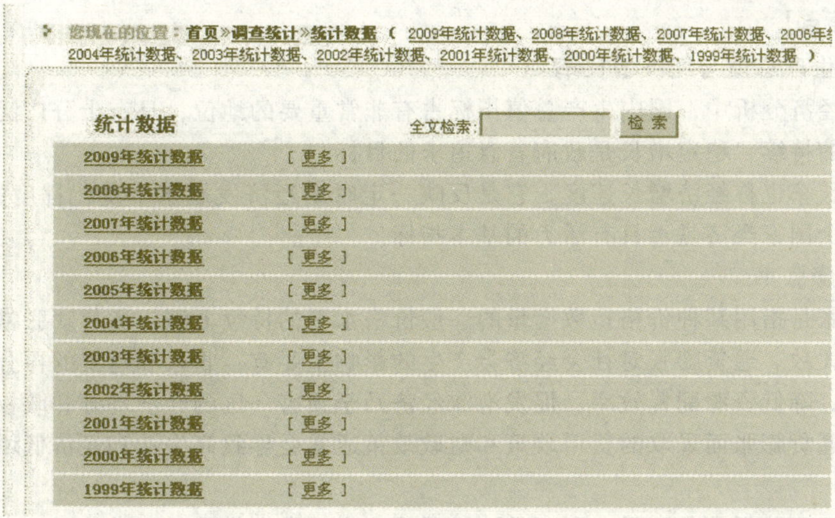

图 4－11　货币供应量 M_0、M_1 和 M_2

【岗位实训】

分析师老李正在做研究，需要知道过去几年宏观经济运行状况，但是他很忙，没空搜集数据，请你帮他搜集整理相关数据。

教学研讨

教师进行授课时，可以给学生指定某个时间段，对此阶段的宏观经济形势进行分析，然后利用得出的投资策略进行实战或模拟投资，通过实际验证自己的结论，从而加深学习印象。

任务二　对经济运行状况进行初步分析与预测

【任务描述】

陈老师接下来的任务就是将以上搜集到的宏观经济当前数据及历史数据进行分析，以便及时为客户提供咨询服务。

【业务流程】

对经济运行状况进行分析和预测的流程如图 4－12 所示。

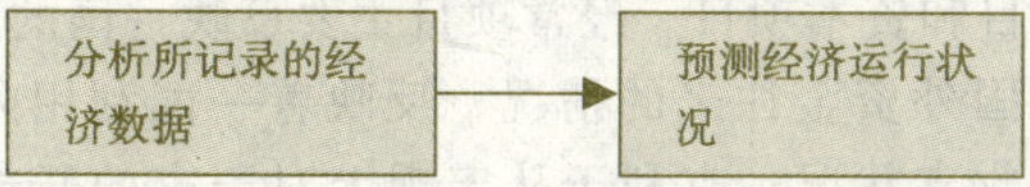

图 4－12　分析和预测经济运行状况的流程

【操作要点】

1. 国内生产总值与经济增长率

在宏观经济分析中，国内生产总值指标占有非常重要的地位，具有十分广泛的用途。国内生产总值的持续、稳定增长是政府着意追求的目标。

经济增长率也称经济增长速度，它是反映一定时期经济发展水平变化程度的动态指标，也是反映一个国家经济是否具有活力的基本指标。

2. 通货膨胀率

通货膨胀是指用某种价格指数衡量的一般价格水平的持续上涨。通货膨胀常被视为经济发展的头号大敌。通货膨胀对社会经济会产生的影响主要有：收入和财富的再分配，扭曲商品相对价格，降低资源配置效率，促发泡沫经济乃至损害一国的经济基础和政权基础。

为抑制通货膨胀而采取的货币政策和财政政策通常会导致高失业和经济低增长。

3. 利率

从宏观经济分析的角度看，利率的波动反映出市场资金供求的变动状况。在经济发展的不同阶段，市场利率有不同的表现。在经济持续繁荣增长时期，资金供不应求，利率上升；当经济萧条市场疲软时，利率会随着资金需求的减少而下降。

随着市场经济的不断发展和政府宏观调控能力的不断加强，利率，特别是基准利率已经成为中央银行一项行之有效的货币政策工具。

4. 失业率

高就业率（或低失业率）是社会经济追求的另一个重要目标。当失业率很高时，资源被浪费，人们收入减少，在这种时期，经济的问题还可能影响人们的情绪和家庭生活，进而引发一系列的社会问题。

5. 财政收支

核算财政收支总额是为了进行财政收支状况的对比。收大于支是盈余，收不抵支则出现财政赤字。如果财政赤字过大，就会引起社会总需求的膨胀和社会总供求的失衡。

相关知识

财政收支

➢ 财政收支包括财政收入和财政支出两个方面。

➢ 财政收入是国家为了保证实现政府职能的需要，通过税收等渠道集中的公共性资金收入。

➢ 财政支出则是为满足政府执行职能需要而使用的财政资金。

6. 国际收支

国际收支一般是一国居民在一定时期内与非居民在政治、经济、军事、文化及其他往来中所产生的全部交易的系统记录。这里的“居民”是指在国内居住一年以上的自然人和法人。

国际收支包括经常项目和资本项目。经常项目主要反映一国的贸易和劳务往来状况；资本项目则集中反映一国同国外资金往来的情况，反映着一国利用外资和偿还本金的执行情况。全面了解和掌握国际收支状况，有利于从宏观上对国家的开放规模和开放速度进行规划、预测和控制。

7. 固定资产投资规模

固定资产投资规模是指一定时期在国民经济各部门、各行业固定资产再生产中投入资金的数量。

投资规模是否适度，是影响经济稳定与增长的一个决定性因素。投资规模过小，不利于为经济的进一步发展奠定物质技术基础；投资规模过大，超出了一定时期人力、物力和财力的可能，又会造成国民经济比例的失调，导致经济大起大落。因此，适度安排固定资产投资规模是宏观经济得以合理、高效运行的必要前提。

【分析实训】

分析师老李拿到了国家统计局刚刚公布的上个月的全国经济数据。如果你是老李，会对当前经济形势做出什么样的判断？

教学研讨

教师进行授课时，可以给学生指定一个阶段国家统计局公布的的全国经济数据，要求学生对其进行分析，然后利用得出的投资策略，并通过实际验证自己的结论，从而加深学习印象。

任务三　对证券价格进行初步分析

【任务描述】

在对当前经济运行的状况已经有了一定了解的基础之上，陈老师要进一步分析经济状况如何决定证券价格。

【业务流程】

对证券价格进行分析的业务流程如图4－13所示。

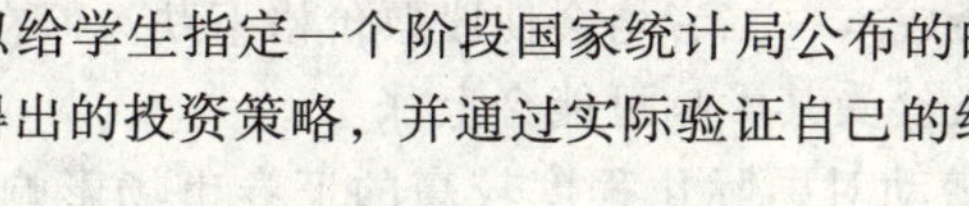

图4－13　对证券价格进行分析的流程

【操作要点】

1. 分析宏观经济形势对股票价格的影响

（1）经济增长与经济周期。经济运行具有周期性。股票市场作为经济的晴雨表，将提前反映经济周期变化。表4－2反映了经济运行和股市。

表 4-2　　经济周期表

经济运行阶段	投资者行为	股　市
繁荣初期	对未来经济形势持好的预期，从而对公司的利润和发展前景也有好的预期，投资者开始购入股票	市场价格随之上扬
走向繁荣	更多的投资者认识到良好的经济形势已经到来，尤其此时公司经营形势已经好转，利润不断增加，得到投资者的完全认同	呈现大牛市走势
繁荣接近顶峰	一部分先知先觉的投资者开始撤离	交投减缩直到逆转
开始衰退	更多的投资者开始撤离股市	加速下跌

当然，不同行业受经济周期影响的程度会有差异，有些行业（如钢铁、能源、耐用消费品等）受经济周期影响比较明显，而有些行业（如公用事业、生活必需品行业等）受经济周期影响较小。

（2）通货膨胀。总体上说，适度的通货膨胀对证券市场有利，过度的通货膨胀必然恶化经济环境，而且人们将资金用于囤积商品保值，对证券市场将产生极大的负面效应。

（3）利率水平。贷款利率的提高，增加公司成本，从而降低利润；存款利率提高，增加了投资者股票投资的机会成本，二者均会使股票价格下跌。但在开放经济条件下，利率上升，导致资本流入增加，股价受其影响可能会上涨。

（4）汇率水平。汇率变动对国际化程度较高的证券市场影响程度较大，币值大幅波动会影响国际投资者对该国的信心，造成资本外流，导致股价下跌。但对国际化程度较低的证券市场影响较小。

（5）货币政策。当中央银行采取紧缩性的货币政策时，货币供应量减少，市场利率上升，公司资金困难，运行成本加大，盈利预期下降甚至亏损，红利减少甚至没有，居民收入下降，失业率增加，从而多方面促使股价下跌。

（6）财政政策。当政府通过支出刺激或压缩经济时，将增加或减少公司的利润和股息；当税率升降时，将降低或提高企业的税后利润和股息水平；财政和税收政策还影响居民收入，这些影响将综合作用在证券市场上。

2. 分析宏观经济形势对债券价格的影响

（1）经济增长与经济周期。债券市场总体上与股票市场一样，随经济增长和经济周期作同向变动，但这种变动受债券本身的固定利息率和有限期限特征的制约，变化程度远不及股市。当经济持续增长、经济繁荣时，商品需求旺盛，企业资金比较充足，经营条件和环境良好，赢利增加，债券风险减少，居民收入增加因而债券投资需求增加，促使价格上扬。但同时经济繁荣往往伴随着通货膨胀，从而使债券贬值，对价格起负面影响。再者，经济繁荣时，经济扩张，企业为筹集更多的资金扩大生产，可能发行债券，这将增加债券的供给，从而促使价格下跌，正负两方面的影响，其作用力对比的强度决定了对债券影响的方向和程度。

（2）利率水平。利率水平是影响债券价格变化最主要的因素。在债券发行之时，其利息参照利率水平制定；在持有期，如果利率水平变化，必然导致债券所要求的收益率与利率水平相适应。由于票面利率是不变的，为实现所要求的收益率的变化，只有改变债券的价格。当利率上升时，所要求的收益率上升，价格必然下跌；反之则相反。

(3) 通货膨胀。一方面，通货膨胀提高了对债券的收益率要求，以抵消通货膨胀造成的资金贬值，从而降低债券的价格；另一方面，通货膨胀增大了债券投资的风险，风险补偿的要求提高了债券的要求收益率，从而降低债券的价格。但在适度的通货膨胀下，人们可能热衷于投资债券来实现资金保值，从而增加对债券的需求并导致债券价格上涨，这可能抵消一部分下跌效应。过度通货膨胀时，前两种效应作用增大，第三种效应也将转向反方面使得债券价格下跌，因为此时资本市场的任何投资都起不到保值作用，人们会将资金转移到实物资产和囤积商品上来实现保值。

(4) 货币政策与财政政策。对债券市场影响最大的是公开市场业务与国债发行，这主要是通过改变债券市场的供求状况进而影响整个债券市场价格。当债券市场供给增加时，债券价格下跌；反之，当债券市场供给减少时，债券价格上升。

【分析实训】

分析师老李预计上半年经济将继续快速增长，但下半年存在两次探底的可能。同时为了抑制天量贷款带来的通胀威胁，央行会在一季度开始实行适度紧缩的货币政策。老李对投资者购买股票可以有哪些建议？

教学研讨

教师进行授课时，可以给学生讲解近期国家的财政政策和经济政策，并要求学生分析其对股市的影响，得出投资策略，进行实战或模拟投资，通过实际验证自己的结论，从而加深学习印象。

模块三 行业分析

本模块将通过情景设置、任务介绍、图标分析等方法，以一个具体的案例讲述行业分析的内容及方法。

学习目标

1. 掌握行业分析的方法及框架
2. 熟练使用获取行业数据的软件或网站

学习准备

1. 数据源 Wind

2. 重要财经网站

【任务描述】

陈老师还面临一个问题，就是面对股市中上千只股票，投资者往往不知道如何对自己的资金进行配置，应该投资于哪些行业？通常需要证券公司工作人员为其提供参考意见，下面陈老师就进行这一方面的实践。

【行业概念】

所谓行业，是这样的一个企业群体，这个企业群体的成员由于其产品（包括有形与无形）在很大程度上的可相互替代性而处于一种彼此紧密联系的状态，并且由于产品可替代性的差异而与其他企业群体相区别。

【分析框架】

行业分析的主要内容包括：

1. 行业总体运行情况分析

（1）行业总体生产情况。

（2）行业总体销售情况。

（3）行业总体经营情况。具体包括：利润情况；亏损情况；偿债能力情况；成长能力指标情况；资产运营能力指标情况；成本费用分析。

2. 行业结构分析

（1）规模结构。

（2）经济类型结构。

（3）区域结构。

（4）细分行业结构。

3. 行业竞争状况

（1）行业规模经济状况。

（2）集中度分析。

（3）企业盈亏分析。

（4）企业进入退出状况区域结构。

4. 行业发展趋势与预测

（1）三年的行业经济指标发展状况。

（2）三年的行业经营绩效发展状况。

（3）当年的行业预测。

5. 行业动态

（1）国家产业政策。

（2）重大事件。

相关知识

证监会行业分类（一）

农、林、牧、渔业：农业，林业，畜牧业，渔业，农、林、牧、渔服务业。

采掘业：煤炭采选业，石油和天然气开采业，黑色金属矿采选业，有色金属矿采选业，非金属矿采选业，其他矿采选业，采掘服务业。

制造业：食品，饮料，纺织、服装、皮毛，木材、家具，造纸、印刷，石油、化学、塑胶、塑料，电子，金属、非金属，机械、设备，仪表，医药、生物制品，其他制造业。

电力、煤气及水的生产和供应业：电力、蒸气、热水的生产和供应业，煤气生产和供应业，自来水的生产和供应业。

建筑业：土木工程建筑业，装修装饰业。

交通运输、仓储业：铁路运输业，公路运输业，管道运输业，水上运输业，航空运输业，交通运输辅助业，其他交通运输业，仓储业。

信息技术业：通信及相关设备制造业，计算机及相关设备制造业，通信服务业，计算机应用服务业。

批发和零售贸易：食品、饮料、烟草和家庭用品批发业，能源、材料和机械电子设备批发业，其他批发业，零售业，商业经纪与代理业。

金融、保险业：银行业，保险业，证券、期货业，金融信托业，基金业，其他金融业。

房地产业：房地产开发与经营业，房地产管理业，房地产中介服务业。

社会服务业：公共设施服务业，邮政服务业，专业、科研服务业，餐饮业，旅馆业，旅游业，娱乐服务业，卫生、保健、护理服务业，租赁服务业，其他社会服务业。

传播与文化产业：出版业，声像业，广播电影电视业，艺术业，信息传播服务业，其他传播、文化产业。

综合类。

【分析要点】

1. 行业数据

行业数据主要来自各行业协会网站，专业数据库，行业统计年鉴等，其中 Wind 是一个比较常用的数据库（见图 4－14）。

2. 数据分析

报告的数据最好以图或表的形式进行分析及表达，从而向投资者更深刻的解释数据的变化趋势，以达到更好的效果。

3. 行业动态

行业动态分为国内动态和国际动态，主要包括国家产业政策、技术进步、重大事件等，具体信息可以参考各大财经网站、行业协会网站以及其他相关网站。

4. 行业预测

行业预测以历史数据基础，综合考虑经济发展、社会进步、偏好变化等可能会影响到行业发展前景的各种因素，从而对行业的未来发展进行预测。

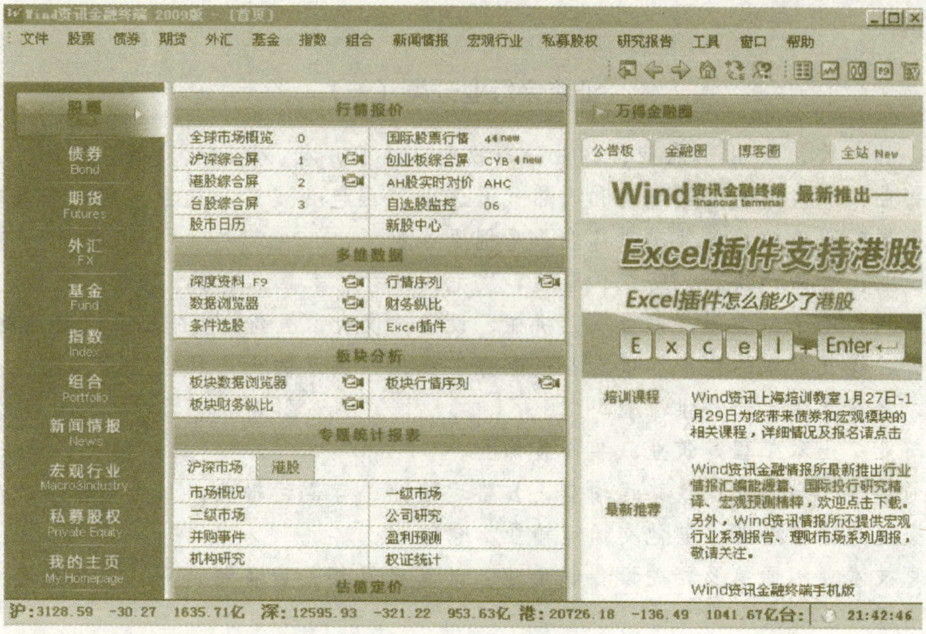

图 4－14　Wind 资讯操作界面

5. 重点企业分析

行业分析可以适当增加对重点企业的简要分析，主要从工业增加值排名、销售收入排名净利润增长率排名、总资产排名等方面对重点的几个企业进行分析和评价。

【分析实例】

见附录（生物制药行业分析报告，报告来源：中经网）。

【分析实训】

以行业研究员的身份，分析某个行业并撰写行业研究报告。

实训要求：

（1）查找行业数据；

（2）进行行业分析；

（3）得出投资策略。

教学研讨

教师进行授课时，可以给学生指定某个行业或学生自己选定一个行业，并对其进行分析，然后利用得出的投资策略，进行实战或模拟投资，通过实际验证自己的结论，从而加深学习印象。

模块四　公司分析

学习目标

1. 掌握公司分析的方法及框架
2. 掌握公司财务分析中的重要财务指标
3. 熟练使用获取行业数据的软件或网站

学习准备

1. 数据源 Wind
2. 重要财经网站

【任务描述】

证券公司的人员告诉陈老师，他们还常常遇到这样的情况：某客户通过行业分析，判断某行业有很好的前景，并对该行业中的一只股票比较看好，但不知道该上市公司的生产经营活动如何，是否有很好的发展前景？该客户请证券公司的人员帮助解答这个问题，对该上市公司进行分析，并选取该行业中运营比较成功的其他 1~2 个上市公司进行比较，从而对该上市公司的生产经营活动进行评价。这也是作为咨询人员所应具备的素质。

【分析工具】

财务报表：公司分析中最重要的一个环节就是进行公司财务报表分析。公司财务报表是关于公司生产经营活动的原始数据的重要来源，因此是投资者了解上市公司生产经营状况的最重要的信息来源，也是投资者对上市公司未来发展趋势进行预测的重要依据。

比率分析：比率分析以财务报表基本数据为基础，进行进一步的分析，得到可以更好地描述公司财务的指标。主要包括偿债能力分析、运营能力分析、盈利能力分析以及杜邦分析等。

【基本财务报表】

1. 资产负债表（Balance Sheet）

资产负债表反映了公司在某一个特定时点（通常为季末或年末）的财务状况，反映了该时点公司的资产、负债和股东权益三者之间的情况。资产负债表上，公司资产、负债和股东权益三者之间的关系是：公司资产应该与公司负债和股东权益之和相等。

资产 = 负债 + 股东权益

公司的资产通常由流动资产、长期资产和其他资产三部分组成。在资产负债表上，一般按流动性大小进行排列，先流动资产，后长期资产，最后是其他资产。公司的负债通常由流动负债和长期负债两部分组成，在资产负债表上一般也是按流动性大小进行排列，先流动负债，然后才是长期负债。公司资产与公司负债之间的差额就是公司的净资本，即股东权益。

2. 损益表（Income Statement）

损益表，也称为“利润表”，反映的是公司在一段时期内（通常为 1 年）的经营成果。损益表是一个动态报表，反映了公司在一定时间内的业务经营情况，直接揭示了公司的经营成果——盈利或者亏损。

如果说资产负债表是对公司某一时点的财务状况的反映，那么损益表就是反映公司在某一时段的财务状况，反映了两个相邻年份资产负债表编制日之间公司财务赢利或亏损的变动情况。

损益表有三个主要组成部分：第一部分是营业收入，反映公司在这一段时间内运营所得的收入；第二部分是费用，反映了公司在同期内所产生的各项费用；第三部分是利润，反映了公司在这一段时间内的最终经营成果。就一般性公司来说，费用这一部分包括：生产公司所销售的产品所产生的费用，即销售成本；公司经营所产生的各种管理费用，如销售费用、广告费、行政管理费用等；公司债务产生的利息费用；公司应缴纳的各项税金。当然，对于不同性质的公司来说，损益表可能有所差异，不过基本结构基本上是一致的。

3. 现金流量表（Statement of Cash Flows）

现金流量表反映的是在一段时间内（通常为 1 年）公司现金的来源与运用情况。现金流量表有三个主要组成部分：经营活动产生的现金流量；投资活动产生的现金流量；融资活动产生的现金流量。对公司现金流量表进行分析，可以让投资者了解公司获取现金和现金等价物的能力，从而有助于投资者评价公司今后支付股利的能力、公司的增长潜力及公司的偿债能力。

资产负债表和损益表都是建立在权责发生制的基础上，即使没有发生现金交易，收入和费用也在其发生时就进行确认。与资产负债表和损益表不同，现金流量表只记录已经发生的现金交易。

表 4－3 至表 4－5 是深圳发展银行股份有限公司 2008 年的资产负债表、利润表以及现金流量表。

表 4－3　　深圳发展银行股份有限公司资产负债表

2008 年 12 月 31 日

（除特别注明外，金额单位均为人民币千元）

	附注四	2008－12－31	2007－12－31
资产：			
现金及存放中央银行款项	1	39767901	40726387
贵金属		9225	8200
存放同业款项	2	21500809	4013690
拆出资金	3	9236676	2642656
以公允价值计量且其变动计入当期损益的金融资产	4	41441	1477625
衍生金融资产	5	290751	291816
买入返售金融资产	6	34733353	33768925
应收账款	7	1359592	778069

续表

	附注四	2008-12-31	2007-12-31
应收利息	8	1605636	1126372
发放贷款和垫款	9	281714687	215011565
可供出售金融资产	10	48799716	17850892
持有至到期投资	11	15584755	15911486
应收款项——债券投资	12	13750000	13450000
长期股权投资	13	417390	251948
投资性房地产	14	411690	441098
固定资产	15	1674924	1554278
无形资产		113917	67725
递延所得税资产	16	1811816	994389
其他资产	17	1615894	2172240
资产总计		474440173	352539361
负债:			
同业及其他金融机构存放款项	19	36063032	32388762
拆入资金	20	7380000	2300000
以公允价值计量且其变动计入当期损益的金融负债	4	39420	1246657
衍生金融负债	5	58598	255173
卖出回购金融资产款	21	38916115	16467582
吸收存款	22	360514036	281276981
应付职工薪酬	23	1247420	925411
应交税费	24	1197849	819756
应付账款	25	507483	340297
应付利息	26	2963224	1728071
应付次级债券	27	7964282	—
预计负债		25809	77447
递延所得税负债	16	341679	98544
其他负债	28	820436	1608617
负债合计		458039383	339533298
股东权益:			
股本	29	3105434	2293407
资本公积	30	7978982	5213654
盈余公积	31	780885	719481
一般风险准备	32	3583296	2715704
未分配利润	33	952193	2063817
股东权益合计		16400790	13006063
负债及股东权益总计		474440173	352539361

表 4－4　　　　深圳发展银行股份有限公司利润表

2008 年度

（除特别注明外，金额单位均为人民币千元）

	附注四	2008 年度	2007 年度
一、营业收入			
利息收入	34	26465264	18043900
利息支出	34	(13867376)	(8438051)
利息净收入	34	12597888	9605849
手续费及佣金收入	35	1056647	667751
手续费及佣金支出	35	(205259)	(147038)
手续费及佣金净收入	35	851388	520713
投资收益	36	421556	200984
其中：对联营企业的投资收益		22675	—
公允价值变动损益	37	65800	57641
汇兑损益	38	462543	257346
其他业务收入	39	113944	164969
营业收入合计		14513119	10807502
二、营业支出			
营业税金及附加		(1151665)	(824307)
业务及管理费	40	(5223866)	(4207494)
营业支出合计		(6375531)	(5031801)
三、资产减值损失前营业利润		8137588	5775701
资产减值损失	41	(7334162)	(2053759)
四、营业利润		803426	3721942
加：营业外收入		52310	89720
减：营业外支出		(63127)	(39887)
五、利润总额		792609	3771775
减：所得税费用	42	(178574)	(1121872)
六、净利润		614035	2649903
七、每股收益			
基本每股收益（人民币元）	43	0.20	0.97
稀释每股收益（人民币元）	43	0.20	0.95

表4-5　　深圳发展银行股份有限公司现金流量表

2008年度

（除特别注明外，金额单位均为人民币千元）

	附注四	2008年度	2007年度
一、经营活动产生的现金流量：			
吸收存款和同业存放款项净增加额		82911325	64390171
其他金融机构拆入资金净增加额		5080000	2300000
卖出回购款项净增加额		22448533	15726572
收取利息、手续费及佣金的现金		24691230	16685740
收到其他与经营活动有关的现金		2076226	1216409
经营活动现金流入小计		137207314	100318892
发放贷款和垫款净增加额		74220352	42083860
存放中央银行及同业款项净增加额		14782982	15582324
拆出资金净增加额		2090056	806570
买入返售款项净增加额		648650	11279835
支付利息、手续费及佣金的现金		12813497	7799556
支付给职工及为职工支付的现金		2363094	1819547
支付的各项税费		1821485	1784754
支付其他与经营活动有关的现金		4124587	2110870
经营活动现金流出小计		112864703	83267316
经营活动产生的现金流量净额		24342611	17051576
二、投资活动产生的现金流量：			
处置子公司收到的现金		61000	—
收回投资收到的现金		104701106	111371414
取得投资收益收到的现金		1509948	680642
处置固定资产和投资性房地产收回的现金		42977	128240
投资活动现金流入小计		106315031	112180296
投资支付的现金		133691351	123539875
购建固定资产、无形资产和在建工程支付的现金		838003	372198
投资活动现金流出小计		134529354	123912073
投资活动产生的现金流量净额		(28214323)	(11731777)
三、筹资活动产生的现金流量：			
认股权证行权收到的现金		2602335	3136366
发行债券收到的现金		8000000	—
筹资活动现金流入小计		10602335	3136366
分配股利和偿付债券利息支付的现金		101712	20858
发行债券支付的现金		37865	—
有关股权分置改革及认股权证支付的现金		22003	13120
筹资活动现金流出小计		161580	33978
筹资活动产生的现金流量净额		10440755	3102388
四、汇率变动对现金及现金等价物的影响		—	—
五、现金及现金等价物净增加额		6569043	8422187
加：年初现金及现金等价物余额		30555415	22133228
六、年末现金及现金等价物余额	44	37124458	30555415

【分析框架】

1. 偿债能力分析

（1）短期偿债能力：流动比率；速动比率；现金比率。

（2）长期偿债能力：利息保障倍数；固定支出保障倍数；资产负债率。

2. 运营能力分析

（1）存货周转率；

（2）应收账款周转率；

（3）资产周转率。

3. 赢利能力分析

（1）销售毛利率；

（2）销售净利率；

（3）资产收益率（ROA）；

（4）股权收益率（ROE）。

4. 成长能力分析

（1）净资产收益率（同比增长率）；

（2）利润总额（同比增长率）；

（3）营业总收入（同比增长率）。

5. 公司分析——股权收益率分解（杜邦分析）

6. 市盈率与市净率

（1）市盈率（PE）；

（2）市净率（PB）。

【分析要点】

1. 比率分析

比率分析是比较基本的分析方法，也是比较有效的分析方法，可以用于横向或纵向对比分析。

表4－6是公司分析常用财务比率指标。

2. 杜邦分析

杜邦分析法利用几种主要的财务比率之间的关系来综合地分析企业的财务状况，是一种用来评价公司赢利能力和股东权益回报水平，从财务角度评价企业绩效的一种经典方法。其基本思想是，将企业净资产收益率逐级分解为多项财务比率乘积，这样有助于深入分析比较企业经营业绩。最基本的杜邦分析法的财务指标关系如下：

净资产收益率（ROE）＝销售净利率（NPM）×资产周转率（AU）×权益乘数（EM）

3. 资本市场表现

在股票估价中，市盈率（Price－earnings Ratio，P/E）是一种很常见的估价方法，尤其是在实务操作中更是被经常用到。而在比较不同股票的资本市场表现时，市盈率也是一种很重要的指标。

表 4－6　　公司分析常用财务比率指标

短期偿债能力	流动比率	流动资产/流动负债	
	速动比率	（流动资产－存货）/流动负债	
	现金比率	（现金＋有价证券）/流动负债	
长期偿债能力	利息保障倍数	息税前利润/利息费用	
	固定支出保障倍数	（息税前利润＋资本化租金）/（利息费用＋资本化租金）	
	资产负债率	负债总额/资产总额	
运营能力	存货周转率	销售成本/存货平均余额	存货平均余额＝(期初存货余额＋期末存货余额)/2
	应收账款周转率	赊账收入净额/应收账款平均余额	应收账款平均余额＝(期初应收账款余额＋期末应收账款余额)/2
	总资产周转率	销售收入/平均资产总额	平均资产总额＝(期初资产总额＋期末资产总额)/2
赢利能力	销售毛利率	销售毛利/销售收入净额	
	销售净利率	净利润/销售收入净额	
	资产收益率（ROA）	净利润/平均资产总额	
	股权收益率（ROE）	净利润/股东权益	
	市盈率（PE）	股票市场价格/每股赢利	
	市净率（PB）	股票市场价格/每股账面价值	

【分析实例】

1. 财务比率分析

表4－7是深发展A与浦发银行的财务指标对比分析，部分数据未能有财务报表得到。由表4－7我们可以得到以下结论：

• 在偿债能力方面，由于只得到资产负债率数据，其余指标数据缺失，我们不对深发展A和浦发银行的偿债能力进行评价；

• 在运营能力方面，深发展A和浦发银行的总资产周转率和总资产周转率较为相近，所以我们认为2008年深发展A和浦发银行的运营能力相差不大；

• 在赢利能力方面，深发展A的销售毛利率分别为56.07，略高于浦发银行的44.36；深发展A的销售净利率和ROE分别为4.23和4.32，与浦发银行的36.21和36.71有较大差距，主要原因可能是深发展A的销售成本较高。所以我们认为2008年深发展A的赢利能力不如浦发银行。

• 在成长能力方面，深发展A除了营业总收入的同比增长率略大于浦发银行，ROE同比增长率、利润总额同比增长率和基本每股收益同比增长率都与浦发银行有很大差距。所以我们认为2008年深发展A的成长能力不如浦发银行。

表 4－7　　深发展与浦发银行财务比率分析

财务指标	2008 年 12 月 31 日		
	单位	深发展 A	浦发银行
流动比率	%	—	—
速动比率	%	—	—
已获利息倍数（EBIT/利息费用）	%	—	—
息税折旧摊销前利润/负债合计	%	—	—
资产负债率	%	96.54	96.81
存货周转率	次	—	—
应收账款周转率	次	13.57	36.03
总资产周转率	次	0.03	0.03
资产负债率	%	96.54	96.81
销售净利率	%	4.23	36.21
销售毛利率	%	56.07	44.36
净资产收益率 ROE	%	4.17	35.77
净资产收益率（摊薄）（同比增长率）	%	－81.63	54.55
利润总额（同比增长率）	%	－78.98	42.24
营业总收入（同比增长率）	%	42.39	40.49
基本每股收益（同比增长率）	%	－84.25	75.05

2. 杜邦分析

表 4－8 是深发展 A 与浦发银行的杜邦分析，由表中数据我们可以得到以下结论：深发展 A 的 ROE 低于浦发银行，主要是由于深发展 A 销售净利率 4.24 低于浦发银行的 36.31。

表 4－8　　深发展与浦发银行杜邦分析

杜邦分析	2008 年 12 月 31 日		
	单位	深发展 A	浦发银行
净资产收益率 ROE	%	4.17	35.77
权益乘数（杜邦分析）		28.12	31.78
总资产周转率		0.035	0.031
净利润/营业总收入	%	4.24	36.31

3. 资本市场变现

表 4－9 是深发展 A 与浦发银行的资本市场表现，由表中数据我们可以得到以下结论：深发展 A 的市净率与浦发银行都为 1.8，相差不大，而市盈率深发展 A 则远大于浦发银行，这也主要是由于深发展 A 的每股收益大幅下降造成，深发展的市盈率较高可能是由于投资者预期深发展的业绩将会好转。

表 4-9　　深发展与浦发银行资本市场表现

资本市场表现	2008 年 12 月 31 日		
	单位	深发展 A	浦发银行
每股收益 EPS——基本	元	0.2	2.21
每股净资产 BPS	元	5.28	7.36
年末股价	元	9.46	13.25
PE		47.3	6.0
PB		1.8	1.8

【分析实训】

试以研究助理的身份，分析某个公司的财务状况。

实训要求：

(1) 查找公司财务数据。

(2) 进行公司分析。

(3) 对公司进行评价，并提供投资意见。

教学研讨

教师进行授课时，可以给学生指定某个公司或学生自己选定一个公司，并对其进行分析，然后利用得出的评价及投资意见，进行实战或模拟投资，通过实际验证自己的结论，从而加深学习印象。

模块五　技术分析基础

本模块通过介绍股票基础分析的技术指标，包括股票技术指标含义、计算公式、种类，根据股票技术分步骤练习，要求熟练掌握分析流程，并能通过模拟的股票交易软件，以股票实时行情进行买卖操作。

学习目标

1. 熟悉股票行情软件的操作
2. 掌握股票的技术分析
3. 熟悉模拟股票交易软件的使用

学习准备

证券模拟教学平台软件

任务一　选择几只有代表性的证券（股票）

【任务描述】

陈老师现在就准备在证券公司大厅观察那些新办理了开户手续，正着手要买股票的股民。看看他们如何选择有代表性的股票，查看一下基本行情，以及证券公司的人员怎么为他们服务的。

【业务流程】

查看股票行情如图 4－15 所示。

图 4－15　查看股票行情

【操作要点】

1. 技术分析画面就是我们通常说的 K 线图。在分时走势里按“F5”或“05 + enter”就可以切换到 K 线图（如图 4－16 所示）。

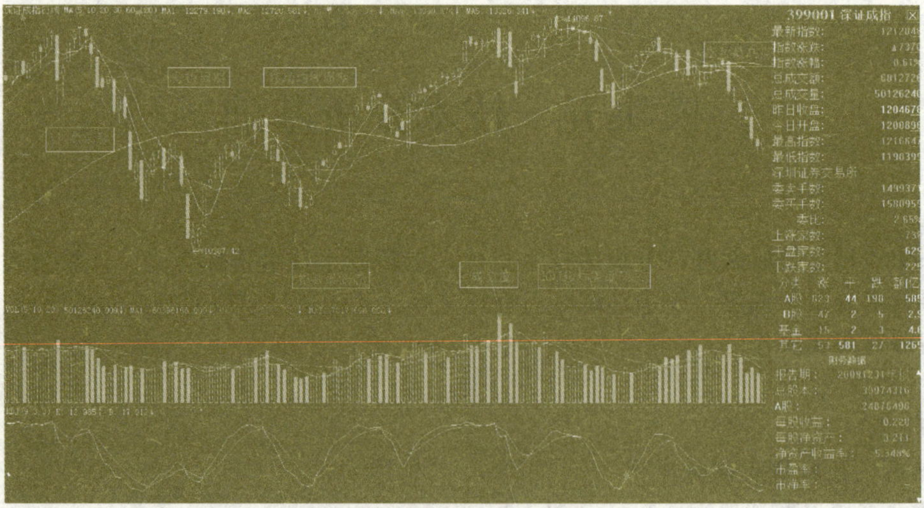

图 4－16　红 K 线网络

2. 切换分析周期

按 F8 键可依次从日 K 线图切换到周 K 线图、月 K 线图、季 K 线图、一分钟 K 线图、五分钟 K 线图、十五分钟 K 线图、三十分钟 K 线图、六十分钟 K 线图。

我们还提供了更简洁的右键菜单方式。点击右键，在右键菜单里“分析周期”里选择您想要的K线周期，就可以了。如图4－17所示。

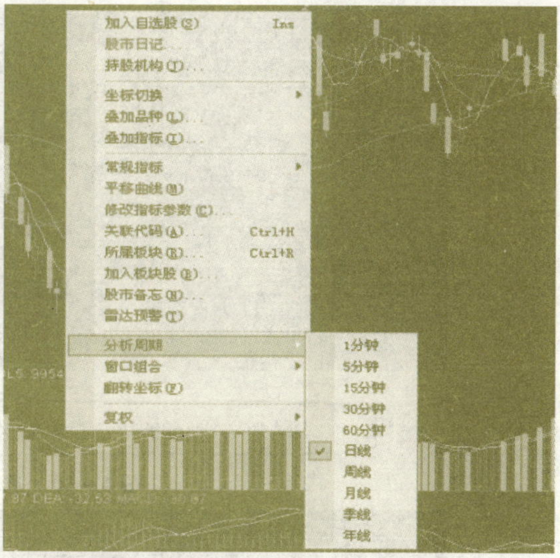

图4－17 K线周期

3. 翻转坐标

股市里在很多情况下，头部形态和底部形态是相似的，比如头肩顶与头肩底。对于股民来说，有人对顶部图形把握得比较好、有人却对底部图形很熟悉。因此我们自然地想到如果能把K线图翻转过来岂不是能更容易地观察、判断。钻石版V6.0就实现了这个功能，您只要在右键菜单里选择“翻转坐标”就能实现这个功能。

4. 进入大智慧操作系统，选择沪深A股标题，如图4－18、图4－19所示。

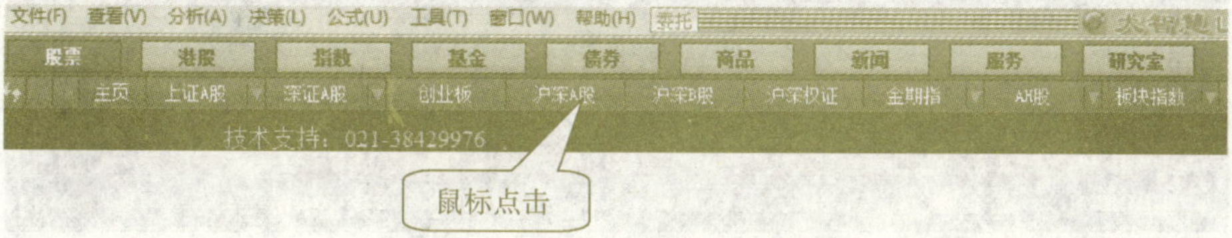

图4－18 大智慧操作系统一

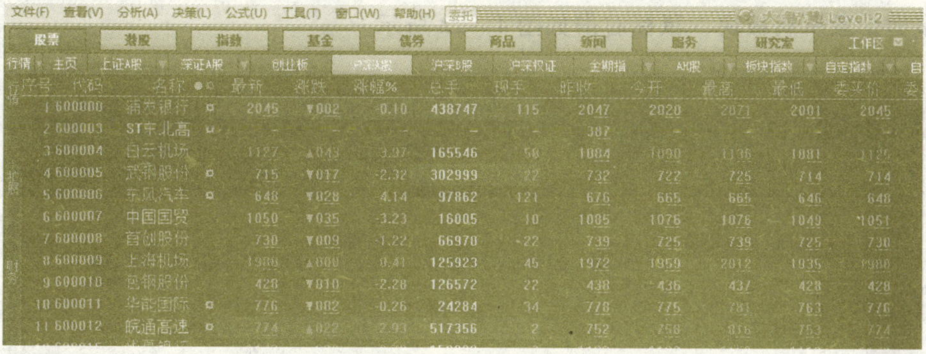

图4－19 大智慧操作系统二

5. 输入股票名称拼音首字母或股票代码回车。如查看宝钢股份输入BGGF或600019回车。如图4－20、图4－21所示。

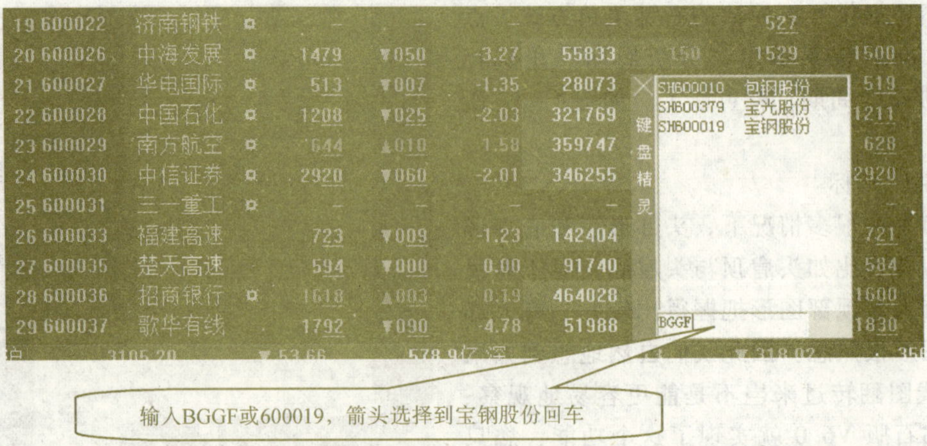

图 4－20　选择宝钢股份操作一

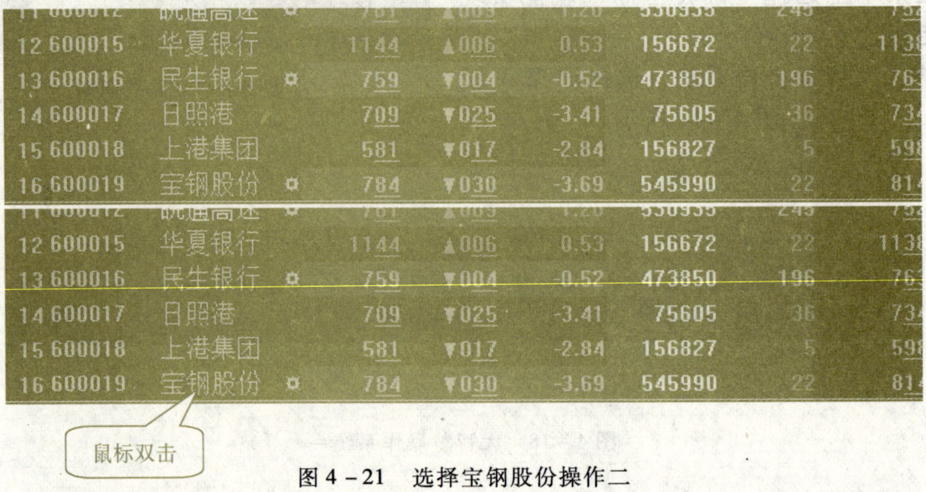

图 4－21　选择宝钢股份操作二

6. 掌握个股所属板块，鼠标右击如图 4－22 所示。

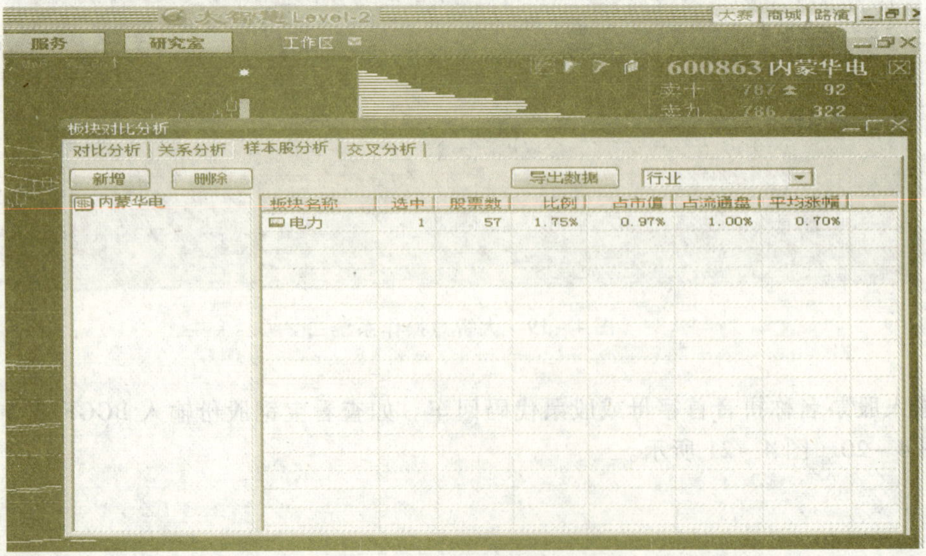

图 4－22　查看个股所属板块

7. 按 F10 了解该股基本情况，流通股情况，如图 4－23 所示。

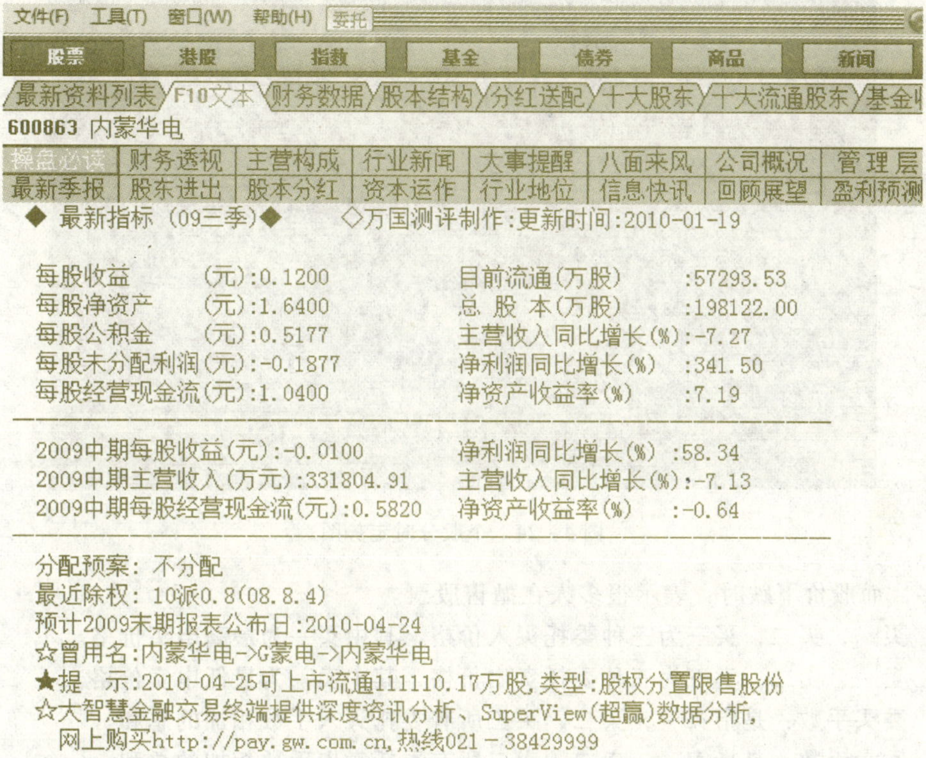

图 4－23 个股基本情况

任务二 运用 K 线图、均线、成交量、RSI、KDJ 等指标进行分析

【任务描述】

通过基本面分析之后选出满意的股票，现在对其走势情况进行技术层面的分析。

【操作要点】

1. 个股分时走势图认识（见图 4－24）

图 4－24 中：浅色曲线表示该种股票的分时成交价格，深色曲线表示该种股票的平均价格，柱线表示每分钟的成交量，单位为手（100 股/手）。

下面是分时走势图中经常出现的名词及含义：

（1）外盘：成交价是卖出价时成交的手数总和称为外盘。

（2）内盘：成交价是买入价时成交的手数总和称为内盘。当外盘累计数量比内盘累计数量大很多，而股价也在上涨时，表明很多人在抢盘买入股票。当内盘累计数量比外盘累计数

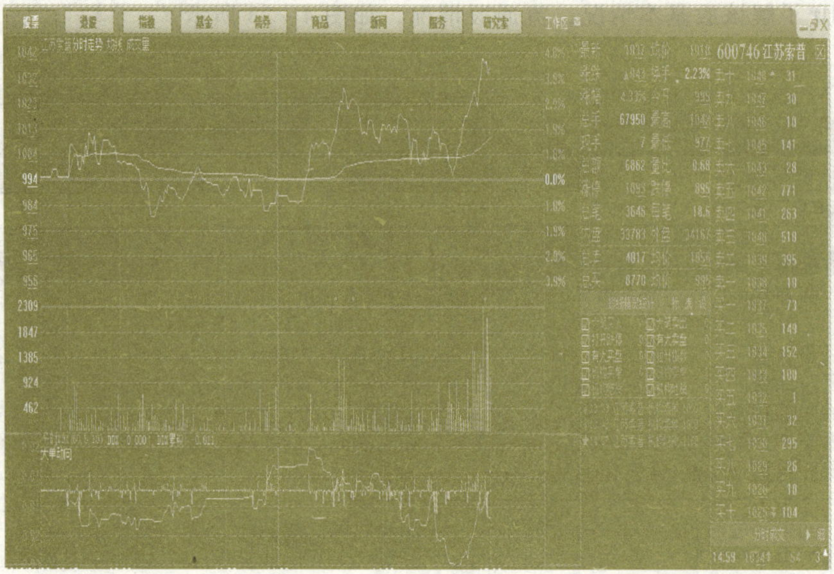

图 4－24　个股分时走势图

量大很多，而股价下跌时，表示很多人在抛售股票。

（3）买一，买二，买三为三种委托买入价格，其中买一为最高申买价格。

（4）卖一，卖二，卖三为三种委托卖出价格，其中卖一为最低申卖价格。

（5）委买手数：是指买一，买二，买三所有委托买入手数相加的总和。

（6）委卖手数：是指卖一，卖二，卖三所有委托卖出手数相加的总和。

（7）委比：委买委卖手数之差与之和的比值。委比旁边的数值为委买手数与委卖手数的差值。当委比为正值时，表示买方的力量比卖方强，股价上涨的几率大；当委比为负值时，表示卖方的力量比买方强，股价下跌的几率大。

（8）量比：当日总成交手数与近期平均成交手数的比值。如果量比数值大于 1，表示这个时刻的成交总手量已经放大；若量比数值小于 1，表示这个时刻成交总手萎缩。

（9）现手：已经成交的最新一笔买卖的手数。在盘面的右下方为即时的每笔成交明细，红色向上的箭头表示以卖出价成交的每笔手数，绿色箭头表示以买入价成交的每笔手数。

2. K 线图的认识

相关知识

K 线图最早是日本德川幕府时代大阪的米商用来记录当时一天、一周或一月中米价涨跌行情的图示法，后被引入股市。K 线图有直观、立体感强、携带信息量大的特点，蕴涵着丰富的东方哲学思想，能充分显示股价趋势的强弱、买卖双方力量平衡的变化，预测后市走向较准确，是各类传播媒介、电脑实时分析系统应用较多的技术分析手段。

其记录方法如图 4－25 所示。

（1）日 K 线是根据股价（指数）一天的走势中形成的四个价位，即：开盘价、收盘价、最高价、最低价绘制而成的。

收盘价高于开盘价时，则开盘价在下收盘价在上，二者之间的长方柱用红色或空心绘

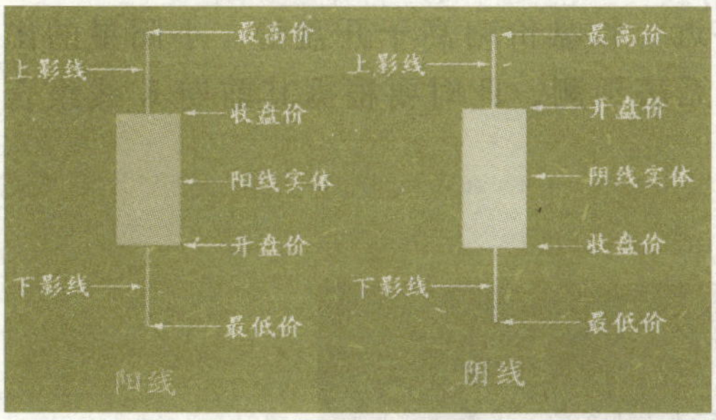

图 4－25　K 线记录方法

出，称之为阳线；其上影线的最高点为最高价，下影线的最低点为最低价。

收盘价低于开盘价时，则开盘价在上收盘价在下，二者之间的长方柱用黑色或实心绘出，称之为阴线，其上影线的最高点为最高价，下影线的最低点为最低价。

（2）根据 K 线的计算周期可将其分为日 K 线，周 K 线，月 K 线，年 K 线。

周 K 线是指以周一的开盘价，周五的收盘价，全周最高价和全周最低价来画的 K 线图。月 K 线则以一个月的第一个交易日的开盘价，最后一个交易日的收盘价和全月最高价与全月最低价来画的 K 线图，同理可以推得年 K 线定义。周 K 线、月 K 线常用于研判中期行情。对于短线操作者来说，众多分析软件提供的 5 分钟 K 线、15 分钟 K 线、30 分钟 K 线和 60 分钟 K 线也具有重要的参考价值。

（3）根据开盘价与收盘价的波动范围，可将 K 线分为极阴、极阳，小阴、小阳，中阴、中阳和大阴、大阳等线型。它们一般的波动范围，如图 4－26 所示。

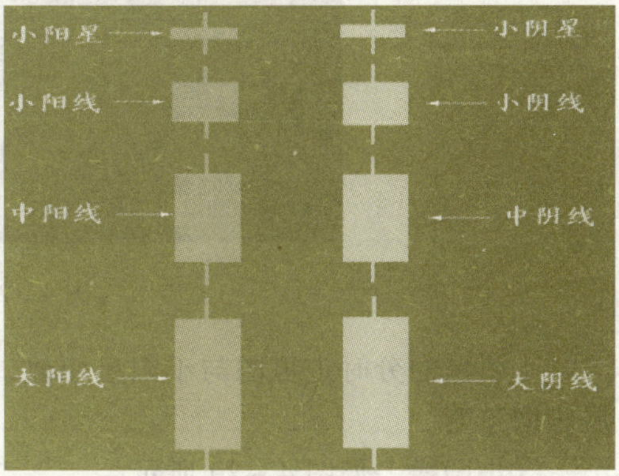

图 4－26　波动范围

极阴线和极阳线的波动范围在 0.5% 左右；小阴线和小阳线的波动范围一般在 0.6% ～1.5%；

中阴线和中阳线的波动范围一般在 1.6% ～3.5%；大阴线和大阳线的波动范围在 3.6% 以上。

（4）下面以带有成交量的分时走势图，分别说明数种典型的单个日 K 线图的形成过程和不同含义。分时走势图记录了股价的全天走势，不同的走势形成了不同种类的 K 线，而同一种 K 线却因股价走势不同而各具不同的含义。

①小阳星，如图 4－27 所示。

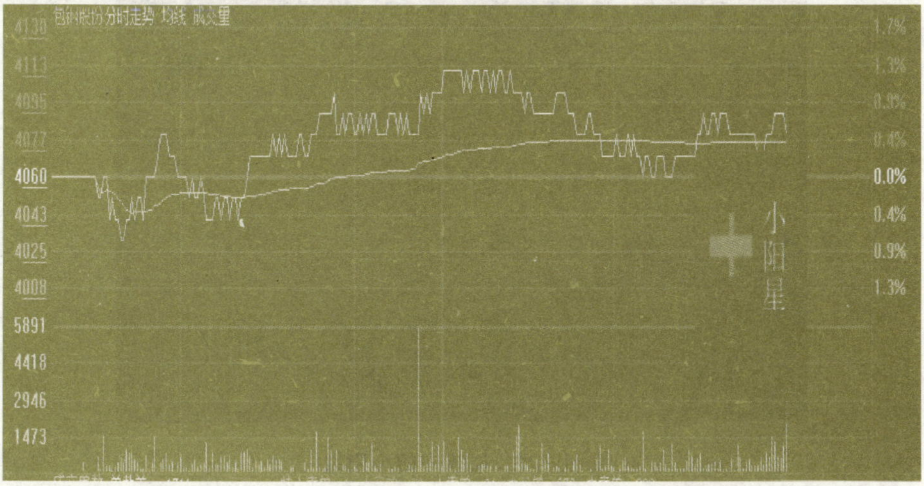

图 4－27　K 线中的小阳星

全日中股价波动很小，开盘价与收盘价极其接近，收盘价略高于开盘价。小阳星的出现，表明行情正处于混乱不明的阶段，后市的涨跌无法预测，此时要根据其前期 K 线组合的形状以及当时所处的价位区域综合判断。

②小阴星，如图 4－28 所示。

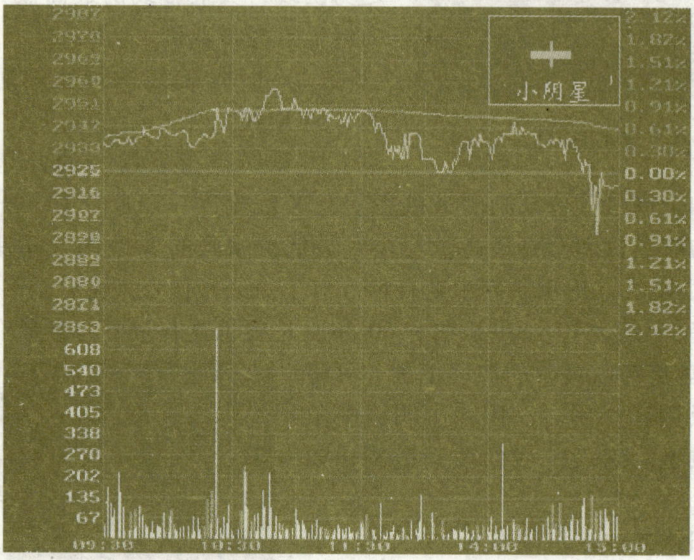

图 4－28　K 线中的小阴星

小阴星的分时走势图与小阳星相似，只是收盘价格略低于开盘价格。表明行情疲软，发展方向不明。

③小阳线，如图 4－29 所示。

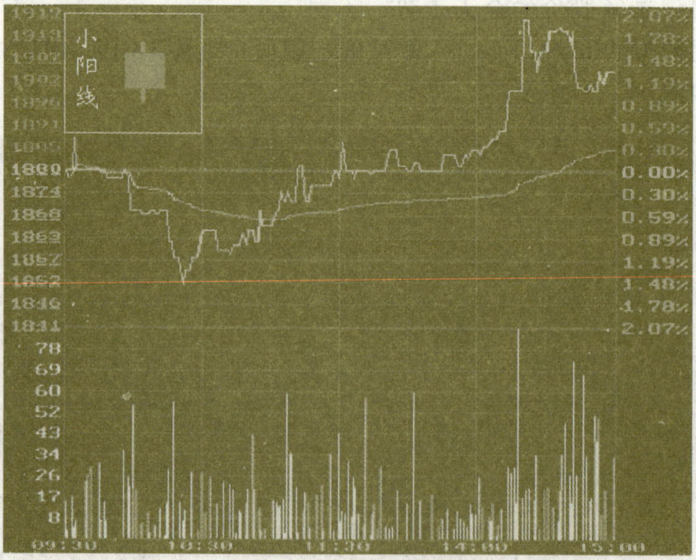

图 4－29　K 线中的小阳线

其波动范围较小阳星增大，多头稍占上风，但上攻乏力，表明行情发展扑朔迷离。

④上吊阳线，如图 4－30 所示。

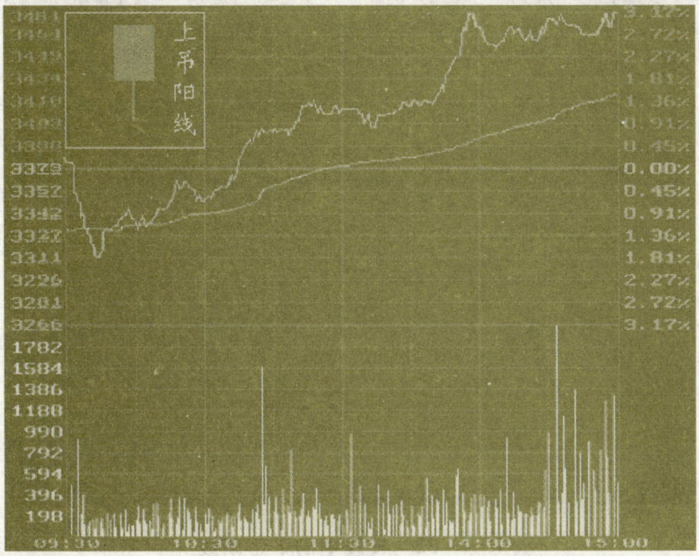

图 4－30　K 线中的上吊阳线

如果在低价位区域出现上吊阳线，如图 4－30 所示，股价表现出探底过程中成交量萎缩。随着股价的逐步攀高，成交量呈均匀放大事态，并最终以阳线报收，预示后市股价看涨。

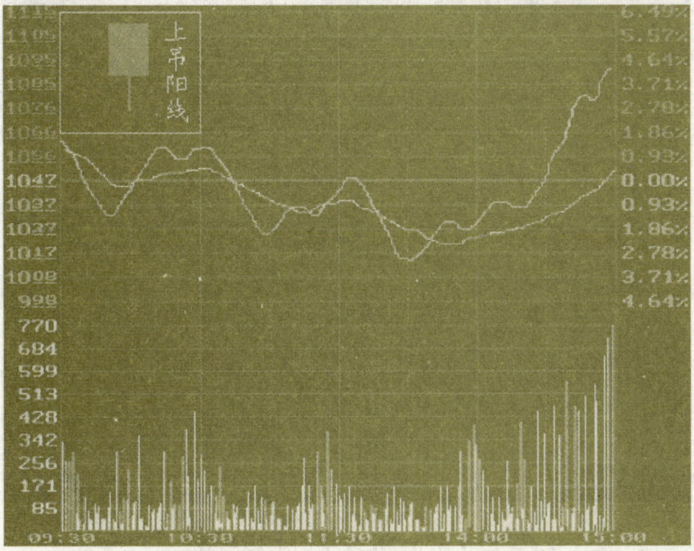

图 4－31　高价位区域出现上吊阳线

如果在高价位区域出现上吊阳线，股价走出如图 4－31 所示的形态，则有可能是主力在拉高出货，需要留心。

⑤下影阳线，如图 4－32 所示。

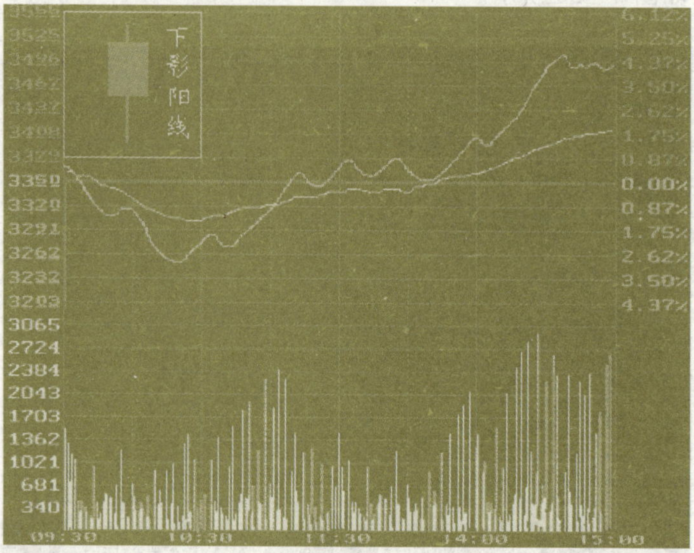

图 4－32　K 线中的下影阳线

它的出现，表明多空交战中多方的攻击沉稳有力，股价先跌后涨，行情有进一步上涨的潜力。

⑥上影阳线，如图 4－33 所示。

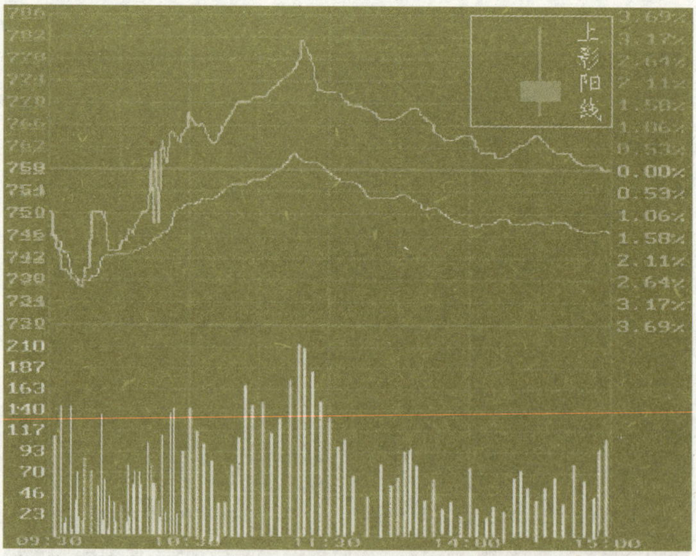

图 4－33　K 线中的上影阳线

显示多方攻击时上方抛压沉重。这种图形常见于主力的试盘动作，说明此时浮动筹码较多，涨势不强。

⑦穿头破脚阳线，股价走出如图 4－34 所示的图形说明多方已占据优势，并出现逐波上攻行情，股价在成交量的配合下稳步升高，预示后市看涨。

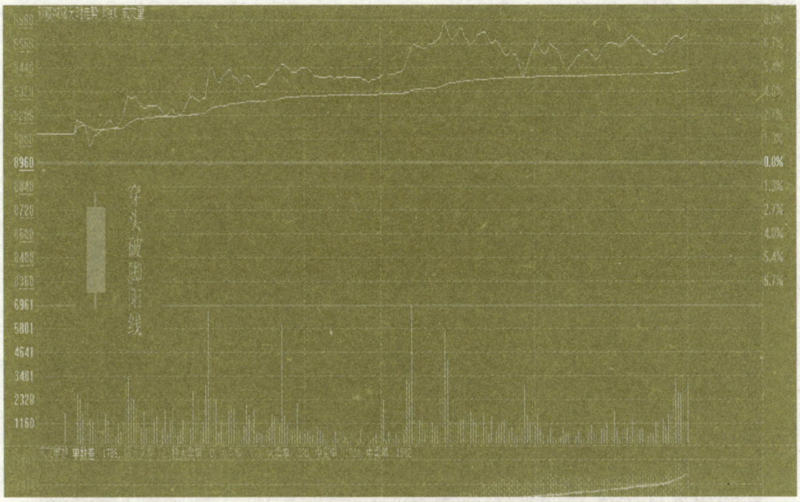

图 4－34　K 线中的穿头破脚阳线（情况一）

同样为穿头破脚阳线，股价走势若表现出在全日多数时间内横盘或者盘跌而尾市突然拉高时，预示次日可能跳空高开后低走。

还有一种情况，股价走势若表现为全日宽幅振荡尾市放量拉升收阳时，可能是当日主力通过振荡洗盘驱赶坐轿客，然后轻松拉高，后市可能继续看涨。如图 4－35 所示。

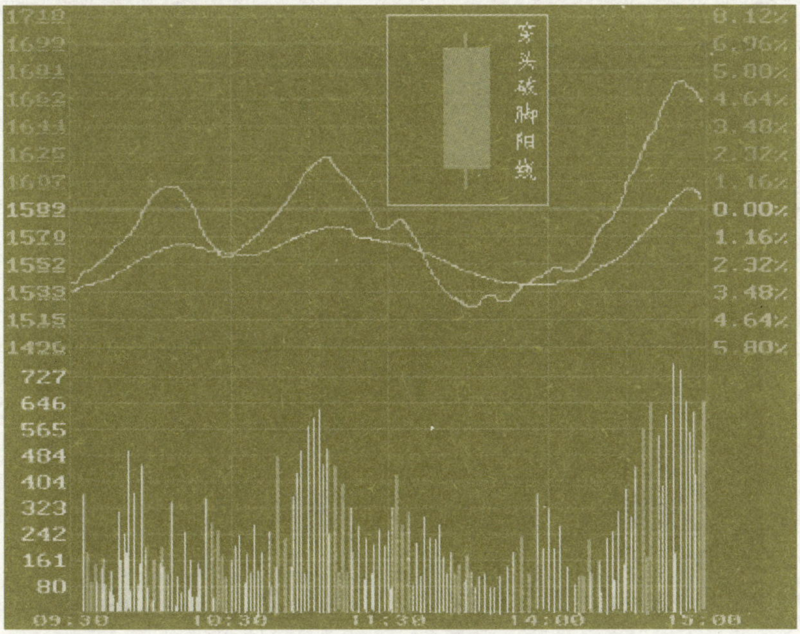

图 4－35　K 线中的穿头破脚阳线（情况二）

⑧光头阳线，如图 4－36 所示。

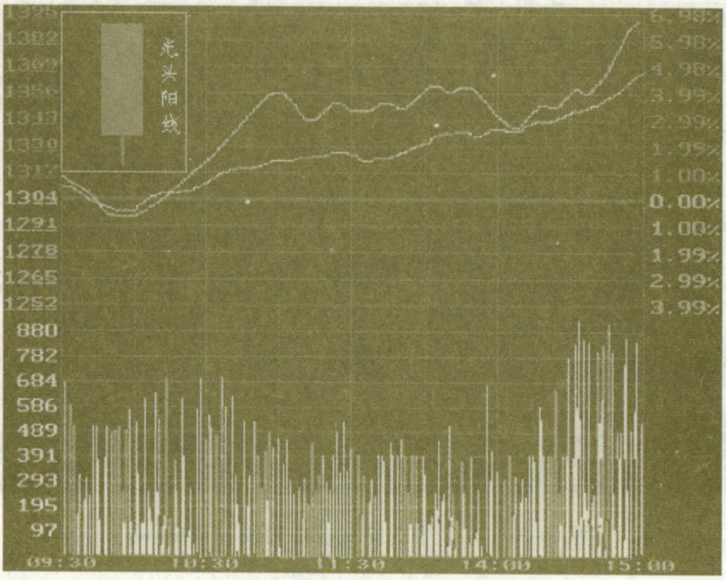

图 4－36　K 线中的光头阳线

光头阳线若出现在低价位区域，在分时走势图上表现为股价探底后逐浪走高且成交量同时放大，预示为一轮上升行情的开始。如果出现在上升行情途中，表明后市继续看好。

⑨光脚阳线，如图 4－37 所示。

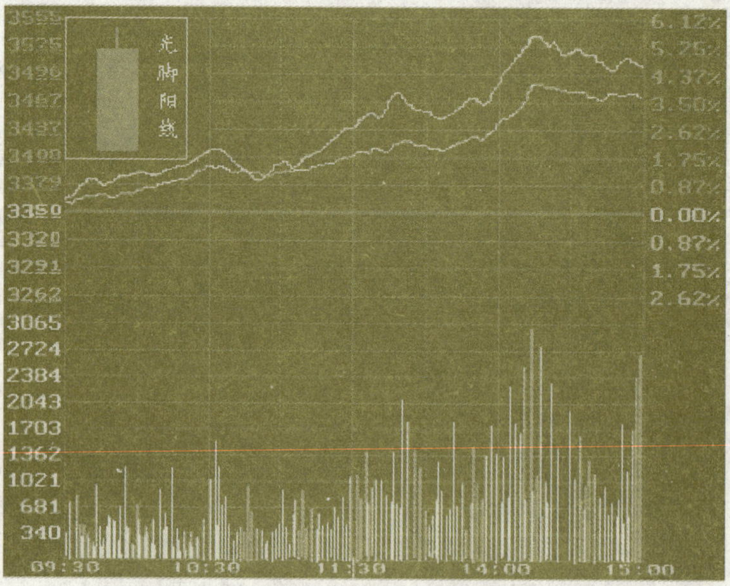

图 4－37　K 线中的光脚阳线

表示上升势头很强，但在高价位处多空双方有分歧，购买时应谨慎。

⑩上影阳线，如图 4－38 所示。

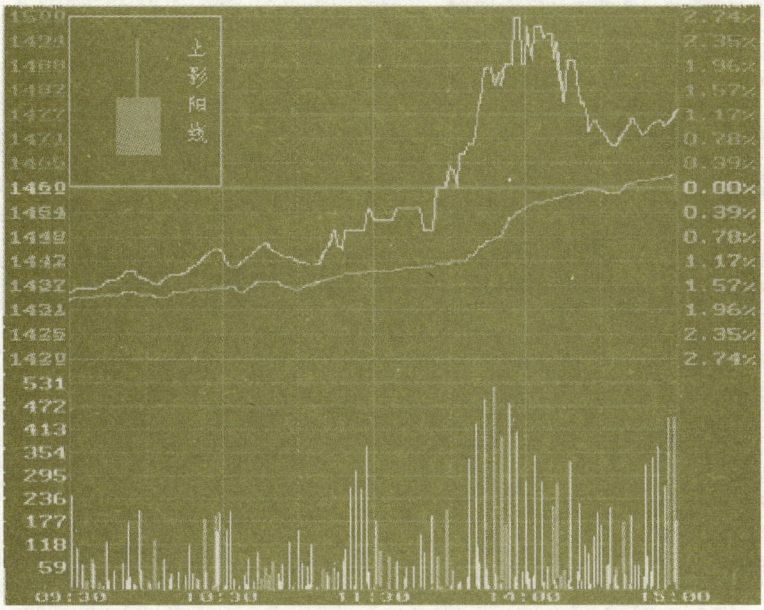

图 4－38　K 线中的上影阳线

表示多方上攻受阻回落，上档抛盘较重。能否继续上升局势尚不明朗。

⑪光头光脚阳线，如图 4－39 所示。

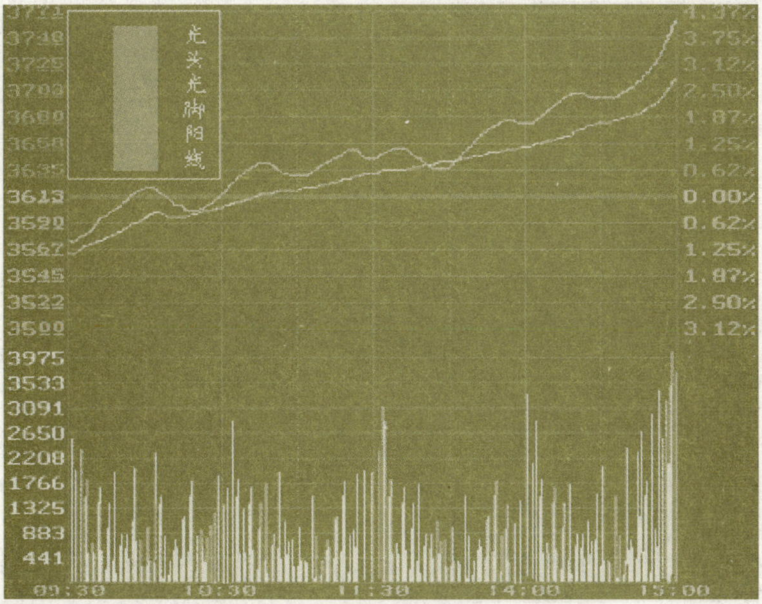

图 4－39　K 线中的光头光脚阳线

表明多方已经牢固控制盘面，逐浪上攻，步步逼空，涨势强烈。

⑫小阴线，如图 4－40 所示。

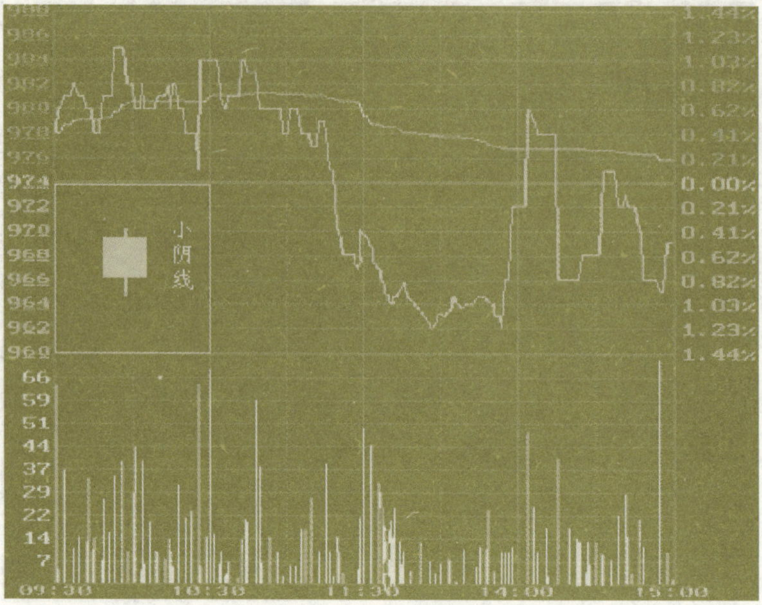

图 4－40　K 线中的小阴线

表示空方呈打压态势，但力度不大。

⑬光脚阴线，如图 4－41 所示。

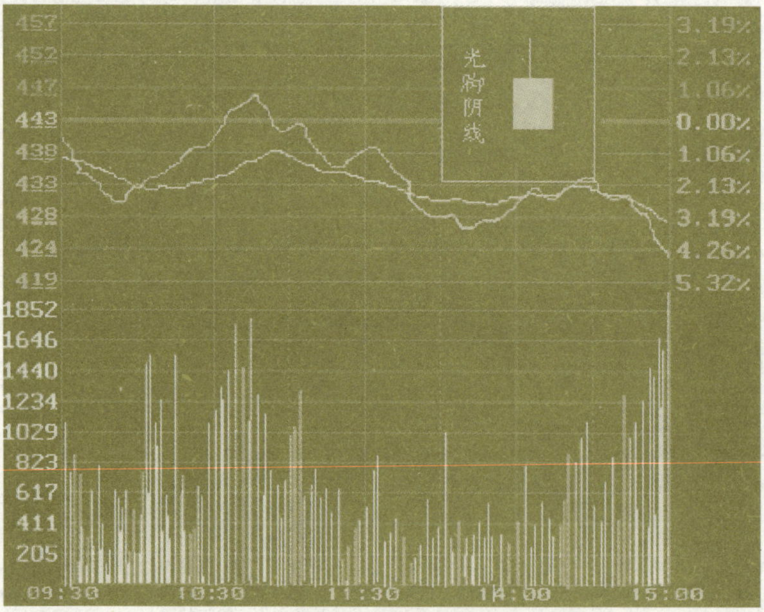

图 4－41　K 线中的光脚阴线

光脚阴线的出现表示股价虽有反弹，但上档抛压沉重。空方趁势打压使股价以阴线报收。

⑭光头阴线，如图 4－42 所示。

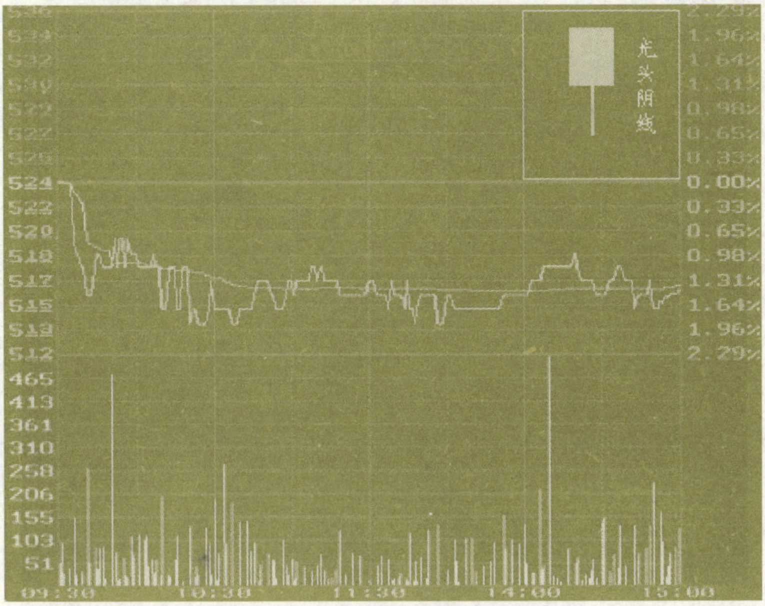

图 4-42　K 线中的光头阴线

如果这种线型出现于低价位区，说明抄低盘的介入使股价有反弹迹象，但力度不大。

⑮下影阴线、下影十字星、T 形线，如图 4-43 所示。

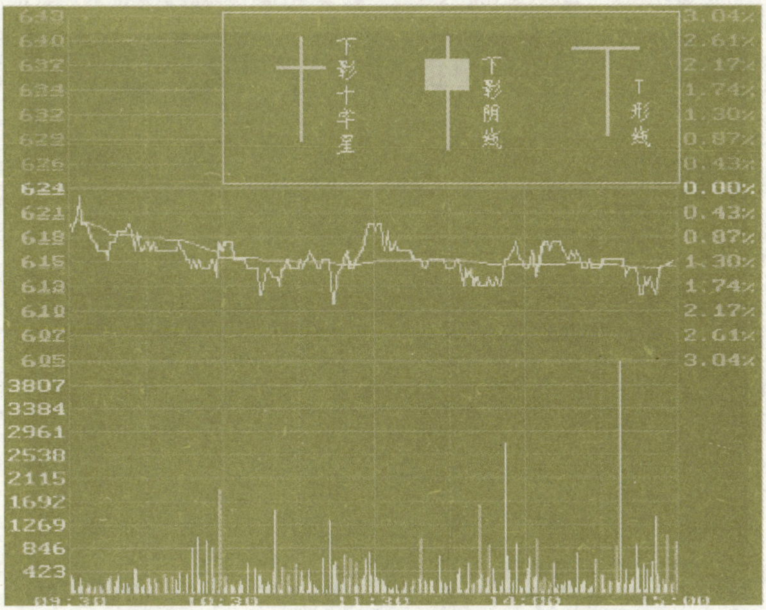

图 4-43　K 线中的下影阴线、下影十字星、T 形线

这三种线型中的任何一种出现在低价位区时，都说明下档承接力较强，股价有反弹的可能。

⑯上影阴线、倒 T 形线，如图 4-44 所示。

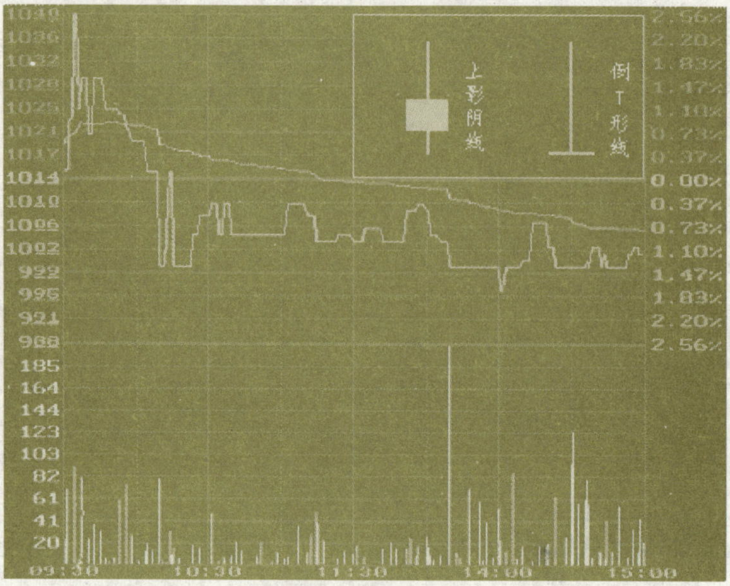

图 4-44　K 线中的上影阴线、倒 T 形线

这两种线型中的任何一种出现在高价位区时，说明上档抛压严重，行情疲软，股价有反转下跌的可能；如果出现在中价位区的上升途中，则表明后市仍有上升空间。

⑰十字星，如图 4-45 所示。

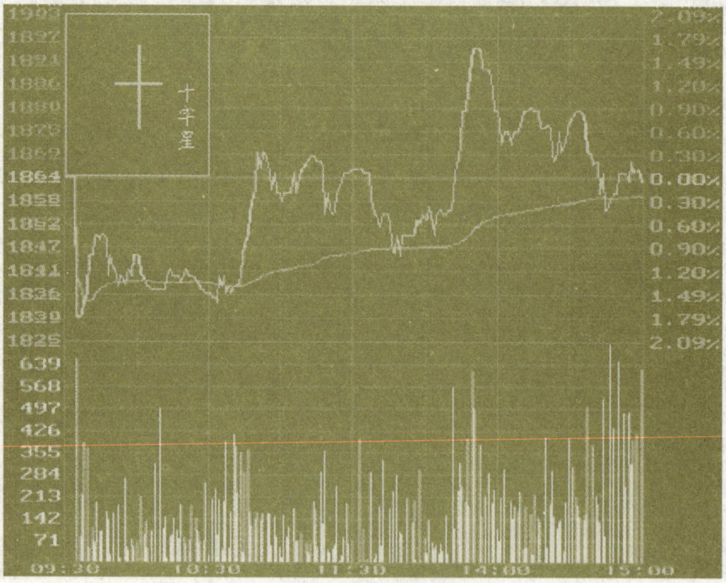

图 4-45　K 线中的十字星

这种线型常称为变盘十字星，无论出现在高价位区或低价位区，都可视为顶部或底部信号，预示大势即将改变原来的走向。

⑱大阴线，如图 4-46 所示。

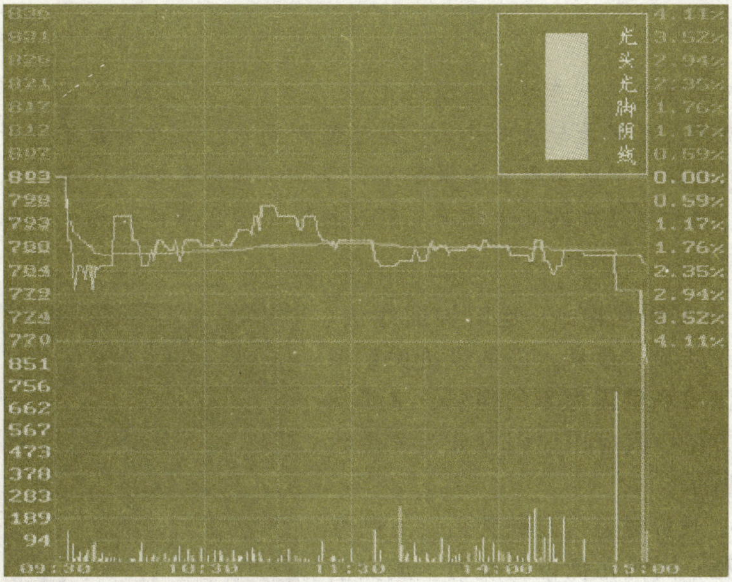

图 4－46　K 线中的大阴线（情况一）

股价横盘一日，尾盘突然放量下攻，表明空方在一日交战中最终占据了主导优势，次日低开的可能性较大。

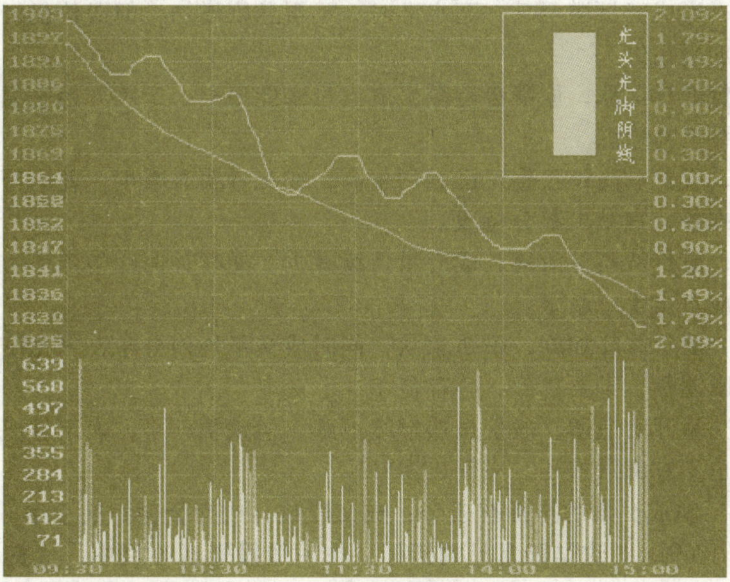

图 4－47　K 线中的大阴线（情况二）

如果股价走出如图 4－47 所示的逐波下跌的行情，这说明空方已占尽优势，多方无力抵抗，股价被逐步打低，后市看淡。

3. 通过成交量观测个股走势判断方法

相关知识

古典量价关系理论——逆时钟曲线法。

在技术分析中，研究量与价的关系占据了重要地位。成交量是推动股价上涨的原动力，市场价格的有效变动必须有成交量配合，量是价的先行指标，是测量证券市场行情变化的温度计，通过其增加或减少的速度可以推动多空战争的规模大小和指数股价涨跌之幅度。

（1）古典量价关系理论——逆时钟曲线法。逆时钟曲线法是最浅显、最易入门的量价关系理论。它是通过观测市场供需力量的强弱，来研判未来走势方向的方法。其应用原则可分为 8 个阶段，如图 4-48 所示。

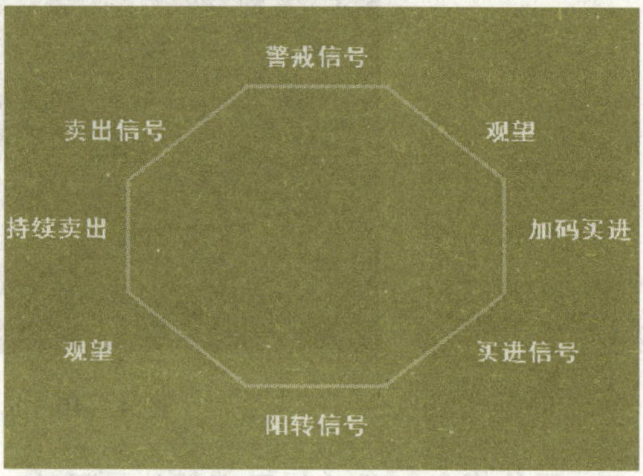

图 4-48　逆时钟曲线法应用原则

①阳转信号，股价经过一段跌势后，下跌幅度缩小，止跌趋稳；同时在低位盘旋时，成交量明显有萎缩转而递增，表示低档承接力转强，此为阳转信号。

②买进信号，成交量持续扩增，股价回升，递时钟曲线由平向上时，为最佳买入时机。

③加码买进，当成交量增至某一高水准时，不再急剧增加，但股价仍继续上升，此时逢股价回档时，宜加码买进。

④观望，股价继续上涨，但涨势趋缓，成交量未能跟上，走势开始有减退的迹象，此时价位已高，不宜再追高抢涨。

⑤警戒信号，股价在高位盘整，已难创新高，成交量明显减少，此为警戒信号。此时投资者应做好卖出准备，宜抛出部分持股。

⑥卖出信号，股价从高位滑落，成交量持续减少，逆时钟曲线的走势由平转下时，进入空头市场，此时应卖出手中股票。

⑦持续卖出，股价跌势加剧，呈跳水状，同时成交量均匀分布，未见萎缩，此为出货行情，投资者应果断抛货，不要犹豫、心存侥幸。

⑧观望，成交量开始递增，股价虽然继续下跌，但跌幅已小，表示谷底已近，此时多头不宜杀跌，空头也不宜肆意打压，应伺机回补。

（2）常用的反映成交量的指标有三个：成交股数、成交金额、换手率。

①成交股数（VOL）。这是最常见的指标，在一般投资者心目中，成交量指的就是成交股数。这个指标只适合于对个股成交量做纵向比较用，即观察个股历史上放量缩量的相对情况。它的最大缺点在于忽视了各个股票流通量大小的差别，难以精确表示成交活跃的程度，这就不便于对不同股票做纵向比较，也不利于掌握庄家进出的程度。

②成交金额（AMOUNT）。直接反映了参与市场的资金量的多少，常用于大盘分析，因为它排除了大盘中各种股票价格不同的干扰。对于个股分析来说，如果股价变动幅度很大，用成交股数或换手率就难以反映出庄家资金的进出情况，这时候用成交金额看就比较明朗。

③换手率（TUN）。可以作为我们日常看图时固定应用的指标，在电脑中，换手率已经

取代了成交股数的位置，因为它比较客观，又有利于横向比较，能准确掌握个股的活跃程度和庄家动态。在浏览盘面时，换手率可以帮助我们跟踪个股的活跃程度，判断走势处于怎样的状态，尤其在庄家进货和拉升阶段，换手率可以帮助我们估计庄家控筹量。

在我们最常见到的股价走势图中，成交两量由柱形图来表示，而相应的刻度是由电脑自动调整的。如果我们看到一根柱子就认为该股“放量”了，而不去仔细看清相应的刻度，就很容易把小量看成是大量，也可能由于大量持续出现而放松警惕。

依据换手率的高低把股票活跃度分成三个级别：

第一类：冷清（换手率≤3%）。有两种可能，一是该股没有活动的庄家，属于散户行情；另一种情况是庄家已经高度控盘，而他现在并不想吸引大家跟风买进。

第二类：活跃（换手率在 3% ~7% 之间）。表示有庄家正积极活动（受消息刺激时不算），他的意图是什么，必须结合前期走势来判断。

第三类：热门（换手率 >7%，常常超过 10%）。这时候筹码急剧换手，如果发生在高位，尤其是在高位缩量横盘之后，很可能是庄家出货，这往往是有相应的消息配合，如果发生在底位，尤其是发生在第一个阻力区的时候，很可能是强庄积极进货。

图 4 -49 以武钢股份作为上述 8 法则的例子，数值分别为 8 个步骤，大家可以仔细分析。为了让大家更详细的判断，使用了周 K 线和周成交量。

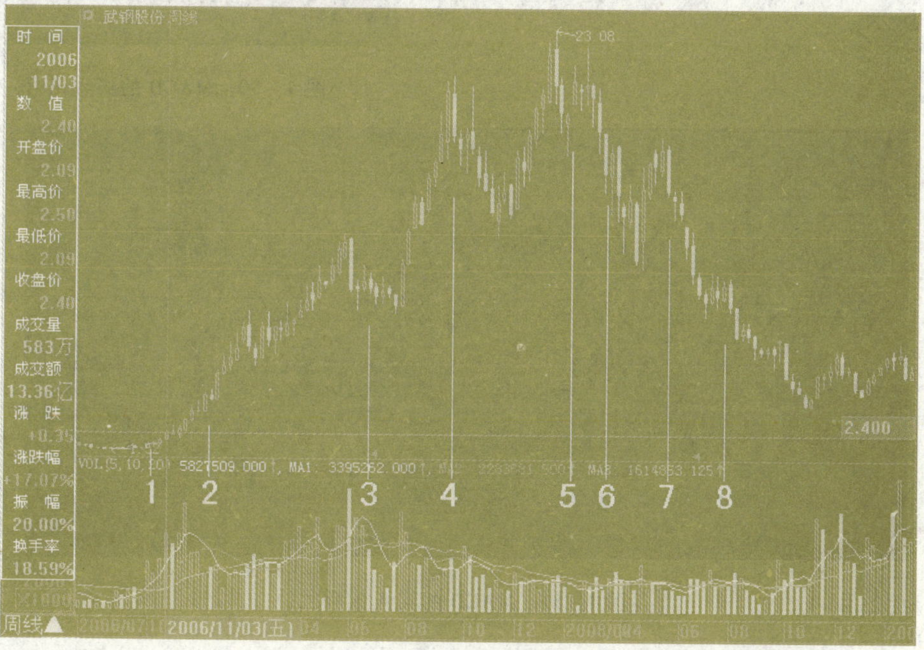

图 4 -49　武钢股份周 K 线图

1 ~8 分别代表八个阶段：阳转信号、买进信号、加码买进、观望、警戒信号、卖出信号、持续卖出、观望。

4. 通过 MACD 判断个股走势的方法

相关知识

MACD是一种移动平均线的波动指标，不过它使用的不是普通移动平均线，而是将长期与中期的平滑移动平均线（EMA）的累积差距计算出来。在MACD图形中显示两条图线，一条是实线就是MACD线，而另一条线为虚线（Trigger line），就是MACD的移动平均线。在MACD线与Trigger线之间的差距可以画成柱状垂直线图（Oscillators），且以零（0）为中心轴，以柱状垂直线图（Oscillators），图的正负表示MACD线与Trigger线何者在上，何者在下，以作为研判买卖的最佳时机。

（1）MACD的买入讯号

①若MACD上破0，反映市场趋势向上，短期移动平均线上破长期移动平均线，为买入讯号。如图4-50所示。

②若MACD上破Trigger线，亦表示两条移动平均线之间的差额收窄，短期移动平均线见底回升，市场趋势亦可能见底，可作为买入讯号。如图4-51所示。

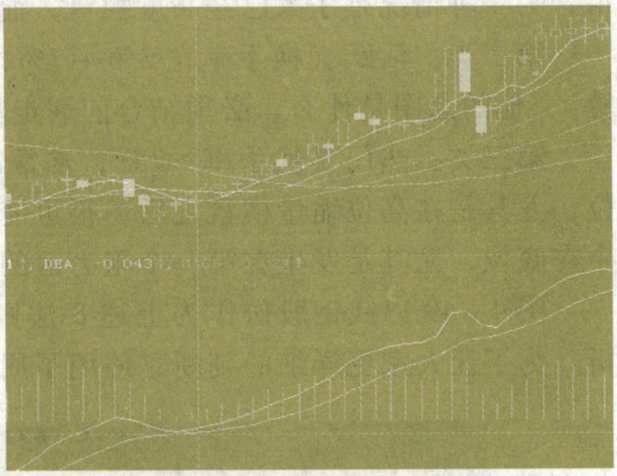

图4-50　MACD的买入讯号一

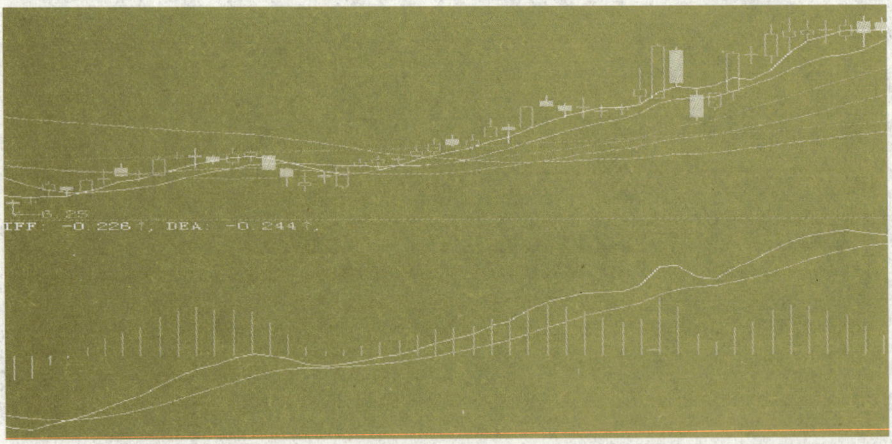

图4-51　MACD的买入讯号二

（2）MACD的卖出讯号

①若MACD下破0，反映市场趋势向下，短期移动平均线下破长期移动平均线，为卖出讯号。如图4-52所示为宝钢股份2010年1月27日的走势，从1月15日以来，MACD指标一直向下且下破0位。

图 4－52 MACD 的卖出讯号一

②若 MACD 下破 Trigger 线，亦表示两条移动平均线之间的差额收窄，短期移动平均线转势回落，市场趋势亦可能见顶，可作为卖出讯号。如图 4－53 所示。

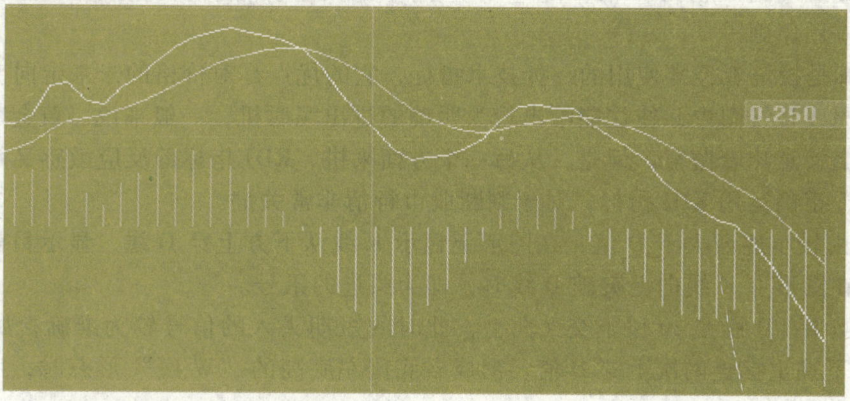

图 4－53 MACD 的卖出讯号二

5. KDJ 指标在个股分析中的应用

相关知识

KDJ 全名为随机指标（Stochastics），由美国的乔治·莱恩（George Lane）博士所创，其综合动量观念，强弱指标及移动平均线的优点，也是欧美证券期货市场常用的一种技术分析工具。

K 线是快速确认线——数值在 90 以上为超买，数值在 10 以下为超卖；D 线是慢速主干线——数值在 80 以上为超买，数值在 20 以下为超卖；J 线为方向敏感线，当 J 值大于 100，特别是连续 5 天以上，股价至少会形成短期头部，反之 J 值小于 0 时，特别是连续数天以上，股价至少会形成短期底部。

计算公式：以 9 日周期的 KDJ 为例，首先算出最近 9 天的“未成熟随机值”即 RSV 值，RSV 值的计算公式如下：

$$RSVt = (Ct - L9)/(H9 - L9) * 100$$

式中：Ct——当日收盘价；L9——9 天内最低价；H9——9 天内最高价。

从计算公式可以看出，RSV 指标和% R 计算很类似。事实上，同周期的 RSV 值与% R

值之和等于100，因而RSV值也介于与100之间。得出RSV值后，便可求出K值与D值：K值为RSV值3日平滑移动平均线，而D值为K值的3日平滑移动平均线三倍K值减二倍D值所得的J线，其计算公式为：

$$Kt = RSVt/3 + 2 * K_{t-1}/3$$

$$Dt = Kt/3 + 2 * D_{t-1}/3$$

$$Jt = 3 * Dt - 2 * Kt$$

KD线中的RSV，随着9日中高低价、收盘价的变动而变动。如果没有KD的数值，就可以用当日的RSV值或50代替前一日的KD之值。经过平滑运算之后，起算基期不同的KD值将趋于一致，不会有任何差异，K值与K值永远介于0～100之间。根据快、慢移动平均线的交叉原理，K线向上突破K线为买进信号，K线跌破D线为卖出信号，即行情是一个明显的涨势，会带动K线（快速平均值）与D线（慢速平均值）向上升，如果涨势开始迟缓，便会慢慢反应到K值与D值，使K线跌破D线，此时中短期调整跌势确立，这是一个常用的简单应用原则。

KDJ指标是投资者经常使用的一种技术指标，它的优点是对价格的未来走向变动比较敏感，尤其在周线日线图中，往往能给出较为明确的进出场时机，一般来说，黄金交叉意味着买进，死亡交叉意味着抛空。但是，从另一个方面来讲，KDJ指标的反应敏感又是它不足的地方，因此，正确运用KDJ指标，对于判断股市行情非常关键。

当K值由较小逐渐大于D值，在图形上显示K线从下方上穿D线，显示目前趋势是向上的，所以在图形上K线向上突破D线时，即为买进的讯号。

实战时当K，D线在20以下交叉向上，此时的短期买入的信号较为准确；如果K值在50以下，由下往上接连两次上穿D值，形成右底比左底高的“W底”形态时，后市股价可能会有相当的涨幅。

当K值由较大逐渐小于D值，在图形上显示K线从上方下穿D线，显示目前趋势是向下的，所以在图形上K线向下突破D线时，即为卖出的讯号。

实战时当K、D线在80以上交叉向下，此时的短期卖出的信号较为准确；如果K值在50以上，由上往下接连两次下穿D值，形成右头比左头低的“M头”形态时，后市股价可能会有相当的跌幅。

如图4－54为KDJ的走势情况：

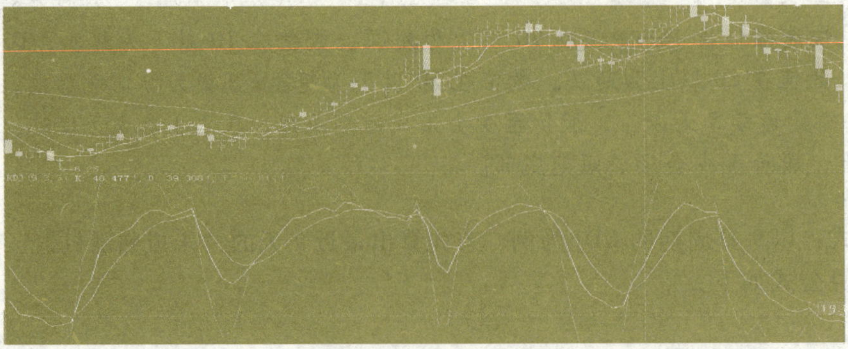

图4－54　KDJ的走势

6. RSI指标在个股分析中的应用

相关知识

RSI（Relative Strength Index）是与KDJ齐名的常用技术指标。RSI以一特定时期内股价的变动情况推测价格未来的变动方向，并根据股价涨跌幅度显示市场的强弱。

RSI通常采用某一时期（N天）内收盘价的结果作为分析对象，来反映这一时期内多空力量的强弱对比。RSI将N日内每日收盘价或收盘指数涨数（即当日收盘价或指数高于前日收盘价或指数）的总和作为买方总力量A，而N日内每日收盘价或收盘指数跌数（即当日收盘价或指数低于前日收盘价或指数）的总和作为卖方总力量B。先找出包括当日在内的连续n+1日的收盘价，用每日的收盘价减去上一日的收盘价，可得到n个数字。这N个数字中有正有负。

A=n个数字中正数之和

B=n个数字中负数之和*(-1)

A表示n日中股价向上波动的大小；B表示n日中股价向下波动的大小；A+B表示股价总的波动大小。RSI实际上是表示股价向上波动的幅度占总波动的百分比。如果比例大就是强市，否则就是弱市。

相对强弱值rsi=N日内收盘价上涨幅度总和/上涨下跌幅度总和乘以100

即：RSI=A/(A+B)RSI的参数是天数n，一般取6日、12日、24日等。RSI的取值范围介于0~100之间。

RSI的应用法则：（1）根据RSI取值的大小判断行情。将100分成四个区域，根据RSI的取值落入的区域进行操作。划分区域的方法如表4-10所示。

表4-10

RSI值	市场特征	投资操作
80~100	极强	卖出
50~80	强	买入
20~50	弱	卖出
0~20	极弱	买入

“极强”与“极弱”的分界线和“极弱”与“弱”的分界线是不明确的，它们实际上是一个区域。比如，也可以取30、70或者15、85。应该说明的是分界线位置的确定与RSI的参数和选择的股票有关。一般而言，参数越大，分界线离50越近；股票越活跃，RSI所能达到的高度越高，分界线离50应该越远。

（2）两条或多条RSI曲线的联合使用。我们称参数小的RSI为短期RSI，参数大的RSI为长期RSI。两条或多条RSI曲线的联合使用法则与两条均线的使用法则相同。即：短期RSI>长期RSI，应属于多头行情；短期RSI<长期RSI，应属于空头行情。当然，这两条线只是参考，不能照此操作。

（3）从RSI的曲线形状判断行情。当RSI在较高或较低的位置形成头肩形或多重顶

（底），是采取行动的信号。这种形态一定要出现在较高位置和较低位置，离 50 越远结论越可靠。另外，也可以利用 RSI 上升和下降的轨迹画趋势线，此时，起支撑线和压力线作用的切线理论同样适用。

（4）从 RSI 与股价的背离方向判断行情。RSI 处于高位，并形成一峰比一峰低的两个峰，而此时，股价却对应的是一峰比一峰高，这是顶背离，是比较强烈的卖出信号。与此相反，RSI 在低位形成两个底部台高的谷底，而股价还在下降，是可以买入的信号。当 RSI 三线值刚刚进入 50 以上。短期 RSI1 上穿长期 RSI2、或 RSI3 时（俗称“RSI 金叉”），且 DDX、DDY 红柱相对明显时，是转入上涨波段的信号，应买入；短期 RSI 下破长期 RSI 时（RSI2 或 RSI3）（俗称“RSI 死叉”），且 DDX、DDY 连续出现绿柱时，是高位回落信号，应卖出。

案例：新农开发，如图 4－55 所示。

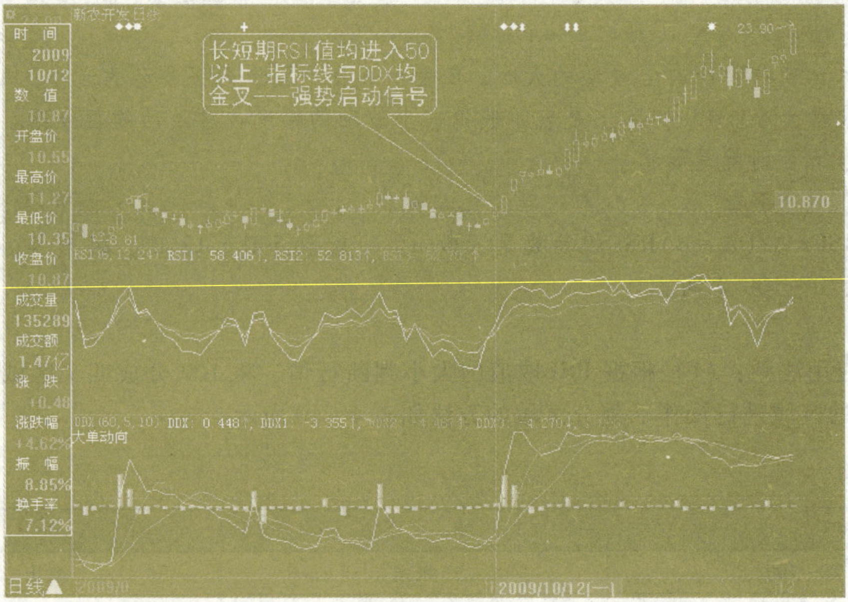

图 4－55　新农开发日线

任务三　运用图形分析法、趋势分析法进行分析与预测

【任务描述】

根据一只个股 K 线图的近期表现，综合图形分析法以及趋势分析法来对其未来的情况进行预测。如图 4－56 所示。

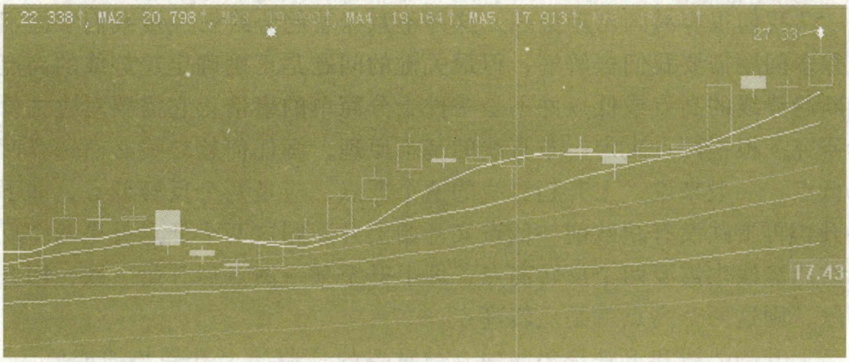

图4-56 个股K线图

1. 趋势线

相关知识

(1) 趋势线的含义。由于证券价格变化的趋势是有方向的，因而可以用直线将这种趋势表示出来，这样的直线称为趋势线。反映价格向上波动发展的趋势线称为上升趋势线；反映价格向下波动发展的趋势线称为下降趋势线。

(2) 由于股票价格的波动可分为长期趋势、中期趋势及短期趋势三种，因此，描述价格变动的趋势线也分为长期趋势线、中期趋势线与短期趋势线三种。

(3) 由于价格波动经常变化，可能由升转跌，也可能由跌转升，甚至在上升或下跌途中转换方向，因此，反映价格变动的趋势线不可能一成不变，而是要随着价格波动的实际情况进行调整。换句话说，价格不论是上升还是下跌，在任一发展方向上的趋势线都不是只有一条，而是若干条。不同的趋势线反映了不同时期价格波动的实际走向，研究这些趋势线的变化方向和变化特征，就能把握住价格波动的方向和特征。

(1) 趋势线的画法。连接一段时间内价格波动的高点或低点可画出一条趋势线。在上升趋势中，将两个低点连成一条直线，就得到上升趋势线；在下降趋势中，将两个高点连成一条直线。就得到下降趋势线。如图4-57中的直线L。标准的趋势线必须由两个以上的高点或低点连接而成。

由图4-57可看出，上升趋势线起支撑作用，是支撑线的一种；下降趋势线起压力作用，是压力线的一种。

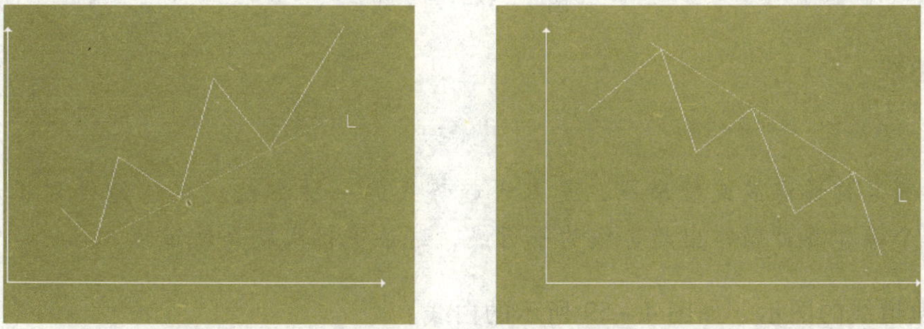

图4-57 趋势线一

从图 4－57 我们很容易画出趋势线，这并不意味着趋势线已经被我们掌握了。画出一条直线后，有很多问题需要我们去解答，但最关键的问题是正确确定趋势线的高点或低点。然而，正确判断趋势线的高点或低点并不是一件十分简单的事情，它需要对过去价格波动的形态进行分析研究。根据两点决定一条直线的基本原理，画任何趋势线必然选择两个有决定意义的高点或低点。一般来说，上升趋势线的两个低点，应是两个反转低点，即下跌至某一低点又开始回升，再下跌没有跌破前一低点又开始上升，则这两个低点就是两个反转低点。同理，决定下跌趋势线也需要两个反转高点，即上升至某一高点后开始下跌，回升未达前一高点又开始回跌，则这两个高点就是反转高点。

在若干条上升趋势线和下跌趋势线中，最重要的是原始上升趋势线或原始下跌趋势线，它决定了价格波的基本发展趋势，有着极其重要的意义。

（2）趋势线的确认及其作用。要得到一条真正起作用的趋势线，要经多方面的验证才能最终确认，不合条件的一般应删除。首先，必须确实有趋势存在。也就是说，在上升趋势中，必须确认出两个依次上升的低点；在下降趋势中，必须确认两个依次下降的高点，才能确认趋势的存在。其次，画出直线后，还应得到第三个点的验证才能确认这条趋势线是有效的。一般说来，所画出的直线被触及的次数越多，其作为趋势线的有效性越能得到确认，用它进行预测越准确有效。另外，这条直线延续的时间越长，越具有有效性。

一般来说，趋势线有两种作用：第一，对价格今后的变动起约束作用，使价格总保持在这条趋势线的上方（上升趋势线）或下方（下降趋势线）。实际上，就是起支撑和压力的作用。第二，趋势线被突破后，就说明股价下一步的走势将要反转。越重要、越有效的趋势线被突破，其转势的信号越强烈。被突破的趋势线原来所起的支撑和压力作用，现在将相互交换角色。如图 4－58 所示。

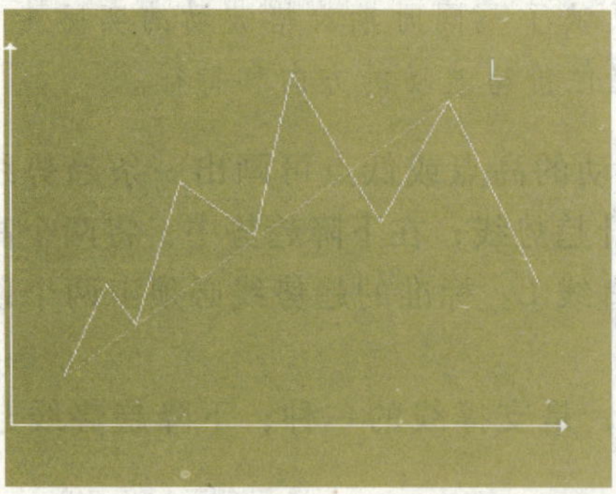

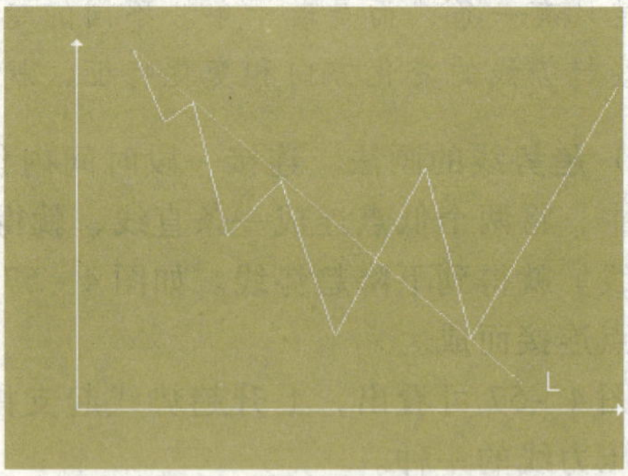

图 4－58　趋势线二

2. 轨道线

相关知识

轨道线又称通道线或管道线，是基于趋势线的一种方法。在已经得到了趋势线后，通过第一个峰和谷可以作出趋势线的平行线，这条平行线就是轨道线。

（1）轨道线的图示，如图 4－59 所示的白线。

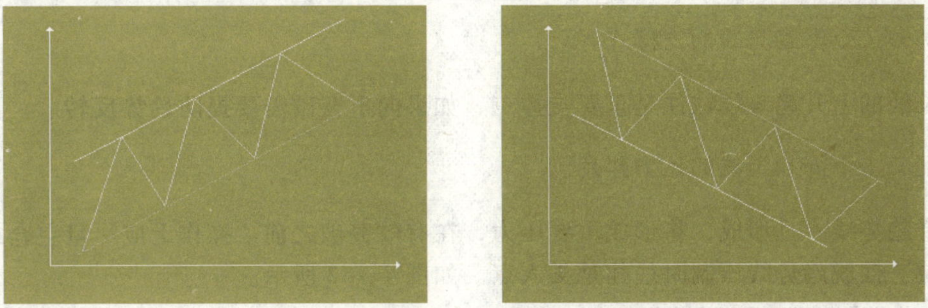

图 4－59　轨道线一

两条平行线组成的一个轨道，就是常说的上升和下降轨道。轨道的作用是限制股价的变动范围，让它不能变得太离谱。一个轨道一旦得到确认，那么价格将在这个通道里变动。对上面或下面的直线的突破将意味着行情有一个大的变化。

与突破趋势线不同，对轨道线的突破并不是趋势反转的开始，而是趋势加速的开始，即原来的趋势线和斜率将会增加，趋势线的方向将会更加陡峭如图 4－60 所示。

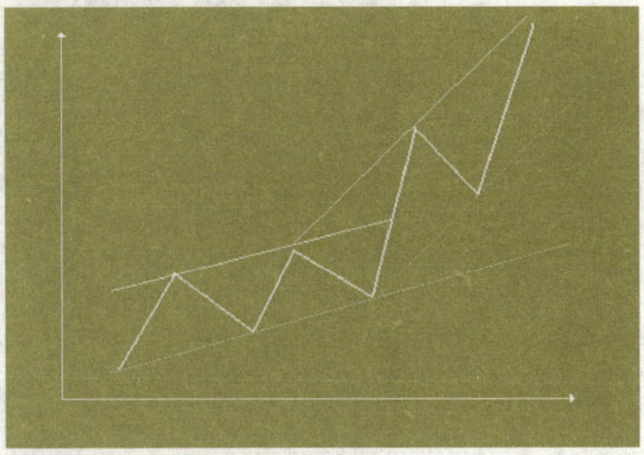

图 4－60　轨道线二

轨道线也有一个被确认的问题。一般而言，轨道线被触及的次数越多，延续的时间越长，其被认可的程度和重要性越高。

轨道线的另一个作用是提出趋势转向的警报。如果在一次波动中未触及轨道线，离得很远就开始掉头，这往往是趋势将要改变的信号。这说明，市场已经没有力量继续维持原有的上升或下降的趋势了。

轨道线和趋势线是相互合作的一对。很显然，先有趋势线，后有轨道线。趋势线比轨道线重要。趋势线可以单独存在，而轨道线则不能单独存在。

（2）根据趋势预测，如图 4－61 所示。

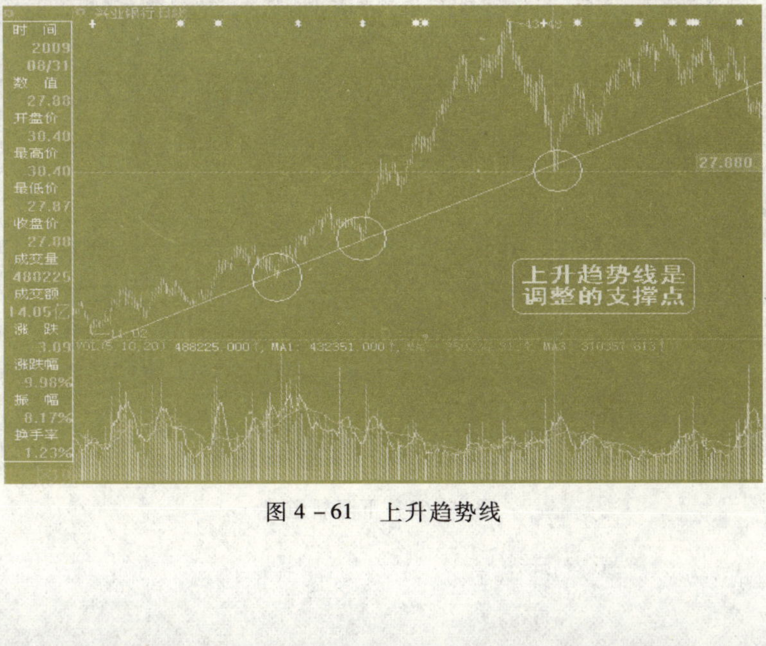

图 4－61　上升趋势线

案例一　上升趋势线的支撑作用。

中长线的上升趋势线往往是重要支撑点，如果向下突破需要提防趋势反转。

案例二　下降趋势线的压力作用。

下降趋势线一旦形成，将形成重要压力，在有效突破之前，操作上应尽量空仓或者尽量降低仓位。摆脱趋势线压制时往往是买入点。如图 4－62 所示。

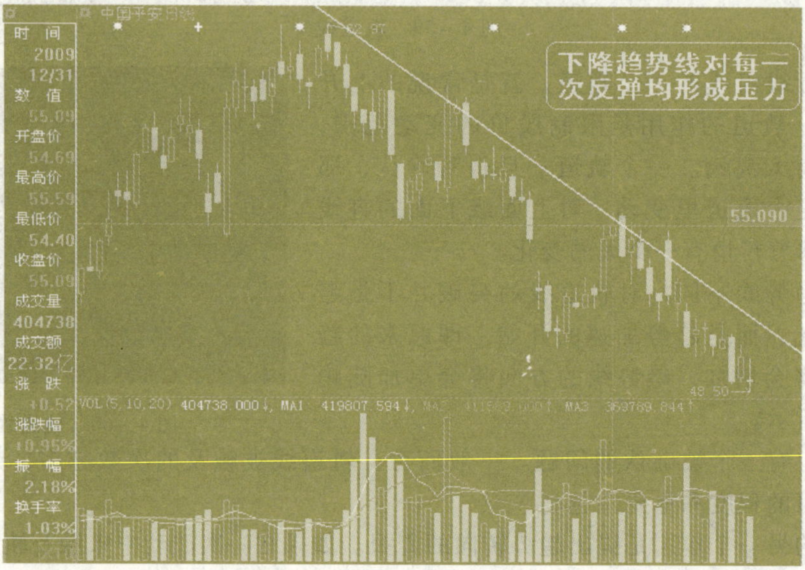

图 4－62　下降趋势线

下降轨道线，如图 4－63 所示。

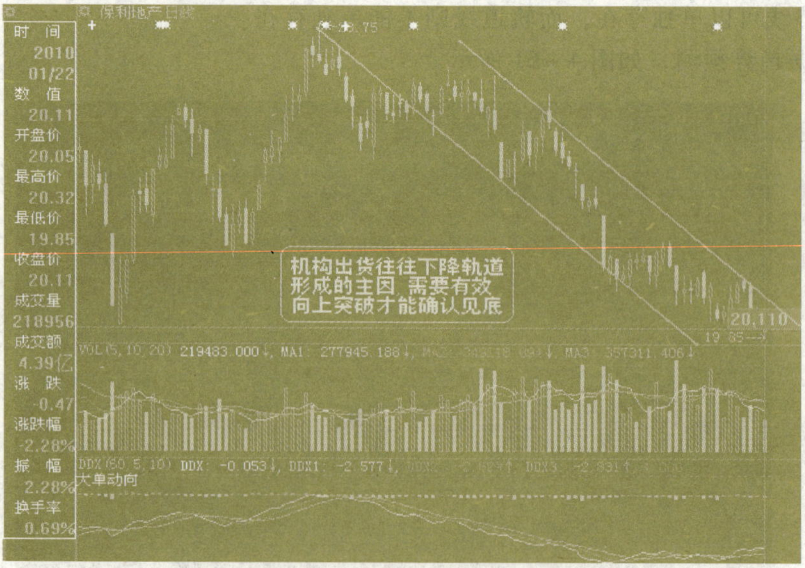

图 4－63　下降轨道线

任务四　根据以上分析结果进行模拟交易操作

【任务描述】

根据以上活动所学知识，在基本面分析的基础上，选择代表性股票进行技术分析，对其未来走势进行预测并模拟交易操作。

【操作要点】

1. 根据基本面选好个股，首先判断大盘的走势，在大盘走势平稳的情况下，再进行技术分析

2. 在进行技术分析的时候，首先画出趋势线和轨道线判断基本走势

3. 在个股走势良好的情况下，要多个指标综合起来考虑再进行决策

任务五　对交易结果进行分析总结

【分析要点】

1. 交易结果是否与预期相同

2. 总结各指标属性是领先或滞后

3. 分析自己所做决策是否是冷静思考的结果

4. 投资是一种思维，我们需逐渐领悟，形成自己的投资风格

【岗位实训】

根据基本面分析选择一只财务状况好的股票，依据以上所学知识对其未来走势行预测。

【岗位考核】

岗位考核评价表如表4-11所示。

表4-11　岗位考核评价表

实训内容	5~4分	4~3分	3~1分
专业技能：通过软件，按要求熟练操作	非常熟悉	基本熟悉	不熟悉
专业知识：技术指标；趋势研判准确掌握	正确	基本正确	错误
总　分	10分		

教学研讨

教师授课时，可以到实训室先介绍相关指标的内涵，并结合实际操作讲解，事后可以进行课堂抽查的方式，考核学生课堂学习能力、掌握情况，并对症下药，指出学生大部分存在的问题，重点提示。

模块六　融资融券业务与操作

本模块通过介绍融资融券的概念及业务操作，包括融资融券的概念、主要作用、交易模式及特点以及风险控制等内容，要求了解融资融券的内容，熟悉融资融券的相关操作。

学习目标

1. 了解什么是融资融券，为何要推出
2. 了解融资融券的交易模式及交易过程中的收益和风险
3. 熟悉融资融券的相关操作

学习准备

1. 了解我国融资融券的相关政策
2. 上网浏览关于融资融券的相关信息

任务一　了解融资融券业务

【任务描述】

陈老师在了解大部分证券公司的传统业务之后，又向罗经理发问：现在融资融券的概念正在热火朝天当中，它的推出对股市产生了一定的影响。作为未来的证券从业人员，中职生也应该了解一下融资融券的业务，在尽可能的情况下为客户提供更好的服务。

【业务简介】

融资融券业务是指证券公司向客户出借资金供其买入证券或出具证券供其卖出证券的业务。由融资融券业务产生的证券交易称为融资融券交易。融资融券交易分为融资交易和融券交易两类，客户向证券公司借资金买证券叫融资交易，客户向证券公司卖出为融券交易。上海、深圳证券交易所于2010年3月30日正式向六家试点券商（国泰君安、国信证券、中信证券、光大证券、海通证券和广发证券）发出通知，将于该年3月31日起接受券商的融资融券交易申报，这标志着经过4年精心准备的融资融券交易正式进入市场操作阶段。

【主要作用】

1. 发挥价格稳定器的作用

在完善的市场体系下，信用交易制度能发挥价格稳定器的作用，即当市场过度投机或者做庄导致某一股票价格暴涨时，投资者可通过融券卖出方式沽出股票，从而促使股价下跌；反之，当某一股票价值低估时，投资者可通过融资买进方式购入股票，从而促使股价上涨。

2. 有效缓解市场的资金压力

对于证券公司的融资渠道现在可以有基金等多种方式，所以融资的放开和银行资金的入市也会分两步走。在股市低迷时期，对于基金这类需要资金调节的机构来说，不仅能解燃眉之急，也会带来相当不错的投资收益。

3. 刺激A股市场活跃

融资融券业务有利于市场交投的活跃，利用场内存量资金放大效应也是刺激A股市场活跃的一种方式。

4. 改善券商生存环境

融资融券业务除了可以为券商带来数量不菲的佣金收入和息差收益外，还可以衍生出很多产品创新机会，并为自营业务降低成本和套期保值提供了可能。

相关知识

融资融券相关概念

融资买入——投资者需向证券公司缴纳一定金额的抵押（可以是现金也可以是证券），并以向证券公司等机构接待的形式扩大自由资金用于购买证券。

融券卖出——又称卖空，投资者需向证券公司缴纳一定金额的抵押（可以是现金也可以是证券）向券商等机构借贷证券并卖出证券。

保证金——投资者参与融资融券业务必须向证券公司缴纳一定比例的保证金，保证金可以证券充抵，充抵保证金的证券与客户信用交易担保资金账户，作为对该客户融资融券所生债权的担保物。

折算率——充抵保证金的有价证券，在计算保证金金额时应当以证券市值一定折算比率进行折算。

保证金比例——投资者交付的保证金与融资融券交易金额的比例。保证金比例越高说明证券公司向投资者融资或融券的规模越小，“杠杆”越低。融资（或融券）保证金比例＝保证金/（融资买入（或融券卖出）证券数量×买入（或卖出）价格。

维持担保比例——指客户担保物价值与其融资融券债务之间的比例，其计算公式为：维持担保比例＝（现金＋信用证券账户内证券市值）/（融资买入金额＋融券卖出证券数量×市价＋利息及费用）。维持担保比率也可更直观地看做：总市值/总负债。维持担保比率可以看做是证券公司作为信用交易债务人对信用风险的一种控制。

标的证券——即投资者可融资买入或融券卖出的证券品种。融资融券行为将自有资金放大的同时也将风险放大，而且这种风险不仅仅是由债务人承担，还会危及债权人的利益。因此并不是所有的证券都可以作为融资融券的标的。可作为标的物的包括：①符合上交所、深交所规定的股票；②证券投资基金；③债券；④其他证券。

强制平仓——当投资者未按规定补足担保物或到期未偿还债务时，将被证券公司立即强制平仓，平仓所得资金优先用于偿还客户所欠债务，剩余资金计入客户信用资金账户。该指令由证券公司总部发出，且发出平仓指令的岗位和执行平仓岗位的指令，不得由同一人兼任，其操作应当留痕。

5. 多层次证券市场的基础

融资融券制度是现代多层次证券市场的基础，也是解决新老划断之后必然出现的结构性供求失衡的配套政策。融资融券和做空机制、股指期货等是配套联在一起的，将会同时为资金规模和市场风险带来巨大的放大效应。在不完善的市场体系下信用交易不仅不会起到价格稳定器的作用，反而会进一步加剧市场波动。风险表现在两方面：其一，透支比例过大，一旦股价下跌，其损失会加倍；其二，当大盘指数走熊时，信用交易有助跌的作用。

【交易模式】

在证券融资融券交易中，包括证券公司向客户的融资、融券和证券公司获得资金、证券的转融通两个环节。这种转融通的授信有集中和分散之分。在集中授信模式下，其由专门的机构，如证券金融公司提供。在分散模式下，转融通由金融市场中有资金或证券的任何人提供。

1. 分散信用模式

投资者向证券公司申请融资融券，由证券公司直接对其提供信用。当证券公司的资金或股票不足时，向金融市场融通或通过标借取得相应的资金和股票。这种模式建立在发达的金融市场基础上，不存在专门从事信用交易融资的机构。这种模式以美国为代表，香港市场也采用类似的模式如图 4－64 所示。

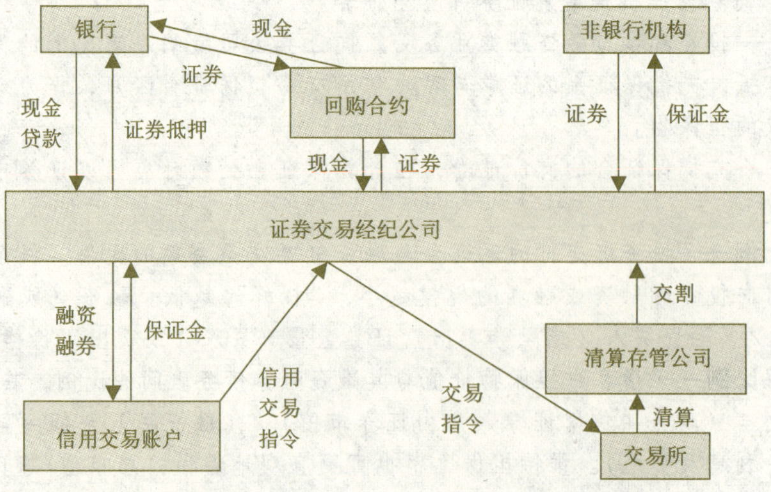

图 4－64　高度市场化的美国模式

2. 集中信用模式

券商对投资者提供融资融券，同时设立半官方性质的、带有一定垄断性质的证券金融公司为证券公司提供资金和证券的转融通，以此来调控流入和流出证券市场的信用资金和证券量，对证券市场信用交易活动进行机动灵活的管理。这种模式以日本、韩国为代表。如图4－65所示。

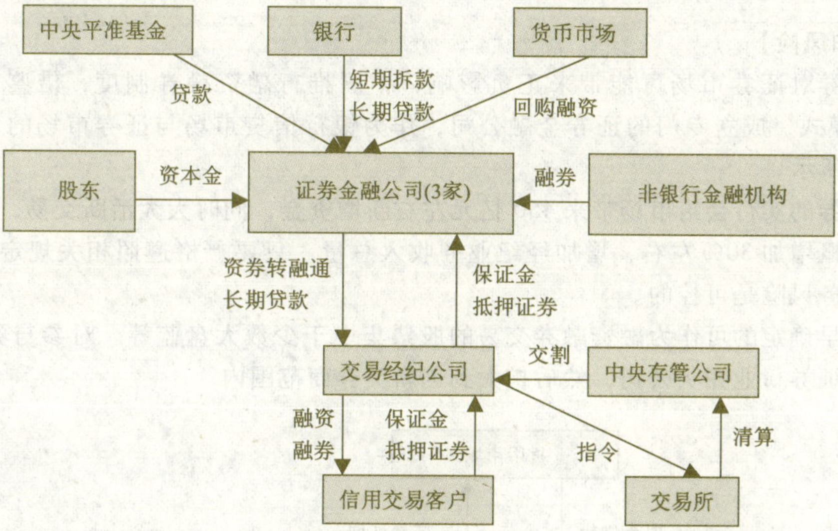

图4－65 日本的集中信用模式

3. 双轨制信用模式

在证券公司中，只有一部分拥有直接融资融券的许可证公司，可以给客户提供融资融券服务，然后再从证券金融公司转融通。而没有许可的证券公司只能接受客户的委托，代理客户的融资融券申请，由证券金融公司来完成直接融资融券的服务。这种模式以中国台湾地区为代表。如图4－66所示。

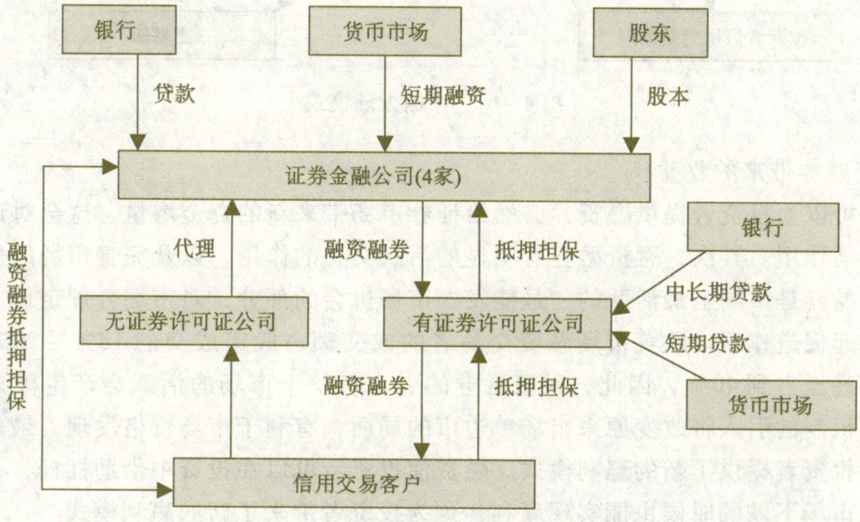

图4－66 台湾地区的双轨制信用模式

上述各具特色的三种模式，在各国（或地区）的信用交易中发挥了重要作用。选择哪种信用交易模式很大程度上取决于金融市场的发育程度、金融机构的风险意识和内部控制水平等因素。在我国证券信用交易模式的选择问题上，已经基本形成一致意见，即应采取证券金融公司主导的集中信用模式作为过渡，专门向券商提供融资融券服务，加强对信用交易的监管与控制。

【收益和风险】

融资融券对证券市场可能带来正负影响，中国推行融资融券制度，借鉴台湾地区的“双轨制”模式，成立专门的证券金融公司，作为银行信贷市场与证券市场的“防火墙”。如图 6－67 所示。

融资融券的实行会给市场带来 450 亿元左右新增资金，同时大大活跃交易，预计能使市场交易量大概增加 30% 左右，增加经纪业务收入总量。只要严格遵照相关规定，券商开展融资融券业务风险是可控的。

我国最早确定的可作为融资融券交易的股票集中于少数大盘蓝筹。对参与券商的资格，第一步限于证券行业龙头公司，然后扩大到创新类券商范围内。

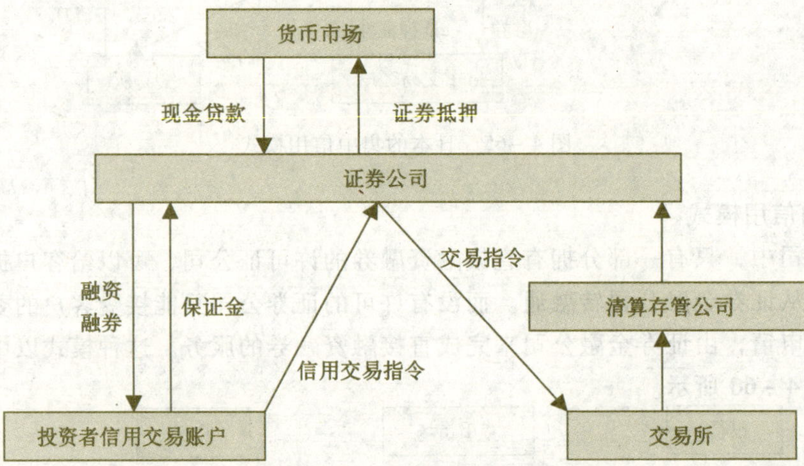

图 4－67　中国大陆模式

1．融资融券带来的收益

首先，可以为投资者提供融资，必然给证券市场带来新的资金增量，这会对证券市场产生积极的推动作用。其次，融资融券有明显的活跃交易的作用，以及完善市场的价格发现功能。融资交易者是市场上最活跃的、最能发掘市场机会的部分，对市场合理定价、对信息的快速反应将起促进作用。欧美市场融资交易者的成交额占股市成交的 18% ～20% 左右，台湾市场有时甚至占到 40%，因此，融资融券的引入对整个市场的活跃会产生极大的促进作用。而卖空机制的引入将改变原来市场单边市的局面，有利于市场价格发现。最后，融资融券的引入为投资者提供了新的赢利模式。融资使投资者可以在投资中借助杠杆，而融券可以使投资者在市场下跌的时候也能实现赢利，这为投资者带来了新的赢利模式。

2．融资融券存在的风险

首先是体制风险。融资融券交易具有创造虚拟供求的功能，并通过银行信贷融资，扩大银行的信用规模，可能出现如下情况：一方面，造成通胀的压力，虚拟资本的增长比一般信贷引起信用扩张的乘数效应更为复杂，从而不利于当局对经济的宏观控制；另一方面，虚拟供求有可能使证券价格严重脱离实际价值，形成泡沫。其次是信用风险。信用风险是指交易一方因倒闭或其他原因不能履约而给另一方造成损失的风险。信用风险是金融机构在信用交易中必须解决的风险，虽然各国对信用交易都要求缴纳一定比率的保证金，但仍存在交易对手不能履约的可能性。最后是市场风险。市场风险是由于市场变量变动而带来的风险。我国股市目前还不够成熟，股市波动性强，投资者还不够理性，而且还存在着股价操纵等行为，由于融资融券杠杆化的作用，突然的急速上涨和下跌很可能造成投资者巨大的损失。

相关知识

融资融券相关法律法规

《证券法》
《证券公司监督管理条例》
《证券公司融资融券业务试点管理办法》
《证券公司融资融券业务试点内部控制指引》
《证券公司风险控制指标管理办法》
《上海证券交易所融资融券交易试点实施细则》
《深圳证券交易所融资融券交易试点实施细则》
《中国证券登记结算有限责任公司融资融券试点登记结算业务实施细则》
《融资融券合同必备条款》
《融资融券交易风险揭示书必备条款》

任务二　融资融券业务的操作

【任务描述】

陈老师通过查阅资料已经大概了解了融资业务的内容，那具体作为投资者应该怎样操作呢？陈老师带着这个问题询问了罗经理，罗经理进一步作了以下介绍。

【融资融券的账户体系】

账户体系是实施融资融券业务的根本载体，与现有普通交易不同，融资融券在证券和资金方面均设计了二级账户。

根据《证券公司融资融券管理办法》的规定，具有资格的证券公司须开设6个基本信用交易账户：融券专用证券账户、融资专用证券账户、证券公司客户信用交易担保证券账户、证券公司客户信用交易担保资金账户、信用交易证券交收账户和信用交易资金交收账户。

参与融资融券的投资者需要开设的账户有：客户信用证券账户和客户信用资金账户。

在整个融资融券的业务流程中的参与方主要有：登记结算公司、商业银行、券商和投资者。融资融券的账户体系如图4-68所示。

融券专用证券账户①——证券公司以自己名义在中登公司开设，用于证明其持有的、拟向客户融出的证券和客户归还的证券，该账户不得用于证券买卖。

融资专用证券账户②——证券公司以自己名义在商业银行开设，用于存放证券公司拟向客户融出的资金和客户归还的资金。该账户记载了券商可融出的资金总量。

客户信用交易担保证券账户③——证券公司在中登公司开设，用于记录客户委托证券公司持有、担保证券公司因向客户融资融券所生债权的证券。

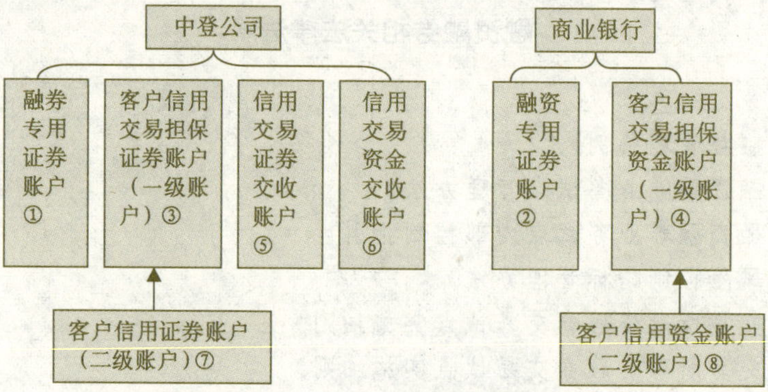

图4-68 融资融券的账户体系

融券专用证券账户①——证券公司以自己名义在中登公司开设，用于证明其持有的、拟向客户融出的证券和客户归还的证券，该账户不得用于证券买卖。

融资专用证券账户②——证券公司以自己名义在商业银行开设，用于存放证券公司拟向客户融出的资金和客户归还的资金。该账户记载了券商可融出的资金总量。

客户信用交易担保证券账户③——证券公司在中登公司开设，用于记录客户委托证券公司持有、担保证券公司因向客户融资融券所生债权的证券。

客户信用交易担保资金账户④——证券公司在商业银行开设，用于存放客户交存的、担保证券公司因向客户融资融券所生债权的资金。

信用交易证券交收账户⑤——证券公司在中登公司开设，用于客户融资融券交易的证券结算。

信用交易资金交收账户⑥——证券公司在中登公司开设，用于客户融资融券交易的资金结算。

客户信用证券账户⑦——客户在证券公司开设，此账户是账户③的二级账户，在客户融资申请被批准后，证券公司提计出账户②的资金代客户买入其委托的证券，然后将证券计入此账户。此外，该账户还用于记载客户委托证券公司持有的“担保证券”的明细。

客户信用资金账户⑧——客户在证券公司开设，此账户是账户④的二级账户，在客户融券申请被批准后（客户融资卖出的标的必须在证券公司融资融券标的资产池内），证券公司在账户①中提出客户委托的证券并代其卖出，然后将所得资金计入账户⑧。此外，账户⑧还用于记载客户委托证券公司持有的“担保资金”的明细。

【交易操作】

1. 开户流程

开户程序作为投资者参与融资融券业务的首要环节，比普通证券交易复杂。有意参与该项业务的投资者，应认真了解开户过程的各项步骤，做好相应准备工作。

第一步，投资者需确定拟开户的证券公司及营业部是否具有融资融券业务资质。证券公司开展融资融券业务试点，必须经中国证监会的批准；未经证监会批准，任何证券公司不得向客户融资、融券，也不得为客户与客户、客户与他人之间的融资融券活动提供任何便利和服务。2010 年 3 月 19 日，中国证监会公布了首批 6 家融资融券试点券商名单，分别是国泰君安证券、国信证券、中信证券、光大证券、海通证券和广发证券。而且，证券公司对其下属营业部开展融资融券业务也有资格规定，不一定所有营业部都可办理融资融券业务。

目前，投资者参与融资融券业务，只能到上述 6 家证券公司下属的具备融资融券业务资格的营业部办理。

第二步，投资者需确定自身是否符合证券公司融资融券客户条件。融资融券业务对投资者的资产状况、专业水平和投资能力有一定的要求，证券公司出于适当性管理的原则，将对申请参与融资融券业务的投资者进行初步选择。

举例来说，投资者到国泰君安证券股份有限公司开立信用账户，首先要参加该公司组织的融资融券业务基础知识测试，只有通过该测试，才能够提出业务申请；其次投资者还必须满足一定的条件，如：(1) 符合法律、法规以及中国证券登记结算有限责任公司有关业务规则之规定，能够开立证券账户；(2) 在公司开立普通账户 18 个月以上且无不良记录；(3) 在公司开立的账户内资产价值达到一定规模（个人投资者账户资产价值 100 万元以上、机构投资者账户资产价值 200 万元以上）；(4) 近 1 年内累计成交金额与其在公司开立的账户内资产价值之比达一定比例以上；等等。另外，国泰君安证券股份有限公司还规定了融资融券业务的投资者禁入条件，如：(1) 曾受监管机构、证券交易所、登记结算机构等的处罚或者证券市场禁入；(2) 利用他人名义开立信用账户；(3) 普通账户属于不规范账户；(4) 普通账户中的证券已设定担保或存在其他权利瑕疵或被采取查封、冻结等司法强制措施；(5) 交易结算资金未纳入第三方存管；(6) 因违法违规或资信状况不佳被列入“黑名单”；(7) 风险承受能力不足等。

投资者在办理融资融券业务开户手续前，需评估、确定自身是否满足证券公司的融资融券客户选择标准。

第三步，投资者需通过证券公司总部的征信。证券公司在向客户融资、融券前，将对申请融资融券业务的投资者进行征信，了解客户的身份、财产与收入状况、证券投资经验和风险偏好，并以书面和电子方式予以记载、保存。

投资者需根据证券公司要求提交征信材料，以国泰君安证券股份有限公司为例，投资者需提交的材料包括：(1) 证券账户卡；(2) 身份证明资料，包括有效居民身份证等；(3) 工作证明资料，包括但不限于工作证、工作单位开具的工作证明、聘任合同等（至少提供其中一项）；(4) 居住证明资料；(5) 融资融券业务知识测试答卷；(6) 中国人民银行、其他资信机构出具的信用评估（级）报告等。

证券公司将根据投资者提交的申请材料、资信状况、担保物价值、履约情况、市场状况等因素，综合确定投资者的信用额度。

第四步，投资者需与证券公司签订融资融券合同、风险揭示书等文件。投资者与证券公司签订融资融券合同前，应当认真听取证券公司相关人员讲解业务规则、合同内容，了解融资融券业务规则和风险，并在融资融券合同和风险揭示书上签字确认。投资者只能与一家证券公司签订融资融券合同，向其融入资金和证券。

对融资融券合同的如下内容，投资者应当特别关注和了解：（1）融资、融券的额度、期限、利（费）率、利息（费用）的计算方式；（2）保证金比例、维持担保比例、可充抵保证金证券的种类及折算率、担保债权范围；（3）追加保证金的通知方式、追加保证金的期限；（4）投资者清偿债务的方式及证券公司对担保物的处分权利；（5）担保证券和融券卖出证券的权益处理等。

第五步，投资者在开户营业部开立信用证券账户与信用资金账户。

（1）开立信用证券账户。投资者与证券公司签订融资融券合同后，证券公司将按照证券登记结算机构的规定，为投资者开立实名信用证券账户。投资者信用证券账户是证券公司客户信用交易担保证券账户的二级账户，用于记载投资者委托证券公司持有的担保证券的明细数据。投资者用于一家证券交易所上市证券交易的信用证券账户只能有一个。投资者信用证券账户与其普通证券账户的开户人的姓名或者名称应当一致。

信用证券账户独立于普通证券账户，是新开的证券账户。投资者在进行融资融券交易前，需将用于担保的可充抵保证金证券从普通证券账户划转至信用证券账户。融资融券交易了结后，投资者可以将担保证券划转回普通证券账户。在融资融券交易期间，经证券公司同意，投资者可将超过维持担保比例 300% 以上部分的担保证券划转回普通证券账户。

（2）开立信用资金账户。投资者在与证券公司签订融资融券合同后，需与证券公司、商业银行签订客户信用资金第三方存管协议。证券公司应当通知第三方存管银行，根据投资者的申请，为其开立实名信用资金账户。投资者信用资金账户是证券公司客户信用交易担保资金账户的二级账户，用于记载投资者交存的担保资金的明细数据。投资者只能开立一个信用资金账户。

经过以上步骤，投资者在证券公司的开户手续已经办妥。当投资者提交了足额的担保物之后，就可以开始进行融资融券交易。如图 4-69 所示。

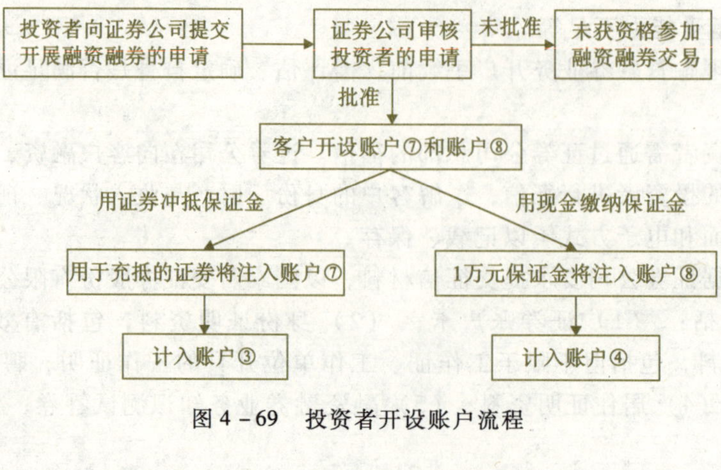

图 4-69　投资者开设账户流程

相关知识

保证金证券范围和折算率

在融资融券试点初期担保品范围虽然规定得较宽，但交易所通过设置了不同的折算率来严格控制风险。例如，对价格波动相对较小的债券、基金与价格波动相对较大的股票，实行有较大差异的折算率；ST股票、暂停上市股票和权证等高风险品种不宜作为担保品使用，因此在折算率上规定为零。见表4-12所示。

表4-12

可充抵保证金证券品种		折算率
A股	上证180指数成分股	不超过70%
	非上证180指数成分股	不超过65%
	深证100指数成分股	不超过70%
	非深证100指数成分股	不超过65%
	被实行特别处理和暂停上市的A股	0%
基金	交易所交易型开放式指数基金（ETF）	不超过90%
	其他上市基金	不超过80%
债券	国债	不超过95%
	其他上市债券	不超过80%
权证	权证	0%

2. 融资买入和融券卖出的操作

假设：小王用1万元的资金或充抵后价值1万元的股票作为保证金以融资融券的形式买卖股票甲。合约期限为6个月，初始时股票甲的价格为10元/股，证券公司设定的融资融券利率为7%，按1:2的杠杆融资融券（1万元的担保金可融得2万元的资金购买2000股股票甲或融入2000股的股票甲并卖出），维持担保比例为证监会规定的130%，追加担保后的维持担保比率为150%，不考虑交易手续费。如图4-70、图4-71所示。

我们可以看到，投资者在进行融资买入的过程中，交易的盈亏主要体现在账户⑦中，账户⑧中可以取回的保证金取决于结算时账户⑦中的余额。投资者在进行融券卖出的过程中，如果以现金作为保证金，交易的盈亏完全体现在账户⑧中。

此外，我们还可以看到如果投资者不采用融资买入的方式，而是用1万元的现金直接进行现货交易，在市场上涨的情况下收益为2000元，市场下跌的情况损失为2000元，融资融券的杠杆技能明显放大了风险和收益。融资融券的利息费用使得多头在市场下跌行情中或空头在市场上涨行情中的亏损金额要大于多头在市场上涨行情或空头在市场下跌行情中的盈利。因此，投资者也应慎重考虑融资融券业务的交易成本问题。

投资者应认真学习融资融券交易相关知识，熟悉融资融券业务规则，对融资融券交易特有的杠杆交易风险、强制平仓风险、监管风险，以及信用、法律风险等有清醒的认知。投资者可通过交易所网站、券商有关业务专栏或知识讲座等各种形式获得融资融券知识，或者直

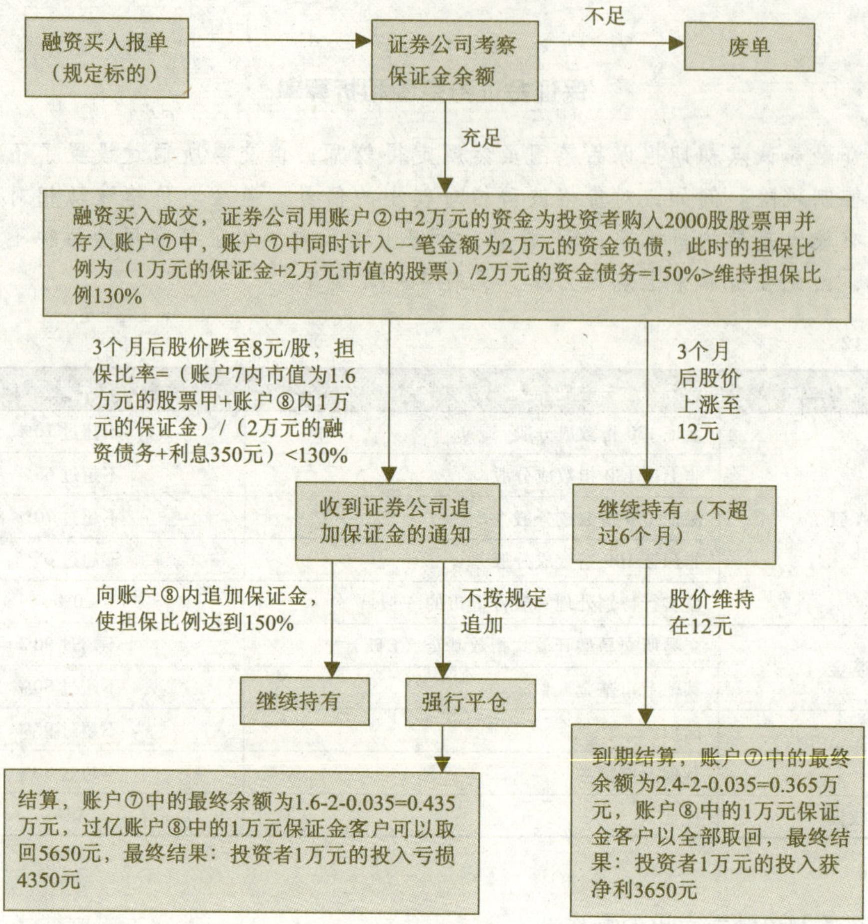

注：3 个月期贷款利息为 7%/4 = 1.75%。

图 4－70　融资买入交易流程

接与券商服务人员取得联系，咨询业务问题。如果条件允许，投资者也可以积极参与到券商组织的融资融券仿真测试当中，真实体验其交易特性。

牢记交易的规则：

（1）只能在交易所和试点券商公布的证券范围内进行买卖。普通证券交易下，投资者可以按照规定买卖所有在证券交易所上市交易的非停牌证券。融资融券交易下投资者只能在交易所和试点券商公布的范围内买卖证券。客户信用证券账户不得融资买入融资标的证券范围以外的证券，不得融券卖出融券标的证券范围以外的证券，不得用于买入或转入除可充抵保证金及标的证券范围以外的证券。

各试点券商公布的标的证券和可充抵保证金证券范围可能有所不同，投资者在参与融资融券交易时要关注试点券商公告，事先了解交易的证券是否属于融资或融券标的，是否在可充抵保证金证券范围内。

（2）融券卖出交易只能采用限价委托，不能采用市价委托。根据规定，融券卖出申报价格不得低于该证券的最近成交价，如该证券当天未产生成交的，申报价格不得低于前收盘

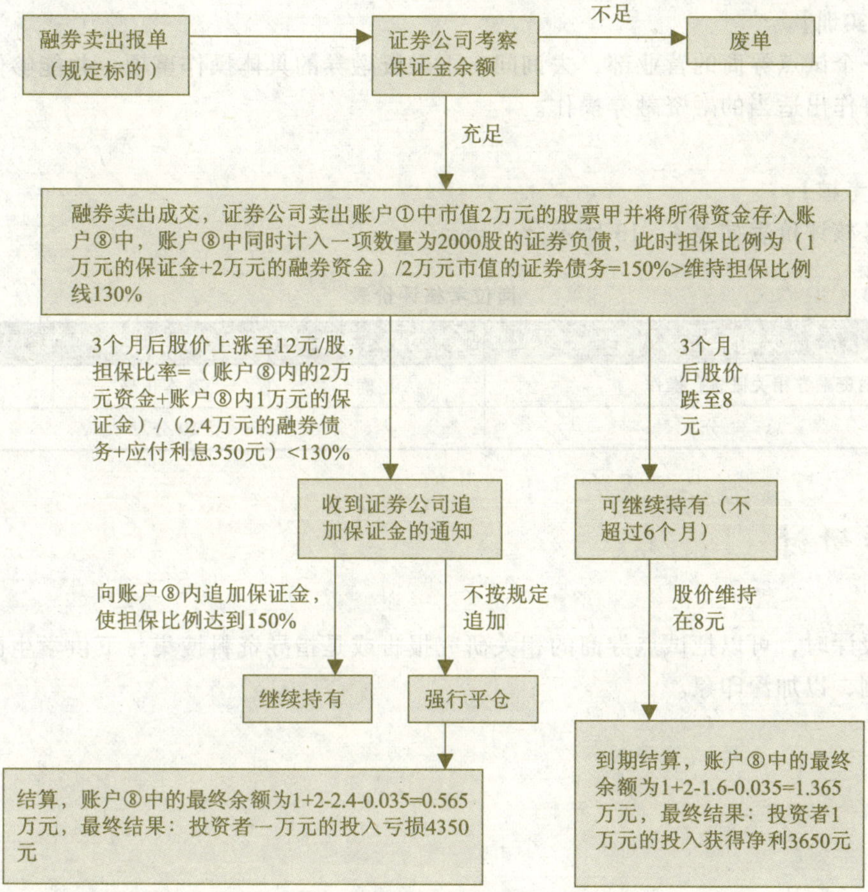

注：3个月期贷款利息为7%/4＝1.75%。

图4－71 融券卖出交易流程

价。这一点可以防止空头打压导致暴跌，平缓大量卖空对股价的助跌效应，有利于保护投资者的利益。

（3）信用证券账户资金周转受一定限制。投资者信用证券账户维持担保比例超过300%时，方可提取保证金可用余额中的现金或可充抵保证金的有价证券，但提取后维持担保比例不得低于300%；未了结相关融券交易前，客户融券卖出所得价款除买券还券外不得另作他用；客户卖出信用证券账户内已开仓证券所得价款，应当优先偿还其融资欠款。

这些流动性限制可能会对投资者的资券使用产生一定影响。

（4）信用证券账户使用上有特殊限制。投资者用于一家证券交易所上市证券交易的信用证券账户只能有一个，只能在开立券商使用。并且根据规定，客户信用证券账户不得用于从事新股申购、定向增发、债券回购、预受要约、LOF申购及赎回、现金选择权申报、LOF和债券的跨市场转出以及证券质押等事项。融资融券也暂不采取大宗交易方式。

投资者在进行融资融券交易过程中要牢记这些规则，尽量避免因违反规则导致交易失败，或者因不熟悉规则影响资金使用效率，带来不必要的损失。

【岗位实训】

选择一个试点券商的营业部，去询问一下融资融券的具体操作事项，并能够依据自己对行情的理解作出适当的融资融券操作。

【岗位考核】

岗位考核评价表如表4－13所示。

表4－13　　岗位考核评价表

实训内容	10～8分	8～6分	6～1分
专业知识：融资融券相关概念，操作	正确	基本正确	错误
总　分	10分		

教学研讨

教师授课时，可以把试点券商的相关研究报告或是指导资料搜集一下供学生研读，并结合具体事例，以加深印象。

参 考 文 献

[1] 深圳证券交易所投资者教育中心《基金投资20讲》，机械工业出版社2010年版。

[2] 中国证券业协会：《证券投资基金》中国财政经济出版社2009年版。

[3] 季凯帆、康峰：《解读基金——我的投资观与实践》，中国经济出版社2007年版。

[4]（美）博迪、（美）凯恩、（美）马库斯 著，陈收、杨艳译：《投资学》（原书第7版），机械工业出版社2009年版。

[5] 庄新田、高莹、金秀：《证券投资分析》清华大学出版社2008年版。

[6] 中国证券业协会：《证券投资分析》中国财政经济出版社2009年版。

[7] 赵锡军、李向科：《证券投资分析》中国金融出版社2003年版。

[8]（美）迈吉、（美）巴塞蒂著，郑学勤、朱玉辰译，《股市趋势技术分析》（原书第9版），机械工业出版社2009年版。

[9]（美）普林格著，任若恩等译：《技术分析》（第四版）中国财政经济出版社2003年版。

[10] 李向科：《证券投资技术分析》（第三版）中国人民大学出版社2008年版。

[11] 皖君：《融资融券》，中国科学技术出版社2008年版。

[12] 简军：《融资融券》，南京大学出版社2009年版。

[13] 傅强：《融资融券操作宝典》，立信会计出版社2009年版。

[14] 愚寂沣、马勋：《融资融券实务》，西南财经大学出版社2009年版。

[15] 本书中涉及的工作程序及引用的凭证主要参考爱建证券有限责任公司厦门湖滨一里证券营业部资料。